JN436289

# 묵시의 풍경들

# 묵시의 풍경들

신문수 산문집

GEOBOOK 지오북

## ❖ 머리말

그동안 틈틈이 써왔던 글들로 두 번째 산문집을 엮는다. 모두 28편의 산문을 3부로 나눠 배치해 보았다. 제1부는 주로 자연 풍경을 응시하면서 느낀 인상과 소회를 다룬 것이다. 제2부는 일상의 삶에서 떠오른 단상을 토대로 쓴 것들이 대부분이다. 제3부는 여행길에서 얻은 상념의 소산이다. 제4부는 문학작품과 작가 그리고 문학에 대한 이런저런 단상으로 구성되어 있다. 편의상 이렇게 구분하여 배열했지만, 이 글들은 모두 삶의 여정에서 내 시선과 관심을 잡아끈 삶의 풍경이자 그것이 자극한 상념 혹은 내적 대화의 기록이다.

풍경은 글자 그대로는 바람과 햇볕을 의미한다. 그러기에 풍경을 말하면서 바람과 햇살이 어우러진 자연 경관을 우선 떠올리게 되는 것은 자연스러운 일이다. 그러나 우리를 매혹시킨 풍경은 거의 언제나 자연의 가시적 형상을 넘어서서 기억 속의 어떤 이미지나 정념을 환기시킴은 물론 사사로운 인상과 느낌을 수반한다. 다시 말해 풍경은 시야에 우연히 펼쳐진 자연 경관이라기보다는 나의 주관적 인상으로 액자화된(framed) 경관인 것이다. 그런 의미에서 풍경은 이미 언제나 응시된 풍경이다. 그렇기 때문에 이 책에서 말하는 풍경은 사람들의 탄성을 자아내는 '아름다운' 정경인 것만은 아니다. 내가 주목하는 풍경은 오히려 지극히 평범하고 일상적이지만 의식 내면과 조응하여 삶을 새롭게 돌아보게 만드는 정경, 비록 일시적일망정 삶의 질서가 투명하게 드러나는 순간들, 삶의 예지를 문득 깨우쳐주는 체험이나 사건 혹은 책에 대한 성찰 등으로 이루어져 있다. 버지니아 울프는 습관화된 일상에서 돌연 대면하게 되는 "개인적 혹은 우주적 차원의 정신적·초월적 진리를 일순간의 직관을 통해 지각하게 되는 특권적 순간"을 소중히 여기고 이를 "존재의 순간"(moments of being)이라고 명명한 적이 있다. 이 책에서 말하는 '묵시의 풍경'이란 바로 이런 존재의 순간과 흡사한 것이다. 제목의 '묵시'란 말은 두 가지 의미를 담고 있다. 하나는 묵묵히 바라본다(默視)는 뜻이고, 다른 하나는 말없이 드러난다(默示)는 뜻이다. 풍경을 묵묵히 바라보고 있노라면 풍경 그 자체가 스스로 내밀한 본 모습을, 가려져 왔던 의미를 홀연 드러낸다는 느낌을 종종 받았다.

풍경이 주관적 응시와 결부된 것이라는 데 생각이 미치면서 주자가 『경재잠』(敬齋箴)에서 말한 '존기첨시'(尊其瞻視)라는 말도 상기되었다. 주자는 우러러보는 것이든 무심히 바라보는 것이든 주변의 사물을 모두 외경의 마음으로 바라볼 것을 삶의 자세로 주문하고 있다. 거기에는 인간을 포함한 삼라만상이 다 소중한 것이라는 생각이 깃들어 있지만 다른 한편으로는 존경의 마음으로 보지 않으면 사물이 보이지 않는다는 뜻도 내포되어 있다. 이런 깨우침에도 불구하고 사물을 경외의 눈으로 바라본다는 것이 얼마나 어려운 일인가를 요즘 와서 더욱 절감하고 있다. 묵시라는 말에는 이렇게 사물에 대한 외경의 마음가짐도 함께하고 있다는 것을 말하고 싶다.

여기에 수록된 글들을 쓰면서 에세이 장르의 형식에 대해 생각해 보곤 했다. 에세이도 일회적인 독서로 소비되어버리지 않고 마음을 울리는 메아리로 남아서 되돌아보는 글이어야 한다고 생각한다. 글을 쓰면서 이 점을 늘 염두에 두었다. 여기 모아놓은 대부분의 글들은 신변잡기로서의 경수필보다는 에세이라는 말의 어원 그대로 어떤 주제에 대한 시론 혹은 단상에 가깝다. 길이도 그래서 들쑥날쑥하다. 또 몇 편의 서평도 포함되어 있다. 이들 역시 각 부의 주제와 어울릴 수 있다고 판단되어 여기에 포함시켰다.

사사로운 일상의 상념으로 벼린 이런 부류의 글들은 내 자신을 드러내기 마련이다. 이런 책을 내는 것이 허물 많은 사람으로서 춘치자명(春雉自鳴)의 만용이라는 것을 모르는 바 아니다. 그럼에도 불구하고 이런 글에 매달리고 있는 것은 쓰는 과정에서 잠시 맛보는 희열이 쉽게 포기되어지지 않기 때문이다. 글쓰기를 눈먼 사람이 보이지 않는 세계를 손으로 헤아려 나가는 것에 비유한 철학자도 있지만 내게 글쓰기는 사안을 더듬어 헤아려보고 그것을 보다 명료하게 인지하는 즐거움을 맛보는 계기이기도 하다. 이런 에세이 쓰기를 포함하여 모든 글쓰기는 어떤 완결성을 지향하기 마련이다. 하지만 내게 그것은 무엇보다 미지의 것에 대한 탐구이고 발견의 과정이다. 글은 삶의 무게만큼 쓰는 것이라는 말을 부정할 수 없지만 글쓰기가 삶의 지평을 확장해주는 것도 또한 사실이다.

보잘것없는 글들을 책으로 묶어 출간할 기회를 다시금 제공해준 지오북의 황영심 대표와 정성스럽게 편집과 디자인을 해준 직원들에게 감사드린다. 아울러 글을 발표할 기회와 지면을 열어주었던 여러 기관과 편집자들에게도 고마운 마음을 전한다.

2017년 한여름에

신문수

# 차례

# 제1부 초록 숲 언저리에서

## ❖ 자작나무

자작나무만큼 20세기 한국인의 식물적 상상력을 자극한 나무가 또 있을까. 백석의 「백화」, 고은의 「자작나무 숲으로 가서」, 장철문의 「무릎 위의 자작나무」에 이르기까지 자작나무는 이 땅의 많은 시인들에게 소슬한 시적 이미지를 불러내고 명상하는 대상이 되어 왔다. 그 낭만적 매혹의 동인으로 영화 『닥터 지바고』도 빼놓을 수 없으리라. 1970년대에 대학을 다닌 사람들은 지바고와 라라의 안타까운 사랑 이야기가 펼쳐진 광활한 바리키노 설원의 자작나무 숲의 이미지를 아마 잊지 못할 것이다. 그래선지 근래에는 주위에서 자작나무를 어렵잖게 찾아볼 수 있다. 아파트의 내정에서, 도로가의 자투리땅에서, 도심의 공원에서, 혹은 학교의 캠퍼스에서 자작나무가 하늘거리는 모습을 자주 보게 된다. 원래 추운 지방에서 자라는 자작나무는 그 남방한계선이 북한 지역이다. 그래서 남한에는 자연 상태에서 자란 자작나무 숲은 없다고 보는 것이 정확하다. 강원도와 경기도 일대에 산재해 있는 자작나무 군락은 거의가 조림한 것이다. 북방의 산간에서 남녘의 번다한 도회지로 옮겨 심어진 자작나무들은 본래적 상태에서 벗어난 반자연적인 것이지만 나는 굳이 그것을 탓하고 싶지 않다. 거기에 분단의 비극으로 가볼 수 없는 북녘 땅에 대한 짙은 향수가 어른거리고 있는 듯하기 때문이다.

백석의 시 「백화」는 자작나무가 우리 북녘의 식물상에서 빼놓을 수 없는 것이었음을 잘 보여준다.

산골집은 대들보도 기둥도 문살도 자작나무다.
밤이면 캥캥 여우가 우는 산도 자작나무다.
그 맛있는 모밀국수를 삶는 장작도 자작나무다.
그리고 감로같이 단샘이 솟는 박우물도 자작나무다.
산 너머는 평안도 땅도 뵈인다는 이 산골은 온통 자작나무다.

— 백석, 「백화」 전문

일제 치하의 고달픈 서울 생활을 접고 낙향하여 이곳저곳을 떠돌다 찾아든 한 산골 마을에 대한 소묘일 터인데, 시인은 온통 자작나무 일색의 풍경에 주목한다. 여우가 울부짖는 산에 자작나무가 빼곡하고, 집 짓는 목재도, 땔감도 모두 자작나무이다. 심지어 바가지로 물 떠먹는 우물에도 자작나무가 어리비치고 어쩌면 우물 주위도 자작나무 가지를 잘라 만든 통나무 울타리가 둘러쳐 있었을 것이다. 이 시가 함경도 함주에서 쓴 일련의 시 중 한 편임을 감안하면 "평안도 땅도 뵈인다는" 이 산간 마을은 평안도와 함경도의 접경지대에 있는 한적한 오지 마을일 터이다. 「북방에서」라는 또 다른 시에서 시인은 "부여(扶餘)를 숙신(肅愼)을 발해(勃海)를 여진(女眞)을 요(遼)를 금(金)을/흥안령(興安嶺)을 음산(陰山)을 아무우르를 숭가리를" 떠나올 때 "자작나무와 이깔나무의 슬퍼하든 것을 기억한다."고 읊고 있다. 이렇듯 시인의 고향인 평안도 정주 인근은 물론 그가 한때 떠돌았던 함경도 지방과 만주 일대에서 자작나무는 흔히 눈에 띄는 나무였을 것이다. 식물도감에는 -20~-30℃의 혹한에서도 잘 버티는 자작나무가 만주 벌판은 물론 시베리아를 넘어서 멀리 유라시아 대륙 그리고 바다 건너 북아메리카의 북쪽 지역에 이르기까지 널리 분포되어 있다고 쓰여 있다.

그러고 보면 자작나무에 대한 근래 우리 사회의 매혹에는 두고온 북쪽 산하에 대한 향수 이상의 그 무엇이 깃들어 있음이 분명하다. 한민족의 역사는 흥안령산맥 너머 시베리아 벌판에서 만주를 거쳐 한반도로 남진해온 역사이다. 이 남진의 과정에서 자작나무는 우리 겨레가 가장 흔히 접한 친숙한 나무였을 것이다. 그러니 우리의 집단무의식 속에는 자작나무에 대한 근원적 친근감이 깃들어 있는 것이 아닐까. 겨레의 본향에 대한 그리움이 어쩌면 자작나무에 대한 애틋한 정서로 변주되고 있는지도 모른다. 시베리아의 벌판에 사는 부족들 중에는 사람이 죽은 후 혼령이 깃드는 곳이 자작나무 숲이라고 믿는 부족이 있다고 하는데, 이 또한 자작나무의 토템적 기능을 말해주고 있는 것이 아니겠는가.

프랑스의 비평가 롤랑 바르트(Roland Barthes)는 종려나무가 가장 아름답다고 쓴 적이 있다. 잎새가 밖으로 풍성하게 뻗쳐오르면서도 윤곽이 분명하기 때문이라는 것이다. 이것이 끌리는 이유의 전부는 물론 아닐 것이다. 북쪽 노르망디 쉘부르에서 태어난 바르트에게 종려나무는 따뜻한 지중해 연안에 대한 동경심을 자극했을 것 같다. 철학자 하이데거의 마음을 사로잡은 것은 떡갈나무이다. 그는 고향 메스키르히의 들길을 걸으며 노변의 떡갈나무가 부르는 소리에 귀를 기울이며 존재의 본질에 대해 사유했다. 그리고 이 땅의 시인들에게는 자작나무가 있었다. 어찌 시인들뿐이랴. 대지의 부름에 열려 있는 이 땅의 사람이라면 누구에게나 자작나무는 겨레의 애환과 깊은 내력을 들려주리라.

강원도 인제 원대리의 자작나무 숲을 찾아 불현듯 길을 떠난 것은 순전히 이런 상념들의 재촉 때문이었다. 3월 초순, 봄볕은 따사로웠다. 봄의 진주를 알리는 햇살은 강고했던 겨울의 산하를 온통 점령하고 있었다. 나이가 들수록 계절이 마음을 앞서는 법이다. 그렇지만 마음을 움직인 원망(願望) 탓인지 경춘가도를 달리는 내내 봄기운이 내면을 파고든다. 동홍천 나들목을 나와 속초 방향으로 달리다가 인제에 이르기 전 오른쪽으로 꺾어 소로 길로 접어들어 얼마 달리지 않자 자작나무 숲 입구이다. 입구에서 임도를 따라 3km 남짓 걸으니 자작나무 숲이 왼쪽 계곡 자락에 펼쳐져 있다. 임도 주변 곳곳에도 자작나무들이 마치 환영처럼 활엽수들 사이사이에 무리지어 있는 모습이 보인다.

초봄의 따스한 햇살이 눈부셨지만 산간은 아직 눈 속에 파묻혀 있었다. 거기 하얀 설원에 자작나무들이 올곧게 하늘을 향해 나신을 뻗치며 서 있었다. 백설이 무색하리만큼 새하얀 수피의 자작나무들이 설광(雪光)과 조응하며 눈부시고, 빛나고, 아름답고, 장쾌한 모습을 연출하고 있었다. 천상에서 내린 순결한 눈이 이 속세의 공간에서 잠시 지낸 후 자작나무 기둥을 타고 다시 천상으로 돌아가고 있다고 말하더라도 지나친 과장은 아니리라. 설원의 수평면과 자작나무의 수직축이 교차하는 가운데 펼쳐지는 흰색의 향연은 그처럼 정갈하고, 장엄하고, 성스러워 보였다. 사람들의 자작나무 애착의 근저에 수피의 흰 빛깔과 그 고고하고 기품 있는 수형이 중요한 요소를 차지하고 있음은 의심의 여지가 없다.

무릇 흰색이란, 허먼 멜빌(Herman Melville)이 흰 고래 이야기 『모비딕』에서 이미 상세히 논한 바 있지만, 단순한 듯하면서도 무수한 의미를 간직하고 있는 색이다. 자작나무의 흰색이 불러일으키는 느낌을 몇 가지만 간추려 보자.



우선 단아하고 정갈하다. 초록의 잎을 무성하게 달고 있는 계절에는 이런 느낌이 덜할 수도 있지만 겉옷을 벗어던지고 순순한 본연의 자태로 현신하는 겨울의 자작나무에서 나는 언제나 이런 느낌을 받는다. "굳고 정한" 갈매나무를 언급한 백석의 시구가 있으나, 갈매나무를 본 적이 있는 사람이라면 누구나 이 표현에 의아해 할 것이다. 이 형용어구에 값하는 나무는 갈매나무가 아니라 바로 겨울 자작나무이다. 두 번째는 고절하고 신성한 기품이다. 이런 인상은 자작나무의 올곧은 수형으로 인해 더더욱 두드러지게 다가오는 것이기도 하다. 일찍이 신학자 김교신은 포플라에 대해 "횡으로 세력을 벌이려 하지 않고 종으로 하늘을 향하여 자라는" 초월적 면모를 예찬한 적이 있다. 자작나무에 대해서도 같은 말을 할 수 있다. 자작

자작나무 설경—빛의 숲이다

나무 또한 수평선을 깨뜨리며 오직 푸른 하늘을 향해 치솟을 뿐이다. 이 현세 초월적이고 신성한 위관(偉觀) 덕분에 자작나무는 활엽수이면서도 침엽수의 기상을 풍긴다. 김교신은 포플라는 책하는 자가 없어도 스스로 통회하며 서 있는 비애의 나무라고도 썼다. 그러나 자작나무는 고절한 기품에도 불구하고 이런 외롭고 서글픈 느낌을 주지 않는다. 자작나무가 대개 군락을 이루고 있는 탓에 그렇다고 할 수 있지만 보다 근본적으로는 하얗게 빛나는 몸체가 그런 인상을 자아낼 여지를 주지 않기 때문이다. 셋째, 자작나무의 흰 수피는 생명의 환희를 표상한다. 설광과 조응하는 자작나무의 눈부신 위용, 그것은 또한 생명의 장엄함이기도 하다. 모든 생명은 아무리 하찮은 미물이라도 그 본유적 가치의 시각으로 보면 장엄한 것이다. 새잎이 돋아나는 봄철, 흰색과 연녹색의 기막힌 조화 속의 자작나무는, 특히 봄바람이라도 살랑거리면, 우미하면서도 생명의 환희로 빛난다. 거기에는 수피가 흰색이 아닌 다른 나무에서는 찾아볼 수 없는 광채가 서려 있다. 잎을 떨군 겨울의 자작나무라고 해서 결코 덜하지 않다. 군더더기 없는 하얀 나신으로 빈 하늘을 우러르며 빛을 발하는 자태는 허실생백(虛室生白)의 경지 바로 그것이다. 그래서 자작나무 숲은 빛의 숲이기도 하다.



단아하고 순결한 외양과 달리 자작나무는 그 내면에 뜨거운 불을 감추고 있다. 자작나무는 수지 성분이 많아 화목으로도 으뜸이다. 그런 까닭으로 예전에는 자작나무 가지에 불을 붙여 등불 대용으로 쓰기도 했다. 종이처럼 얇은 수지가 수피를 겹겹이 두르고 있기 때문에 불붙이면 발열이 강렬하다. 수지 층으로 몸을 두른 것은 혹한에 견디기 위한 생존 전략이다.

수년 전 백두산 등정 길에 산 아래의 한 호텔에서 하룻밤을 묵은 적이 있었다. 호텔 앞뜰에 모닥불이 피워지고 우리 일행은 그 주위에 둘러앉아 저녁 식사를 했다. 중앙의 모닥불이 파란 불꽃을 내며 청정하게 타오르는 모습이 하도 인상적이어서 일하는 사람에게 물었더니 화목이 자작나무였다. 뜨거우면서도 마음을 서늘하게 하는 그 정화(淨火)에 매료된 일행 중의 한 사람이 자작나무 장작 토막 하나를 기념으로 간직해 돌아왔던 기억이 새롭다. 자작나무란 명칭도 기름 성분이 많은 껍질이 탈 때 자작자작하는 소리가 나는 데서 비롯되었다는 설이 있다. 자작나무를 뜻하는 '화'(樺)자에서 결혼을 의미하는 화촉(華燭)이란 말도 유래했다고 한다. 양초가 발명되기 이전에는 혼례날 밤을 밝히는 등화로 자작나무가 쓰였던 것이다. 이처럼 순직한 외양 속에 뜨거운 불씨를 간직한 외유내강의 역량 또한 자작나무의 빼놓을 수 없는 특성이다.

자작나무 사이로 난 탐방로를 따라 흰 눈길을 얼마쯤 걸었다. 공기가 참으로 청량하다. 푸른 하늘을 받들고 묵상에 잠겨 있는 듯한 나무들의 우듬지를 살며시 흔드는 미풍에 아직 쌀쌀한 기운이 감돌고 있었으나 따사로운 햇살로 그저 화기로울 뿐이다. 그 삽상한 정기를 한껏 들이마시며 북방의 산야를 가로질렀을 겨레의 들길을 새삼 헤아려본다. 필시 오늘 내가 누리는 이런 여유와 화평의 길인 경우는 드물었을 것이다. 설사 삭풍이 불어대는 춥고, 배고프고, 고달픈 행로였을지라도 남북이 하나로 이어진 길이었을 터이니 그것만으로도 가슴이 뭉클하다. 북방으로 통하는 길이 막힘없이 뚫릴 날은 언제나 올 것인가.

탐방로 길섶의 나무들을 자세히 보니 여기저기에 글씨가 새겨져 있다. 이곳을 다녀간 사람들이 나무의 몸체에 흔적을 남겨 놓은 것이다. 자작나무 껍질에 연서를 써 보내면 소망대로 사랑이 이루어진다는 속설 탓일 것이다. 수피를 매만져 보니 어린아이 볼처럼 부드럽다. 자작나무 수피는 흰색인 데다가 종이처럼 얇게 쉽사리 박리되어 예로부터 종이 대용으로 많이 썼다. 그뿐만 아니라 껍질에 큐틴이라는 방부제 성분이 함유되어 있어서 잘 썩지 않고 왁스 성분도 많아서 방수성도 뛰어나다.



자작나무의 이런 특성은 서양에서도 일찍부터 알고 있었던 듯하다. 1803년 미시시피강 너머 서부 답사를 준비하고 있던 메리웨더 루이스(Meriwether Lewis)에게 보낸 한 편지에서 당시의 대통령 토머스 제퍼슨(Thomas Jefferson)은 답사 중 보고 들은 것을 세밀히 기록할 것을 당부하면서 필사할 종이로 습기에 강한 자작나무로 만든 종이를 쓸 것을 권하고 있다. 1973년 경주의 천마총에서 천마도가 그려진 말다래가 출토되었는데 그 재료도 자작나무 수피였다. 한때 세간에 우리의 팔만대장경 경판도 자작나무인 것으로 알려졌었다. 그러나 최근 목재조직학의 발달된 기술로 분석한 결과 경판의 대부분이 산벚나무와 돌배나무인 것으로 밝혀졌다. 팔만대장경이 자작나무로 만들어졌다고 한동안 믿었던 것은 자작나무의 재질은 물론 그 기품 때문이었을 것이다.

동양에서 훈육의 한 지침은 나무처럼 살라는 것이었다. 군자의 마땅한 삶을 사군자에 빗대어 설파해온 오랜 전통을 생각해 보라. 자작나무에 대한 나의 짧은 소회도 결국 이 전통의 변주일 따름이다. 귀로의 내 마음이 허허로웠던 것은 자작나무에 투영한 의당한 삶의 길에서 한참 동떨어진 내 삶의 현실에 대한 새삼스러운 자각과 부끄러움 때문이었다. 고절한 기품, 드높은 기상, 단아하면서도 뜨거운 내적 열정을 지닌 자작나무의 대인과 같은 풍모에 비해서 하찮은 명리(名利)에 대한 미련을 버리지 못하고 세사에 늘 좌불안석인 내 삶은 얼마나 비루한 것인가. 삶을 비추어주는 거울이자 준거로서 마음속에 품은 나무가 가까이 있어서 그것을 틈틈이 우러르고 관조할 수 있다는 것이 그나마 다행이라고나 할까. (2014)

## ❖ 동백은 처연히 피고 지고

세상사 너무 빠르거나 너무 느린 경우가 허다하다. 내겐 꽃구경도 그런 다반사 중의 하나였다. 선운사 동백꽃을 보러 서너 차례 갔지만 한 번도 절정의 아름다움을 완상하지 못했던 것 같다. 소백산의 철쭉도 철이 일러 꽃망울이 벙긋한 모습만 보고 하산해야 했었고, 점봉산의 얼레지 군락도 너무 늦게 찾아서 어쩌다 눈에 띄는 늦둥이 몇을 보고 만족해야 했었다.



3월 중순에 접어든 지난 주말에 선운사 동백을 다시 보러 갔다. 선운사 동백은 보통 3월 말에서 4월 초에 만개하는 것으로 알려져 있다. 하지만 갑자기 초봄 날씨답지 않게 20℃를 웃도는 날이 며칠간 계속되어서 개화시기가 앞당겨졌을 것으로 짐작하고 불현듯 길을 나섰다. 그러나 이번에도 조금 일렀는지 선운사 대웅전 뒤편의 널따란 동백 숲은 기대에 미치지 못했다. 붉은 꽃봉오리를 수줍은 듯 오므린 동백꽃이 짙은 녹색 잎들 사이에 점점이 박혀 있는 모습이 우미하긴 하나 화사하다고 말할 정도는 아니었다. 한창 철인 동백을 구경하는 것이 쉽지 않은 일이라는 것을 다시금 절감한다. 선운사 동백을 유명하게 만든 장본인인 미당 서정주의 「선운사 동구」에도 "선운사 동백꽃을 보러 갔더니/동백꽃은 아직 일러 피지 않았고"라는 구절이 있지 아니한가.

선운사 동백은 자연의 섭리에 의해 피고 지지만 사찰 입구의 시비에 새겨져 있는 이 시로 인해 어쩔 수 없이 처연한 심상으로 물든다. 미당이 이 시를 쓴 경위를 더듬어 보면 마음이 더욱 애달파진다. 고달픈 일제 말기인 1942년, 고향 선운리에서 아버지의 장례를 치르고 상경 길에 선운사 동구의 주막집에 들러 낮술을 걸치다가 자태가 고운 안주인의 육자배기 가락에 취했던 기억을 간직하고 있던 미당이 20여 년의 세월이 흐른 다음 기억을 더듬어 주막을 찾아갔다. 그러나 주막은 보이지 않고 그 자리에 실파 밭만 자욱했다. 동네 사람에게 물으니 6·25 전쟁 통에 집이 불타버리고 주막집 여자도 빨치산에게 끌려가 죽임을 당했다는 것이었다. 이 기막힌 사연은 그녀가 들려주었던 노래 가락, 마치 자신의 삶을 예견하기라도 하듯이 삶의 고달픈 시름을 가사로 담고 있는 진양조의 애달픈 육자배기 가락을 시인에게 떠올리게 했고, 아울러 그것은 화려하게 피었다가 통째로 덧없이 떨어지고 마는 동백꽃의 이미지와 겹친다.

선운사 고랑으로
선운사 동백꽃을 보러 갔더니
동백꽃은 아직 일러 피지 않았고
막걸릿집 여자의 육자배기 가락에
작년 것만 시방도 남았읍디다.

그것도 목이 쉬어 남았읍디다.

— 서정주, 「선운사 동구」 전문

가버린 사람과 꽃이, 꽃과 노래가, 덧없는 죽음과 고달프게 연명해온 삶의 기억들이 하나로 어우러진 채 시인의 마음을 파고들면서 터져 나온 것이 「선운사 동구」인 것이다.

산다는 것 자체가 덧없는 꽃의 한생과 별반 다를 게 없다. 노란 수술을 감싸고 있는 선홍의 꽃송이가 화려하나 동백꽃은 하룻밤 돌개바람이라도 불라치면 마치 참수당한 양 꽃송이 채로 떨어지고 만다. 떨어진 동백의 꽃송이는 대개 하늘을 향해 펼쳐져 있다. 핏빛의 낭자한 모습을 연출하는 것이다. 땅바닥에 흥건하게 나뒹구는 동백은 그래서 억울하게 목이 잘려 죽은 수많은 민초들의 넋을 자연스레 연상시킨다. 절두화(截頭花)라는 섬뜩한 별칭은 이에 연유한다. 삶이 고달프다 보니 서글픈 역사도 낙화의 서정을 위한 소도구로 징발되는 것이다. 미당의 또 다른 동백꽃 시편, 「고창 선운사의 동백꽃 제사」는 그런 넋들을 달래는 진혼의 의식을 담고 있다.

고창 선운사의 수만 송이 동백꽃이
핏빛으로 핏빛으로 떨어져 내려
봄의 풀섶들이 슬퍼 울게 하는 날은
고창사람들은 그 동백꽃 넋들이 너무나도 안쓰러워
하늘로 하늘로 두 손 모아서
그 넋들을 보내는 제사를 지낸다.

— 서정주, 「고창 선운사의 동백꽃 제사」 전문

사람들은 동백이 낭자하게 떨어지면 봄의 풀숲이 처절하게 울음을 토해내고 있다고 상상한다. 스스로의 삶에 비추어 본 연상이다. 그리하여 땅에 떨어진 아름답고 애잔한 꽃을 위한 제사를 지내 그 넋을 하늘로 보내고자 하는 것이다. 자연과 하나를 이룬 이 토속적인 정서와 세월이 흘러도 변함없는 오랜 풍속이 시인이 고향을 소재로 해서 쓴 『질마재 신화』를 오롯이 지배하고 있다. 시인의 고향 선운리의 속칭이 질마재이다. 『질마재 신화』로 인해 이곳은 시인의 고향을 넘어서서 한국인의 원형적 공간으로 자리 잡았다. 똥오줌 항아리를 거울삼아 망건 밑의 머리를 단장하는 마을의 상가수 상여꾼으로부터, 억센 마른 명태를 뼈다귀 하나 남기지 않고 먹어치우는 눈들 영감, 달뜨면 서방질하고 그믐 때가 되면 떡 팔러 다니는 알뫼댁, 심사숙고한답시고 술로 세월을 보내는 백순문 형제 등등, 이제는 잊힌 골동품 같은 인물들이 이 신화적 공간을 채우고 있다.

하루를 박꽃 시간으로 마무리하는 시집 속의 질마재 사람들은 근대화나 자본주의와 같은 도시적 이념과 판이한 세계에서 살지만 그럼에도 불구하고 그들 나름의 형이상의 질서와 기율을 간직하고 있다. 그것은 외할머니네 집 뒤안, "먹오딧빛 툇마루"를 아이들의 면책 공간으로 허용하고 아들딸이나 손자손녀들을 위해서가 아니라 이삼백 년 뒤의 먼 미래 세대를 위해 침향을 준비하는 마음가짐에서 엿볼 수 있다. 질마재는 비속한 현실과 형이상학적 질서가 어긋장지지 않고 상호공존하고 있는 세계, "글을 볼 줄 아는 사람은 드물지마는, 사람이 무얼로 어떻게 신이 되는가를 요량해 볼 줄 아는 사람은 퍽으나 많은" 세계인 것이다. 타오르는 붉은 열정을 상기시키기에 족한 동백꽃을 그 낙화의 형상을 눈여겨보아 고달픈 삶을 살다간 민초들의 넋으로 여기는 마음은 똥오줌을 누는 소망 항아리에 하늘과 별과 달이 비치는 것을 관조하는 여유로운 심성과 상통한다. 그러기에 미당의 일련의 동백 시편은 『질마재 신화』에 수록되어 있지 않지만 질마재 풍경의 일부를 이루고 있다고 보는 것이 온당하다.

약 5,000여 평에 이르는 선운사 동백 숲은 수령 500년이 넘는 동백 3,000여 그루로 이루어진 순림(純林)이다. 천연기념물 184호로 지정된 후 철조망이 둘러지면서 꽃 핀 동백나무들 사이를 걸어볼 수 없고 땅에 흥건한 낙화의 모습도 먼발치로밖에 볼 수 없는 점이 아쉽다. 미당이 동백꽃 시편을 쓸 무렵에는 동백 숲이 이렇게 갇혀 있는 상태는 아니었을 것이다. 누군가도 아쉬웠던지 대웅전 뒤뜰에 작은 돌탑을 세우고 그 주위로 동백꽃잎을 뿌려 놓은 모습이 보인다. 미당은 보다 이른 시기에 쓴 「나의 시」에서 "호화로운" 동백의 낙화가 "안쓰러워" 그것을 주워 모아서 아름다운 부인의 치마폭에 올려다 놓았던 기억을 되살리고 그 헌화의 마음으로 서정시를 써왔다고 토로했다.

선운사의 소담한 동백꽃

어느 해 봄이던가, 머언 옛날입니다.

나는 어느 친척의 부인을 모시고 성 안 동백꽃나무그늘에 와있었습니다.

부인은 그 호화로운 꽃들을 피운 하늘의 부분이 어딘가를 아시기나 하는 듯이 앉어 계시고, 나는 풀밭 위에 홍근한 낙화가 안씨러워 주어모아서는 부인의 펼쳐든 치마폭에 갖다놓았습니다.

쉬임없이 그 짓을 되풀이하였습니다.

그뒤 나는 연년히 서정시를 썼습니다만 그것은 모두가 그때 그 꽃들을 주서다가 디리던–그 마음과 별로 다름이 없었습니다.

— 서정주,「나의 시」일부



떨어진 동백꽃잎을 봉헌한 "친척의 부인"은 지상의 동백이 어떤 조화로 화사한 꽃을 피우는지를 아는 여성이다. 그녀는 말하자면 천지운행의 질서를 헤아릴 수 있는 초월적 능력을 가진 존재이다. 그녀는 지상의 풍요를 약속하는 대지의 여신일 수 있고, 뭇 중생을 도솔천으로 인도하여 영생의 복락을 누릴 수 있도록 해주는 보살의 현신일 수 있다. 시인이 쓰는 서정시는 이 초월적 존재에 바치는 치성이요, 동백꽃처럼 안타까운 삶을 살다간 수많은 넋을 달래는 진혼의 주문인 것이다.

더불어 시인이 훗날 빠져들게 될『신라초』의 세계, 그 탐미주의의 단초도 나타나 있다. 시인은 아름다운 수로부인을 위해 온몸을 바쳐서 붉은 벼랑 끝에 핀 꽃을 꺾어주겠노라고 자청한 저 신라의 소 끄는 노인의 헌화가를 떠올리고 있음이 분명하다. 삶의 시름과 무상함을 노래한 육자배기의 가락 속에 잊힌 수많은 향가의 노래 마디들이 입에서 입으로 노래 불러져 전해 내려왔을 것이라고 믿었던 시인이다. "옛날의 마음이란 우리에게서 먼 것이 아니라, 참으로 우리 속에 늘 담기어져 새 것처럼 작용하는 것"이라고 생각한 시인이다. 미당은 자신의 시업이 신라의 향가 전통에서 면면히 이어져 내려온 겨레의 노래 가락을 새롭게 재창조하는 길에 있는 것임을 이렇게 천명한 적이 있다. 이 온고지신(溫故知新)의 시학을 주장할 수 있는 근거가 바로 동백꽃이다. 동백꽃은 해홍화(海紅花)라고도 불린다. 곧 바닷가에서 피는 붉은 꽃이다. 그렇다면 동백꽃이 바로 헌화가의 노인이 꺾어서 바치고자 했던 붉은 벼랑에 핀 꽃이 아니고 무엇이겠는가. 그리하여 시인은 "산마다 울리는 육자배기와 동백꽃"을 연관 지어 말할 수 있었던 것이다.



시의 말미에서 시인은 떨어진 동백꽃을 받아줄 사람이 이제는 더 이상 존재하지 않는다고 한탄하면서, 꽃을 주워보아야 손에서 저절로 흘러내릴 뿐이고, 그런 마음으로 시를 써야 하는 비애감을 토로하기도 한다. 아름다운 꽃을 봉헌할 대상이 사라져버린 시대, 그것에 의탁하여 가엾은 넋을 더 이상 위로할 길이 없는 막막한 시대에 시인은 무엇을 할 수 있을까. 그래도 시인은 시를 쓸 수밖에 없다고 말한다. 동백꽃이 처연히 떨어져 천지에 산화하더라도 시인은 노래를 계속해야 한다.

귀로에 아쉬움으로 마음 한구석이 서늘해서 결국 서천으로 발길을 돌렸다. 지난 초겨울에 들렀던 마량의 동백나무 숲이 생각났고, 마침 동백꽃 주꾸미 축제가 열리고 있다는 기사를 보았기 때문이다. 서천에서 고속도로를 내려와 10여 분 달리니 이내 서천 화력발전소 굴뚝이 보인다. 마량 동백나무 숲은 발전소 뒤편의 아담한 동산을 차지하고 있다. 주차장 앞 공터에 주꾸미를 파는 음식점의 가설 천막들이 가득하고 스피커에서는 노래 소리가 요란하다. 역시 천연기념물로 지정되어 있는 마량 동백나무 숲은 500년 전 마량 수군 첨사가 바닷가에 밀려온 꽃 꿈을 꾸고 해안으로 나가 보니 꽃나무가 있어서 그것을 심어 조성되었다는 전설을 간직하고 있다. 전설도 전설이지만 이곳 마량 동백나무 숲은 동백의 북방한계선을 이루고 있어서 생태학적 의의가 크다.



동산 마루에는 바다 풍경이 멋진 누각 동백정이 있다. 이 누정에 이르는 계단 양편의 경사면에 동백이 소담스레 열주를 이루고 있다. 선운사 동백 숲과 달리 이곳에서는 나무들 사이를 오가면서 아주 가까이서 동백꽃을 완상할 수 있다. 축제가 열리는 시기가 곧 동백의 개화가 절정에 이른 때일 것으로 짐작되지만 이곳 동백 숲도 화사한 느낌은 주지 않는다. 지난 초겨울에 왔을 때도 꽃이 드문드문 피어 있었다. 그때보다 꽃이 많이 피어 있기는 하나 그렇다고 전체적으로 분위기가 확연히 다른 것은 아니었다. 숲의 이곳저곳을 돌아다니며 살펴보니 꽃이 아주 많이 핀 나무도 있고 그렇지 않은 나무도 있다. 같은 장소에 있으면서도 나무마다 개화시기가 다를 수도 있는 모양이다. 꽃이 상대적으로 많이 피어 있는 나무 앞에 사람들이 몰려 사진을 찍는다. 그러나 가령 매화꽃이나 벚꽃을 배경으로 할 때처럼 풍경이 화사하지는 않다.

문득 동백꽃의 경우 절정기라 할지라도 화사하다는 표현은 과장이기 십상이라는 생각이 들었다. 동백꽃 자체는 개별적으로 보면 화려하지만 짙푸른 상록의 잎들에 둘러싸여 있기 때문에 잎이 돋기 전 나목에 꽃이 활짝 피는 나무들의 경우처럼 사위를 온통 화려하게 수놓는 분위기를 연출할 수는 없는 것이 아닐까. 그렇다면 내가 예전에 선운사에서 보았던 조촐한 동백꽃 숲의 모습이 바로 만개 때의 그것이었는지도 모른다. 그 풍경을 보고 성이 차지 않았던 것은 마음의 기대가 너무 컸던 탓이었을 것이다. 나는 화사한 봄꽃나무들을 보아오던 눈으로 겨울꽃인 동백을 보고자 했던 것이 아니었을까. 대부분의 나무가 고목처럼 잠자고 있는 한겨울에 꽃을 피우는 동백은 봄이 아니라 바로 그때가 몇 송이가 피든지 절정기인 것이리라. (2015)

## ❖ 구천을 떠도는 꽃잎들

그리고 길 위의 나뭇잎들
생쥐처럼 내달렸다.
— 월리스 스티븐스

봄날이 따사로운 것은 화사한 햇살 때문만은 아니다. 노루귀 줄기의 가냘픈 솜털을 간질이는 봄빛에 겨우내 움츠러들었던 마음이 기지개를 켜는 것이 순리이긴 하다. 그렇지만 노루귀 꽃대 위에 연분홍 꽃이 피어 있지 않다면 봄볕이 그렇게 푸근하고 따스하게 느껴질 수 있을까? 햇살도 햇살이지만 색색으로 피어나는 꽃들이 춘정을 자극하기에 봄은 따뜻한 계절인 것이다. 꽃은 정녕 봄 풍경에서 빼놓을 수 없다. 새로 돋아나는 잎들이 과시하는 신록의 향연도 장관이긴 하지만 형형색색의 꽃들이 피지 않는다면 세상이 얼마나 단조롭겠는가.

꽃이 출현하기 이전의 지구는 석송, 속새, 양치류와 같은 녹색식물들만 존재하는 단색조의 세계였다. 식물이 그 자체에 양분을 내장하여 외부 환경에 상관없이 발아할 수 있는 속씨를 지닌 식물로 진화하면서 비로소 다채로운 꽃들이 피어나게 되었다. 그것이 약 1억 년 전, 공룡 시대의 말기, 지질학적으로는 백악기 후기쯤이라는 것이 통설이다. 양분을 자체 공급받으며 외피로 보호되고 포자식물처럼 발아를 기다릴 필요가 없기 때문에 속씨는 어디에서나 싹을 틔우고, 바람에 날려 멀리 날아가기도 하고, 새나 동물에 의탁하여 씨앗을 퍼뜨리기도 한다. 속씨식물이 출현하면서 지구는 꽃의 제국으로 변모하여 오늘날처럼 다채로운 자연환경을 갖게 되었다. 그래서 생태학자 로렌 아이슬리(Loren Eiseley)는 「꽃들은 세상을 어떻게 변화시켰나」라는 글에서 이 땅의 생명들이 참여해온 장구한 진화의 과정에서 꽃을 피우는 속씨식물의 출현을 세상을 바꾼 "격렬한 폭발", 곧 하나의 혁명이라고 표현하고 있다.

아침에 일어나 창문을 열어보니 베란다 너머 살구나무가 하룻밤 사이에 연분홍 화사한 꽃등을 달고 있다. 이상고온 현상에 놀라 살구나무도 정신없이 꽃망울을 터뜨린 모양이다. 기후 변동이 잦은 요즘에는 화신(花信)도 뒤죽박죽이다. 보통은 아직 쌀쌀한 겨울자락에 맨 먼저 동백이 피고 그다음에 매화, 이어서 노란 산동백과 산수유가 꽃망울을 터뜨리고 개나리가 그 뒤를 잇고 다음에 진달래와 화사한 벚꽃이 개화한다. 봄철의 꽃 향연이 특별한 것은 이처럼 시차를 두고 색색의 꽃이 순차적으로 피어나며 황홀경을 지속적으로 선사하기 때문이다. 그런데 이제는 꽃들이 경쟁하듯 한꺼번에 피었다가 무더기로 지고 마는 경우가 잦아지고 있다. 식물도 변덕스런 날씨에 갈피를 못 잡고 허둥대고 있음이 분명하다.

봄꽃의 개화가 찬란하다면 낙화는 애절하기 그지없다. 한꺼번에 핀 꽃들이 그 황홀경을 시샘하는 거친 돌풍이라도 만나면 덧없이 꺾여 군무를 추기에 바쁘다. 황홀한 에로티시즘의 세계도 잠깐인 것이다. 하나의 꽃망울을 터뜨리기 위해 저마다 춥고 긴 겨울의 시간을 인고하며 지내왔을 것을 생각하면 며칠도 되지 않아 떨어지고 마는 덧없는 꽃의 운명은 허망하기 짝이 없다. 더욱 애잔한 것은 떨어진 꽃잎들이 돌아갈 곳이 없다는 사실이다.

야밤에 봄비가 내린 아침이면 포장된 도로 위에 낙화가 흥건하다. 소소리바람이라도 불라치면 떨어진 꽃잎들은 하늘로 솟구쳐 올랐다가 바닥으로 떨어지고 다시 도로를 따라 이리저리 나뒹군다. 바람에 흩날려 허공에서 춤추는 낙화의 난분분 또한 봄 풍경에서 빼놓을 수 없는 것이 되었다. 그러나 생각해 보면 아스팔트 도로 위를 떠도는 낙화나 때를 잊은 동시적 개화 현상은 모두 정상이라고 할 수 없다. 떨어진 꽃잎들은 흙으로 돌아가 스스로를 썩혀 제 뿌리의 양분으로 귀환하는 것이 자연의 순리이다. 그래야 그 자양으로 잎이 싱싱하게 피어나고 가을에 그 잎이 지면 알찬 열매가 열리는 것이다. 그러나 맨땅을 거의 찾아볼 수 없는 도시에서 떨어진 꽃잎들은 흙으로 돌아가지 못하고 바람에 흩날려 아스팔트 도로 위를 맴돈다. 어느 시인은 "꽃잎들, 땅 위에 깔린 하늘"이라고 썼다. 그러나 꽃잎도 땅 위에 떨어질 때 하늘의 정령일 수 있는 것이다. 도시의 포장도로에서 그들은 귀천할 곳이 없어서 산지사방으로 떠도는 망령 신세일 뿐이다.

시인 조병화는 뭇 존재가 이렇게 제 고유의 장소를 상실한 상황을 안타까워하는 시를 남겼다.

포장된 도로 위에 떨어진 꽃잎들은 귀천을 못하고 산지사방을 떠도는 망령과도 같다

봄은 하늘에 떠서
내릴 곳이 없다.

둑도
강변도
벌판도

구천을 떠도는 꽃잎들

노변도

야산도

인간의 주거지로 깎이어

내려 앉아 꽃피울 곳이 없다

할미꽃 피던 무덤도 이장되고

서로 앉아 바람 잡던 풀밭도 자취 없고

발 담그고

물에 뜬 구름을 서로 보던

개울물도 사라지고

사방 팔십 리

사람 냄새



아지랑이 물고 봄은 왔건만

봄은 하늘에 떠서

내릴 곳이 없다.

— 조병화, 「봄은 하늘에 떠서」 전문

무덤가에 피던 할미꽃은 "서로 앉아 바람 잡던" 풀밭을 빼앗겨 더 이상 꽃을 피우지 못한다. 제 처소를 잃은 민들레는 도시의 시멘트 계단이나 포장도로의 파인 틈 사이에서 가까스로 명맥을 유지하며 살고 있다. 떨어진 꽃잎들은 구천을 떠도는 혼령처럼 바람 따라 봄의 도로 위를 부유한다. 꽃잎만 그런 것이 아니다. 봄의 뒷자락에 이르면 도시의 하늘은 온갖 꽃씨와 꽃가루로 뿌옇게 뒤덮인다. 시인의 한탄대로 봄은 하늘에 떠서 내릴 곳이 없는 것이다.

통계에 의하면 우리나라의 도로포장율은 2012년 현재 83.4%이다. 이는 전국의 현황이고 도시지역은 대부분 100%에 육박한다. 발을 딛고 걸어 다니는 길의 대부분이 아스팔트나 시멘트로 덮여 있다는 말이다. 사정이 이러하니 봄에는 꽃잎과 꽃가루가, 가을에는 낙엽이 포장된 도로 위에 난무하는 것이다. 어디 그뿐인가. 여름철에는 떨어진 빗물이 땅으로 스며들지 못하고 배수구를 따라 하천으로 흘러가버려서 도시의 대지는 비가 많이 내리더라도 갈증에 시달리는 역설적 상황에 처하고, 배수로가 막히기라도 하면 물난리로 수많은 사람들이 어려움을 겪는 악순환을 되풀이한다. 도시를 달구는 여름의 열섬 현상 또한 밀집된 고층 건물과 포장된 도로로 인해 녹지 공간이 부족하기 때문에 야기된다. 이렇게 우리의 대지는 순환의 숨길이 꽉 막혀 있다. 문명의 편의를 위해 대지의 숨통을 막아버린 것이다.

봄에 알레르기 환자가 급증하고, 철을 가리지 않고 황사가 불어와 며칠씩 머무는 것도 결국 부유물이 대지로 스며들지 못하고 허공을 계속 떠다니기 때문일 것이다. 서글픈 일이다. 아름답던 우리의 산하가 부유하는 것들의 난장(亂場)으로, 정화해야 할 예토(穢土)로 바뀌어, 봄이 와도 봄이 온 것 같지 않으니. (2012)

## ❖ 어떤 여름날

어제에 이어 오늘도 찌는 듯이 무덥다. 오늘이 가을의 문턱에 들어선다는 입추인데도 그렇다. 가만히 앉아 있어도 땀이 줄줄 흘러내린다. 계속되는 무더위로 전국에 폭염 경보까지 발령된 상태이다. 어제 서울의 한낮 온도가 34.4°C였고 경상북도 의성은 38.7°C까지 올라갔다고 한다. 서울 도심 지역과는 통상 3~4°C 정도의 차이가 나는 이곳 산그늘 아래의 우거도 덥기는 마찬가지이다. 쏟아지는 강렬한 햇살에 풀과 나무들도 어깻죽지가 처진 채 숨을 죽이고 있는 형상이다.

무더운 열기에 심신이 지쳐가는 오후 서너 시쯤일까. 하늘에 먹구름이 끼기 시작하더니 이내 사방이 어둑해진다. 컴컴한 하늘 너머로 천둥소리가 간헐적으로 들리고 갑자기 돌개바람이 몰아친다. 나무들이 광풍에 취한 듯 팔등신을 좌우로 마구 흔들고 풀들이 쓰러지듯 누웠다 일어난다. 어둑한 기운이 더욱 짙어가는 가운데 천지가 갑자기 조용해진다. 그야말로 폭풍전야의 고요함이다. 모든 것이 정지된 채 정적 속에 잠긴다. 키 큰 나무들의 꼭대기 우듬지만 조금씩 흔들릴 뿐이다. 산등성이 너머로 천둥소리가 다시 들린다. 이따금 마른번개가 번쩍인다.

이윽고 빗방울이 후드득 떨어지기 시작한다. 비는 순식간에 세찬 물줄기로 바뀌어 온 천지를 사정없이 유린한다. 앞 베란다의 나무 데크가 이내 빗물에 잠기고 그 위로 낙숫물과 빗방울이 동그란 홈들을 쉴 새 없이 만들면서 떨어지고 있다. 나는 동짓날 끓이는 팥죽을 떠올리며 그 모습을 망연히 바라보았다. 빗줄기는 더욱 굵어지고 쏟아붓듯 세차게 떨어진다. 비를 맞고 있는 대상을 통해서가 아니라 떨어지는 비 그 자체만을 응시할 수는 없을까. 비가 쏟아지는 정경을 멍하니 바라보다가 그 환유적 양태에 알 수 없는 짜증이 일며 느닷없는 순수 회귀의 열망에 사로잡힌다. 허공을 묵시하며 하강하는 비의 형상을 마음에 담아 보려고 안간힘을 써본다. 하지만 쉽지 않다. 내 눈은 빗줄기 사이로 흐릿하게 보이는 사물들 사이를 헤맬 뿐이다.

그렇게 한참 허공을 주시하고 있노라니 문득 우타가와 히로시게(歌川廣重)가 그린 「오하시와 아타케의 천둥」(1857)이라는 우끼요에가 떠오른다. 하늘에 짙은 먹구름이 낮게 깔리고 그로부터 쏟아지는 빗줄기가 사선을 이루면서 화면을 가득 채우고 있는 그림이다. 빈센트 반 고흐(Vincent van Gogh)가 영감을 받아 모작까지 남긴 이 그림은 간명한 소묘, 산뜻한 색조, 평면적 화면 구성 방식 등, 인상파가 매료되었던 이른바 '일본풍'(Japonisme)의 요소들을 두루 갖추고 있다. 하지만 이 그림이 고흐를 매료시킨 근본 동인은 무엇보다 실체를 파악하기 힘든 소낙비의 형상을 실감 있게 표현했기 때문이 아닐까. 동서고금의 풍경화를 아무리 뒤져보아도 여름 소낙

우타가와 히로시게, 「오하시와 아타케의 천둥」, 1857

비를 이처럼 생동감 있게 묘사한 경우는 찾기 힘들다. 그림이 소장되어 있는 뉴욕 브루클린 미술관의 도록에 그것이 「신-오하시 다리와 아타케에 내리는 소낙비」(Sudden Shower Over Shin-Ohashi Bridge and Atake)라는 표제로 소개되어 있는데, 미술관 큐레이터에게도 역시 소낙비의 묘사가 먼저 눈에 띈 것이라 짐작된다.

이윽고 빗줄기 사이로 뿌연 연무가 일기 시작하다. 앞산의 산등성이에도 뭉게구름처럼 연무가 피어오른다. 산봉우리들이 연무의 바다에 잠겨 아예 보이지 않는다. 한 30여 분을 이렇게 세차게 내린 후 빗줄기가 서서히 가늘어지고 서쪽부터 하늘이 조금씩 벗겨진다. 가랑비로 바뀌면서 제일 먼저 들리는 것은 새소리이다. 폭우에 숨죽이고 어디선가 숨어 있던 새들이 제 삶의 터전으로 복귀하며 지르는 환호성이다. 그래선지 그들이 지저귀는 소리는 경쾌하면서도 예리한 프레스티시모이다. 앞산의 봉우리들도 연무의 지배에서 서서히 벗어나며 희끄무레한 하늘을 배경으로 모습을 드러낸다. 구름자락이 이제 산등성이의 허리춤에만 띠처럼 길게 뻗쳐 있다. 한 마장쯤 지나니 이윽고 하늘이 밝아오면서 해가 다시 구름 사이로 얼굴을 내민다.

더위에 시달리다 천혜의 시원한 목욕을 한 나무들도 너할 수 없이 청정한 모습이다. 아, 이렇게 소나기가 쏟아지고 갠 여름날 저녁나절의 정경은 얼마나 정갈하고 삽상한 것인가! 나무들은 물론 꽃과 풀들도 모두 싱싱한 모습이다. 앞마당에 나란히 서 있는 주목나무들을 한참 보고 있노라면 내가 그들을 바라보고 있다기보다 그들이 나를 물끄러미 쳐다보고 있다는 느낌이 든다. 나무들이 독자적인 생명체로서 살아 존재하고 있다는 강렬한 느낌을 주는 것이다. 더불어 세상이 갑자기 정지하고 모든 존재들이 가장 맑고 순수한 얼굴, 그 고유한 빛을 드러내며 존재성을 주장하는 것 같다. 영국의 낭만주의 시인 새뮤얼 콜리지(Samuel T. Coleridge)는 이렇게 물은 적이 있다.

> 당신은 사물이 존재하고 있다는 사실 그 자체에 마음이 고양된 적이 있는가? 당신은 스스로에게 당신 앞의 한 인간이든 아니면 하나의 꽃이든 아니면 한 알의 모래알이든 '그것이 존재한다'고 숙고하며 말해 본 적이 있는가? 그것의 존재 양태나 그 형상에 관계없이 말이다. 당신이 이런 고양감에 이르러 보았다면 당신은 경외와 경탄으로 당신의 정신을 사로잡는 어떤 신비의 현존을 느꼈을 것이다.



이 경이의 느낌을 나도 어쩌다 맛보는 수가 있는데, 이렇게 비가 갠 여름날 고요한 석양 무렵이 내게는 바로 그런 순간의 하나이다. 자연이 숨겨둔 위력을 과시하고 다시 무심한 양태로 되돌아가는 때, 거기에 조응하여 사물들은 늘 입고 있던 때 묻은 옷을 벗어던지고 자신의 본모습을 드러내는 것이다. 하늘에 새털구름이 드문드문 깔리고 서쪽 지평선이 아련한 자홍색으로 물들어가는 석양 무렵 내 마음은 알 수 없는 감동의 물결에 휩싸이며 존재의 신비감, 나날을 살아간다는 것의 경외감을 느끼는 것이다. 이때 자연 속에 함께 살아가는 뭇 존재자들이 생명의 절정기에 이르러 저마다 독특한 창발

성을 발현하면서도 또한 모나지 않고 서로 조화를 이루고 있는 모습을 보이는 것도 이런 느낌을 자아내는 또 다른 동인이리라.

소낙비가 내렸더라도 후덥지근한 무더위가 대기에 머금어 있는 습기를 타고 되돌아오는 것이 상례이지만 오늘은 어쩐 일인지 그렇지 않다. 골짜기를 타고 불어오는 바람이 습하지 않고 살갑기만 하다. 저녁 햇살도 따갑긴 해도 한결 담백하다. 놀랍게도 어디선가 빨간 잠자리 한 마리가 비스듬한 햇살을 타고 날아 들어와 앞마당을 가로지르면서 날렵하게 춤을 춘다. 빨간 잠자리는 도시에서는 여간해선 보기 힘들지만 이곳 산그늘 아래에서는 여름 절기가 바뀔 무렵이면 심심찮게 목격되곤 한다. 잠자리의 출현으로 오늘이 입추라는 사실이 새삼 상기된다. 절기는 못 속인다더니 이제 여름 무더위도 더 이상 기승을 부리지 못할 것인가.

잠자리가 바람을 타고 빈 하늘을 주유하는 모습을 바라보다가 집 안으로 들어와 베토벤의 바이올린 소나타 제5번 「봄」을 튼다. 베토벤의 음악이라고는 믿을 수 없을 만큼 맑고 경쾌한 선율이 흐른다. 움트는 생명으로 약동하는 봄의 정경이 연상된다고 하여 이 곡에 「봄」이라는 별칭이 주어졌지만 그 경쾌한 리듬은 나에겐 오히려 어릴 적 시골에서 자주 보고 함께 빙빙 돌았넌 초가을 빨간 잠자리들의 군무를 연상시킨다. 이런 연유로 이 곡은 가을의 초입에 내가 자주 듣는 곡 중의 하나이다.

기세등등한 여름의 한가운데에서 이렇게 가을을 느껴보는 하루이다. 우리의 삶은 쉼 없는 변화의 과정임을 새삼 절감한다. 지겹기만 한 무더위도 시간이 지나면 어김없이 가을의 소슬함에 자리를 내주고 혹독한 겨울 추위도 남녘에서 불어오는 따스한 봄바람에 밀려나기 마련인 것이다. 계절의 변화는 변전무쌍한 삶의 흐름에 일정한 질서와 기율을 부여하는 하나의 동력이다. 반복되는 일상도 계절이 바뀌면서 새로운 리듬과 질서를 갖는다. 동양에서 계절의 순환이 감정의 과잉을 순치하는 윤리적 태도 함양의 준거로 종종 거론된 것도 이 때문이리라.

어느 계절이 제일 좋은가라는 질문을 흔히 주고받지만, 일 년 사철 모두 그 나름의 정취가 있는 법이다. 봄은 새 생명이 움트는 눈록(嫩綠)의 설렘이 있고, 여름은 덥지만 열정과 풍성함에서 앞서고, 가을은 완숙한 청량의 묘미를 자랑하고, 겨울은 엄동의 풍설로 삶을 되돌아보게 만드는 결기에서 으뜸이라 할 수 있다. 일본 헤이안 시대의 수필집 『마쿠라노소시』(枕草子)는 사계절의 멋에 대해 이렇게 쓰고 있다.

봄은 동틀 무렵. 산 능선이 점점 하얗게 변하면서 조금씩 밝아지고, 그 위로 보랏빛 구름이 가늘게 떠 있는 풍경이 멋있다. 여름은 밤. 달이 뜨면 더할 나위 없이 좋고, 칠흑같이 어두운 밤에도 반딧불이 반짝반짝 여기저기에서 날아다니는 광경은 보기 좋다. 반딧불이가 달랑 한 마리나 두 마리 희미하게 빛을 내며 지나가는 것도 운치 있다. 비 오는 밤도 좋다. 가을은 해질녘. 석양이 비추고 산봉우리가 가깝게 보일 때 까마귀가 둥지를 향해 세 마리나 네 마리, 아니면 두 마리씩 떼 지어 날아가는 광경에는 가슴이 뭉클해진다. 기러기가 줄지어

저 멀리 날아가는 광경은 한층 더 정취 있다. 해가 진 후 바람 소리나 벌레 소리가 들려오는 것도 기분 좋다. 겨울은 새벽녘. 눈이 내리면 더없이 좋고, 서리가 하얗게 내린 것도 멋있다. 아주 추운 날 급하게 피운 숯을 들고 지나가는 모습은 그 나름대로 겨울에 어울리는 풍경이다. 이때 숯을 뜨겁게 피우지 않으면 화로 속이 금방 흰 재로 변해 버려 좋지 않다.

봄은 여명에서, 여름은 밤에서, 가을은 석양 무렵에서, 겨울은 새벽녘에서 각각 계절 특유의 분위기를 감지하는 섬세한 안목에 공감이 간다.

『마쿠라노소시』의 작가 세이쇼나곤(清少納言)만이 아니라 허다한 시인과 예술가들이 사계의 특징을 소묘해왔다. 그러나 계절의 이런 특징화는 일반적인 듯하지만 실은 주관적인 것이다. 자연은 본래적인 의미 그대로 스스로 그러할 뿐 변화의 차이를 애써 강조하지 않는다. 더욱이 오늘처럼 한여름의 열기 속에 가을의 전조가 내비치듯이 계절 간에 딱 부러진 시간적 경계가 있는 것도 아니다. 어느 계절이든 나머지 다른 계절의 면모가 잠재해 있기 마련이고 어느 하루이든 사계절의 변화상을 모두 느낄 수도 있는 것이다. 베토벤이 봄을 염두에 두고 작곡한 곡을 나는 가을 잠자리들이 날아다니는 경쾌한 리듬으로 듣고 있지 않은가. 온 누리를 진홍의 광영으로 물들이는 석양 정경이 유달리 감동스러운 것도 거기에 아침의 밝음이 머금어 있으면서 동시에 다가올 어둠에 대한 예감이 깃들어 있기 때문일 것이다. 시인 셸리(Percy Bysshe Shelley)는 "겨울이 오면 봄이 멀지 않으리"라고 유명한 「서풍부」를 끝맺고 있는데, 그 또한 계절 속에 또 다른 계절의 분위기가 중첩되어 나타날 수 있음을 인식하고 있기에 나올 수 있는 말이다. 시에 표현되어 있듯이 "가을의 숨결"로 불러낸 서풍은 나뭇잎을 떨어뜨려 어두운 겨울의 침상으로 내몰고 가는 파괴자이지만, 푸른 바다를 여름의 꿈에서 깨어나게 하고, 봄의 향기로운 꽃봉오리를 피우도록 재촉하는 것 또한 서풍이기 때문이다. (2015)

## ❖ 가을에 읽는 「가을에게」

가을에 접어들면 산간의 아침은 안개로 자욱하다. 특히 초가을 무렵, 산기슭과 계곡은 거의 언제나 안개의 바다이다. 안개는 나무에서 방출되는 수분이나 숲 바닥에 깔려 있는 이끼에서 스며 나오는 물기가 만들어낸 것이다. 숲속의 푸른 이끼는 기실 물의 저장고이다. 비가 내릴 때 이끼는 스펀지처럼 빗물을 흡수했다가 이처럼 건조한 시기에 그것을 방출한다. 두터운 이끼 층이 깔려 있는 숲은 1헥타르당 무려 5만 리터의 물을 빨아들이는 것으로 알려져 있다.

안개는 산기슭에서 피어올라 계곡을 온통 점령하고 이윽고 산봉우리를 다도해의 섬처럼 만들어버린다. 해가 떠오른 뒤 한참 뒤까지도 안개는 물러설 기색을 보이지 않다가, 햇살의 열기가 느껴질 만한 어느 시점에 이르면 사르르 걷힌다. 이렇게 안개의 장막을 뚫고 해가 떠오른 날은 대체로 날씨가 화창하다. 이런 날의 햇살은 또한 따사로우면서도 난숙하기 그지없다. 이런 햇살을 받으며 가을은 농염하게 무르익어간다.

금년 가을은 참으로 갑작스럽게 찾아왔다. 무덥고 후덥지근하던 날들이 9월로 접어들자마자 새벽 침상에 섬뜩할 정도로 서늘한 기운을 몰고 왔다. 한낮은 여전히 무덥지만 조석으로 여닫는 창문 밖

공기는 하루가 다르게 서늘한 느낌이다. 위세당당하던 계절도 시간의 흐름에는 어쩔 수 없었던 것이다. 프랜시스 베이컨(Francis Bacon)의 말대로 시간은 가장 위대한 혁신자이다. 여름이 절기의 변환 앞에 쫓기듯 가을의 옷으로 갈아입고 아쉬움의 고갯짓을 하고 있는 것이다.

앞산의 안개가 걷힐 무렵 뜰로 나왔더니 여치와 메뚜기들이 풀밭에서 이리저리 뛰어오른다. 귀뚜라미 소리가 풀숲을 울리고 다른 풀벌레도 합주에 참여한다. 이들은 가을의 전령사이다. 어느새 잎이 손바닥만 하게 자란 배추밭 쪽으로 발걸음을 옮기니 거기에도 작은 섬서구메뚜기와 방아깨비가 뛰놀고 있다. 그 옆으로 붉은 고추가 드문드문 매달린 고추나무들이 누렇게 시들어가는 잎줄기를 다독거리며 따스한 햇살로 잔명을 이어가고 있다. 고추 지지대 위에 앉아 있던 회색 나비 한 마리가 텃밭의 가장자리에 갓 피어난 코스모스 꽃을 찾아 나른한 몸짓으로 날아간다. 잉잉대는 벌들의 날갯짓 소리가 이따금 귓전을 울린다. 벌들뿐만 아니라 온갖 날벌레들이 난만한 햇살을 탐하며 허공을 주유하고 있는 양 가냘픈 소리들이 사방에서 들려온다. 따스한 햇살 못지않게 여린 생명들의 이런 조화로운 정경은 심란했던 여름의 마음을 차분히 가라앉혀준다. 가을은 그렇게 푸근하면서도 청정한 세계로 마음을 이끌며 어느새 일상의 한가운데에 들어와 있다.

영국의 시인 존 키츠(John Keats)에게도 가을은 안개의 계절이자 농익은 결실의 계절이었다. 어려서 부모를 잃고 돌봐주던 외할머

존 에버렛 밀레이, 「가을」, 1890

니마저 잇달아 세상을 떠나자 정처 없이 여기저기를 떠돌던 그는 런던 인근의 윈체스터라는 곳에서 가을을 맞아 신산스럽기만 한 삶의 와중에서 모처럼 따스한 행복감을 맛본다. 때는 1819년 가을, 폐결핵으로 사망하기 1년 반 전이다. 가을 송가의 백미로 꼽히는 「가을에게」("To Autumn")는 시인의 그런 소회를 담고 있는 시이다.

안개의 계절, 무르익는 결실의 계절,
성숙시키는 태양의 내밀한 친구여,
태양과 공모하여 초가의 처마를 휘감은
포도 덩굴에 열매를 매달아 축복하고,
이끼 낀 오두막의 나무들을 사과들로 휘어지게 하고,
열매마다 속속들이 무르익게 하고,
박을 부풀게 하고, 개암 열매를
달콤한 속살로 살찌우고, 꿀벌을 위해
철늦은 꽃망울을 다시 피워냈구나.
여름에 이미 끈적거리는 벌통이 가득 넘쳐나니,
벌들은 더운 날이 끝나지 않을 것이라 생각한다.

누가 그대의 곳간에서 그대를 자주 보지 못했으랴?
이따금 밖으로 찾아 나서면 누구나 보았으리
곡물 창고 바닥에 근심 없이 앉아
키질하는 바람에 머리칼을 부드러이 나부끼는 그대를,
다음 이랑과 거기에 뒤엉켜 있는 꽃들을
남겨둔 채, 양귀비 향에 취해

반쯤 베어낸 이랑에 깊이 잠들어 있는 그대의 모습을,
그리고 그대는 이따금 이삭 줍는 사람처럼
머리에 인 짐을 가누며 개울을 건너기도 하고,
사과즙 짜는 압착기 옆에서 참을성 있는 표정으로
몇 시간이고 마지막 방울이 나오는 것을 지켜보고 있으니.

봄의 노래는 어디로 갔는가? 아, 어디에 있는가?
봄노래는 생각지 말라, 그대에게는 그대의 노래가 있으니.
물결구름이 부드럽게 저무는 날을 석양으로 물들이고
그루터기 남은 들판을 장미색으로 적시는 동안
그때 하루살이들이 애조 띤 합창으로 슬픈 노래를 부른다.
강가의 버드나무 사이에서, 가벼운 바람이
일거나 잦아짐에 따라, 높게 낮게 오르내리며,
그리고 다 자란 양들이 언덕 언저리에서 큰소리로 울어대고,
생울타리 여치들이 노래한다. 지금 부드러운 고음으로.
홍방울새가 채마 밭에서 휘파람 불고,
모여든 제비들은 하늘에서 지저귄다.

— 존 키츠, 「가을에게」 전문

세 개의 연으로 된 이 시는 시간적 추이는 물론 공간적 다양성으로 가을 풍경을 포착하고 있다. 첫째 연이 수확에 이르기 전 곡식과 과일이 농익어가는 모습이라면, 둘째 연은 뒤이은 수확기의 정경이고, 셋째 연은 석양의 빈 들녘에 메아리치는 온갖 소리들의 합주를 전하고 있다. 그러나 이 정경들은 분리된 양상으로 나타

나지 않는다. 그것들은 긴밀하게 상호연관되어 있을 뿐만 아니라 각각을 이루는 구성 요소들 또한 서로 호응하고 의존하고 결속되어 있다. 이 환유적 연관성이야말로 이 시의 가장 두드러진 형식적 특징이라고 말해도 지나치지 않는다.

가을은 수확의 계절이지만, 풍요한 결실은 따스한 태양의 도움 없이는 불가능하다. 그리하여 시인은 시의 첫머리에서 태양을 가을의 내밀한 동반자, 마음의 친구로 불러낸다. 가을은 따스한 햇살과 "공모하여" 만물을 성숙하게 하고 무르익게 한다. 포도가 농밀하게 익어가고, 오두막집 사과나무에 가지가 휘어지듯 풍성하게 열린 사과들이 붉게 물들고, 하얀 박이 둥글게 부풀어 오르고, 개암 열매의 속이 꽉 차오르는 것은 가을이 동반자인 태양과 '공모'한 덕분인 것이다. 다소 돌올한 어감으로 다가오는 "공모하다"(conspire)라는 말은 어원적으로는 함께 숨 쉰다는 뜻이다. 가을과 태양, 양자는 함께 숨을 쉬면서 또한 과일과 곡식이 무르익도록 그들에게 그 정기를 불어넣는 것이다. 이런 점에서 가을과 태양의 관계는 이 시를 특징짓는 수많은 환유적 인접성, 상보성, 상호의존성의 전범이라고 할 만하다. 그리하여 시가 보여주는 가을 풍경은 존재의 그물망, 곧 모든 존재자가 서로 얽혀 상호의존하는 하나의 생태 체계로 드러난다.

둘째 연에 이르러 가을은 더욱 뚜렷이 살아 있는 존재로 의인화된다. 이제 가을은 수확에 참여하는 사람들의 형상으로 변주된다. 키질하는 사람, 추수하는 사람, 이삭 줍는 사람, 사과즙을 짜는 사람이 그 면면이다. 그러나 이들은 수탈하듯 수확에 골몰하지 않는다. 키질하는 사람은 태평스레 머릿결을 바람에 날리고, 추수하는 사람은 일하다 말고 밭이랑에서 양귀비 향에 취해 낮잠을 자고, 이삭 줍는 사람은 머리에 얹은 짐을 가누면서 시냇물을 한가롭게 건너가고, 사과즙을 짜는 사람 역시 천천히 나오는 사과즙을 "참을성 있게" 바라본다. 이들은 부지런 떠는 근대 산업인의 모습이 아니다. 이들은 추수의 대상과 하나로 유대를 이룬, 다시 말해 모성적인 대지의 리듬에 밀착되어 있는 자연친화적 존재들이다. 머리를 바람에 날리고 사과즙이 떨어지는 것을 참을성 있는 시선으로 지켜보는 이들은 아마 모두 여성일 것이다. 생태여성주의는 남성과 기술공학을 한편에, 이들의 지배와 착취의 희생자인 여성과 자연을 다른 한편에 놓아 양자를 대조시켜왔다. 이런 이원적 인식과 그것을 가능케 한 사회구조는 키츠가 살았던 시대부터 더욱 공고해지기 시작했다. 시인은 시적 예지로서 이악스런 산업사회에서 비껴선 삶, 다시 말해 대지와 밀착된 본래적인 삶을 상기시키며 그런 따스하고 여유 있는 삶의 방식을 포기하지 말 것을 역설하고 있는 듯하다.

가을걷이가 사람의 먹을 것에만 한정되어 있는 것은 아니다. 철 늦은 꽃들과 야생화도 그 정경의 한 요소를 이루고 있다. 둘째 연은 특별히 야생의 양귀비꽃에 시선을 주고 있다. 누렇게 익은 들판에서 추수하다가 사람들은 옆에 피어 있는 양귀비꽃의 향기에 취해서 일손을 놓고 잠시 낮잠을 잔다. 시인은 이렇게 가을 장경에 빨간 양귀비꽃과 노란 들녘의 색조 대비가 선명한 회화적 풍경을 빠뜨리지 않는다(모네의 「야생 양귀비」를 떠올려보라!). 양귀비는 고통을 진무시키는 약초이지만 서양 전통에서는 삶의 유한성을 상징하는 꽃이기도 하다. 이미 결핵의 징후가 뚜렷이 나타나기 시작하고 있던 시인은 죽음의 예감에 시달리면서 "양귀비 향"에 도취하여 이 천형이나 다름없는 질병의 고통과 이러저러한 세상살이의 걱정으로부터 벗어나고 싶은 안식의 바람을 은연중에 표출하고 있다. 이렇게 키츠의 가을세계는 사람의 손길로 갈무리되는 들녘은 물론 야생의 자연도 포함한다. 거기에는 포도와 사과와 곡식들뿐만 아니라 야생의 양귀비꽃도 있고, 벌과 하루살이와 여치는 물론 다 자란 양이 함께 공존하고 있다. 특히 여름에 이미 벌통을 꿀로 가득 채워넣은 벌들이 여전히 부지런하게 꽃을 찾는데, 그것은 인간이 수탈해 먹을 꿀을 만들기 위해서가 아니라 꽃의 수정을 위해서, 곧 상호공존하는 자연세계의 근본 이치에 따라서이다.



봄노래가 덧없이 사라져버렸음을 수사적으로 묻는, 이른바 '우비 순트'(ubi sunt) 모티프로 시작되는 셋째 연은 삶의 유한성을 다시금 환기시키면서도 또한 그것을 넘어설 수 있는 가능성의 문을 연다. 추수가 끝나고 그루터기만 남은 들판은 이제 장밋빛 석양으로 물들어가고 있다. 구름이 물결치듯 지평선 너머 붉은 하늘에 떠 있고 그런 장엄한 하늘과 대지 사이의 아득한 허공에 가을 생명체들의 합주가 울려 퍼진다. 하루살이는 버드나무 사이를 오르내리고, 양들은 언덕 언저리를 배회하고, 여치는 생울타리에서 뛰놀고, 홍방울새는 채소밭을 기웃거리고, 제비는 하늘을 가로지르며 제각기 가을의 노래를 부르고 있다. 그 노래들은 모두 가을의 고유한 멜로디라고 할 수 있지만 서로 다른 의미로 마음에 와닿는다. 가령 하루살이의 구슬픈 합창은 저물어가는 날을 애도하는 듯하지만 제비들이 지저귀는 소리는 봄의 도래를 앞질러 환기시켜주는 것으로 들린다. 특히 "다 자란 양들"을 'sheep'이 아니라 어린 양을 뜻하는 'lamb'으로 표현함으로써 어린 양이 봄과 여름을 거쳐 지금의 성숙한 모습에 이르렀음을 상기시킨다. 이렇게 가을에 지나간 봄과 여름의 여운이 감돌고 있고, 또한 다가올 겨울, 그리고 한 걸음 더 나가서 그 삭막한 죽음의 계절을 지나 부활하는 봄에 대한 예감이 동시에 머금어 있다. 다시 말해 성하의 절정을 지나 이제 무르익어 결실을 맺고 소멸의 죽음을 목전에 둔 가을의 합주는 계절의 순환, 곧 삶의 순환을 노래하고 있다.



그러므로 지평선이 붉게 물들어가는 가을 들녘을 지배하는 것은 인간의 유한한 시간이 아니라 영속적으로 순환하는 우주적 시간이다. 가을걷이 이랑과 밖, 곡식과 야생화, 인간과 자연이 따로 없듯이, 순환의 시간 속에서는 성숙과 소멸, 삶과 죽음이 별개의 것이 아니다. 그리하여 시인은 가을의 끝자락에서 어쩔 수 없이 예감되는 쇠잔과 죽음을 생명의 유기적 순환의 한 국면으로 받아들임으로써 유한성의 세계로부터 벗어난다. 키츠는 「가을에게」에서 다른 송시에서처럼 심미적 초월을 추구하지 않는다. 다만 순환하는 자연의 시간에 몸을 내맡길 뿐이다. 이 시가 감동적인 이유의 하나도 이 점이다. 다시 말해 시인은 어느 때보다도 왕성했던 자신의 시적 성취에도 불구하고 날로 쇠약해지는 육신 앞에 자신의 죽음을 예감하면서 죽음이 삶의 종언이 아니라 재생을 위한 밑거름인 것으로, 곧 죽음을 새로운 시작으로 받아들이는 달관의 경지에 도달하고 있는 것이다.

이 시에는 키츠의 다른 송시에서 보이는 1인칭 대명사가 부재한다. 나이팅게일의 노래 소리에 귀를 기울이고, 희랍 항아리를 완상하며 찬탄하는 '나'가 이 시에는 보이지 않는다. 달리 말해 이 시에서 키츠는 워즈워스적인 자기중심적 숭고미의 세계에서 벗어나 있다. 시적 자아는 여기에서 자연의 일부로 동화되어 있는 것이다. 그리하여 이 시는 무엇인가를 주장하고 초월을 꿈꾸기보다는 사물을 있는 그대로 받아들이는, 키츠 자신이 시인의 중요한 자질로 거론한 바 있는, '소극적 수용능력'(negative capability)의 한 경지를 보여주고 있다. 무아를 지향함으로써 역설적으로 자유자재의 확장된 시적 자아로 거듭나는 키츠의 시적 주체는 오늘날 심층생태학이 선양하는 생태적 자아를 연상시킨다. 심층생태학자 아느 네스(Arne Naess)에 따르면 환경 위기를 극복하기 위해 인간은 모든 자연생명체와의 동일시를 통해 개체적 자아를 넘어서서 사회적 관계는 물론 자연세계 전체를 포회하는 생태적 자아를 지닌 존재로 성숙하길 요청받고 있다.

이제 근본적인 질문을 하나 던져보자. 시인은 어떻게 이런 드높은 성취를 이룰 수 있었는가? 그 시심은 어디에서 비롯된 것인가? 키츠가 이 시를 쓴 것은 정확히 1819년 9월 19일이다. 24세의 청년 키츠는 이 무렵 신출내기 무명 시인으로 경제적으로 쪼들리고, 폐결핵으로 건강이 날로 악화되어가고 있었고, 미국으로 이민 간 동생 부부가 잘못된 투자로 경제적 파산을 피할 길 없다는 우울한 소식을 접하고 있었다. 게다가 그 전해 12월, 둘째 동생 톰이 폐결핵으로 사망하는 슬픔을 겪었고, 이 시를 쓴 1년 반 뒤인 1821년 2월 23일, 그 자신 역시 폐결핵으로 사망하게 된다. 그럼에도 불구하고 「가을에게」에는 그런 개인적 슬픔과 고통의 흔적을 찾을 수 없다. 시인은 가을 들녘에서 상생과 조화의 결실을 확인하고 황혼의 낙조 속에서 생명의 순환과 영속성을 노래하는 합주 소리를 들을 뿐이다. 삶에 대한 달관의 경지라고 말해도 지나치지 않을 이런 심적 태도를 어떻게 설명할 수 있을까?

이 시를 쓴 그해 봄에 그는 뛰어난 송시 다섯 편과 더불어 「무정한 미인」, 「성 아그네스의 전야」, 「레이미아」와 같은 걸작 장시를 썼고 드라마 『오토 대제』를 썼다. 시인으로서 불과 4년밖에 되지 않는 짧은 생애 중에서도 1819년은 '경이의 해'라고 부를 수 있을 만큼 왕성한 창작열로 주옥같은 작품을 써낸 해이긴 하다. 그러나 시인의 눈부신 내적 성장의 결과로만 「가을에게」의 성취를 설명하기에는 무언가 미흡하다. 이 '경이의 해'에 키츠는 또한 그 전해에 알게 된 패니 브론(Fanny Brawne)이라는 소녀와 열애 중이었다. 그녀를 향한 뜨거운 열정이 시심의 한 원천이었음은 의심의 여지가 없지만 시인은 병이 깊어지면서 그 사랑이 이루어질 수 없으리라는 불안감을 떨치지 못하고 있었다. 그렇기 때문에 사랑의 열정도 「가을에게」가 도달한 원숙한 비전의 이유의 전부가 되지는 못한다.

근래에 이에 대한 흥미로운 주장이 제기되었다. 날씨가 그 동인이라는 것이다. 고기후학의 도움을 받아 기상학자들은 키츠가 시인으로서의 첫발을 내디딘 1816년이 영국을 포함한 유럽 전역에 유례없이 장기간 비가 내리고 냉해를 겪은 이른바 '여름 없는 해'(the year without a summer)였음을 밝히고 있다. 예컨대 1816년 7월 런던의 경우 18일 동안 비가 내렸고, 21°C 이상인 날은 단 하루였다. 그 전해에는 비가 온 날이 단 3일에 불과했고, 기온도 21°C 이상인 날이 19일이었다. 같은 해 8월의 경우 21°C 이상인 날은 2일에 불과했다. 이런 기록적인 장마와 이상 저온현상에 대해 설왕설래가 많았으나 20세기 초 미국의 기상학자 윌리엄 험프리스(William Humphreys)가 그 원인이 그 전해인 1815년 인도네시아의 숨바와섬에 있는 탐보라 화산의 대폭발 때문이었다는 것을 밝혀냈다. 탐보라 화산과 같은 대규모의 화산 폭발은 막대한 양의 화산재를 분출하는데 이것이 성층권으로 올라가 두터운 띠를 형성하게 되고 이로 인해 지구로 입사되는 태양열의 흡수를 감소시킴으로써 장기간에 걸쳐 이상 저온현상을 야기한다는 것이다. 1816년에 시작된 이상 저온은 3년간 지속된 후 1819년에 가서야 정상으로 회복되었다. 요컨대 키츠가 시인으로 입문한 이후 3년 동안 내내 장기간의 강우와 이상 저온이 계속되었다가 1819년 여름이 되어서야 정상적인 날씨로 돌아온 것이다. 1819년 8월말 여동생 패니에게 보낸 시인의 편지에 이런 구절이 보인다.

최근 두 달 동안의 이 화창한 날씨는 최상의 만족감을 주고 있다. 추워서 얼얼해진 빨간 코나, 몸을 떨리게 하는 추위에 대한 걱정 없이, 사색하기에 좋은 아름다운 날씨—물을 꼭 짜낸 흔적이 아직 남아 있는 깨끗한 수건과 하루에 열 번이라도 얼굴을 담그고 싶은 세수 대야의 맑은 물을 생각나게 만드는 날씨다. 이런 날은 운동도 많이 할 필요 없다. 하루에 1마일 정도 걸으면 족하다. (…) 나는 이런 날들을 즐기고, 이런 화창한 날을 내가 누릴 수 있는 최고의 축복으로 받아들이며 찬미한다.

「가을에게」를 쓴 이틀 뒤인 1819년 9월 21일, 친구 존 레놀즈(John H. Reynolds)에게 보낸 편지에서도 키츠는 "계절이 이제 얼마나 아름다운가, 대기는 얼마나 청량한가."라고 썼다.

이로 볼 때「가을에게」의 빼어난 성취는 삶에 대한 시인의 성숙된 비전 못지않게 오랜만에 찾아온 따스한 날씨를 최상의 축복으로 받아들이는 마음가짐에서 비롯되었다고 추정하더라도 무리가 아니다. 세사의 어려움으로 마음도 울적하고 3년여의 음침한 날씨로 어쩌면 병이 깊어가고 있었던 시인에게 청량한 하늘과 화사한 날씨는 그 모든 것을 초탈하게 만드는 그러면서도 그 비애감을 떨쳐버린다기보다는 보다 큰 삶의 행정의 일환으로 담담하게 받아들이는 둥근 마음의 길을 열어 보여준 것이다. 그것은 시속의 초월이면서 동시에 그 흐름에 침잠하는 것이기도 하다. 그런 마음의 눈길이니 가을걷이의 들판에서 상의상관(相依相關)하는 자연의 모습을 포착할 수 있었을 것이다. 이 초탈의 내적 깊이는 시인 자신이 느낀 것처럼 정녕 하나의 축복이라 아니할 수 없다. 기상 자료에 따르면 그해 영국의 날씨는 8월 7일에서 9월 22일까지 47일 중 38일 동안 화창했고, 9월의 평균기온도 전년도의 14°C에 비해 4°C나 높았다.

근대 미학은 오직 인공적인 아름다움만을 관심사로 삼아왔으나 자연이 예술의 중요한 영감원이자 최고의 유비라는 것은 부인할 수 없다. 가령 서양 고딕 건축 양식에 특징적인 늑재 궁륭은 나무들이 아치형을 이루고 있는 숲속 길의 형상을 본뜬 것으로 알려져 있다. 아르누보 스타일은 꽃이나 식물 덩굴 형상의 장식적 문양을 특징으로 한다. 미국의 초월주의자들은 인간의 마음과 자연세계는 상응한다고 믿었다. 예술은 물론 일상적 삶에서도 자연과 문화는 분리될 수 있는 것이 아니다. 특히 감각적 경험을 바탕으로 상상의 세계를 창조하는 예술가들에게 자연의 현상적 체험은 창작의 중요한 자극제라고 아니할 수 없다. 그럼에도 불구하고 자연을 정복의 대상으로 보고 그것을 인간 문화와 별개의 영역으로 간주해온 근대의 관행적 사고는 그 밀접한 연관성을 도외시해왔다. 키츠의 「가을에게」는 자연이, 더 구체적으로 나날의 날씨와 기상조건이, 인간의 삶의 양식에 지대한 영향을 끼쳐왔다는 점과 그럼에도 불구하고 그 연관성을 과소평가해온 역사적 과정을 동시에 엿볼 수 있게 해주는 작품이다.



배추밭에 물을 주기 위해 물뿌리개에 물을 담아 뿌리려고 하나 물이 잘 나오지 않는다. 물뿌리개의 주둥이를 열어보았더니 그 안에서 작은 청개구리 한 마리가 튀어나왔다. 녀석은 통나무 화분대 위에 놓아둔 물뿌리개를 집 삼아 그 안에 은거하고 있었던 것이다. 은밀하면서도 밖으로 열려 있는 그곳이 편안했던 모양이다. 잔디밭을

깡충거리듯 뛰어 어디론가 사라지는 청개구리를 바라보면서 나는 가을날 따스한 바깥 날씨에 이끌려 아픈 몸을 추스르며 산책길에 나섰을 시인 키츠를 다시금 떠올린다. 짧은 생애 동안 내내 일정한 거처 없이 이곳저곳을 떠돌았던 시인과 은신처를 빼앗기고 몸을 숨길 곳을 찾아 또다시 이리저리 헤맬 개구리의 처지가 그다지 다를 바 없다. 세상살이의 어려움은 동서고금을 막론하고 종의 차이에 상관없이 여일한 것이다. 삶이 고달프지만 그런 가운데서도 결국 자연 속에서 위안과 안식을 찾을 수밖에 없는 것도 다르지 않다. 200여 년 전 대륙 너머 먼 섬나라의 가을이 다를 게 없고, 오늘 이 땅의 가을 또한 다를 게 없는 것이다. (2015)

## ❖ 겨울 산사를 찾아서

네가 있어야 할 곳은 사물들이 가족을 이루고 있는
그 한가운데…

— 메리 올리버

사찰로 오르는 길에 인적이 거의 없다. 겨울인 까닭이다. 나는 이 호젓함이 좋아서 겨울에 산간의 절을 가끔 찾는다. 요즘은 웬만큼 이름난 절이면 초입에 일주문을 덩그러니 세우고 예전 같으면 산속으로 난 오솔길이었을 것을 나무를 베어내고 밋밋한 대로로 만들어놓기 일쑤이다. 이런 몰취미한 행로의 정경도 겨울에는 제법 운치가 살아난다. 쌓인 눈이 어설픈 인공의 적폐를 감춰주기 때문이다.

빙설에 파묻힌 길섶 아래 계곡을 흐르는 물소리가 산길의 적묵(寂默)을 깊게 한다. 물소리가 굽이치는 계곡의 허공은 쌓인 눈이 되비치는 새하얀 미광으로 적막감을 더욱 부채질한다. 마냥 몸을 낮춰 아래로 흘러내리면서도 물은 겨울 산간에서는 이렇게 흰 눈으로 혹은 백옥 같은 얼음장의 형상으로 제 몸을 드러내 길손의 눈을 아득한 허공 너머로 인도한다. 홀로 자적하던 계류의 이런 변신 앞에서 보이는 모든 것이 한갓 환각에 불과할지도 모른다는 생각이 엄습하는 것도 무리가 아니다.

맞은편 산기슭을 비추는 비스듬한 겨울 햇살 또한 가지를 늘어뜨린 노송 사이에서 언뜻 철답지 않게 황금빛으로 눈부셔 마찬가지로 몽환적인 느낌을 자아낸다. 노송의 수피가 더욱 붉게 보이는 것은 그 아래 대지를 뒤덮고 있는 낙엽과 황갈색 솔가리와의 조응 탓이리라. 그러나 자세히 보면 노송의 밑동에는 저마다 검은 생채기가 나 있다. 일제의 수탈이 자심하던 때 송진을 채취당한 상처일 것이다. 그럼에도 나무들은 의연한 자태로 이 산하를 지켜온 것이다. 자잘한 덤불과 풀들이 조락하여 허허로워진 공간을 한 줄기 바람이 스치고 지나면서 산기슭은 나무들의 소슬한 합주로 깊게 울린다. 황금빛 대지의 빈 공간에 나무들의 그림자가 흔들리고 그 사이로 드러난 하늘은 눈이 시리게 파랗다. 겨울 산길에서 마주하는 이 눈부신 청명함을 어떻게 필설로 형용할 수 있겠는가.

사찰로 오르는 계단의 입구에 세심동(洗心洞)이라는 글자가 음각된 허름한 선돌이 서 있다. 무성한 여름이라면 이런 명문(銘文)도 공허하게 들렸을 것이다. 그러나 만물이 헐벗는 겨울에는 다르다. 마음을 씻어내라는 이 주문이 청명한 산기운에 실려 낭랑한 물소리처럼 내면을 파고든다. 어떻게 마음을 씻어 청정심을 회복할 것인가. 사찰은 보이지 않고 장대석으로 쌓은 돌계단은 어둑한 산 너머 푸른 하늘을 떠받들며 몇 굽이를 휘돈다. 굽이치는 계단을 따라 말없이 한 걸음 한 걸음 오르는 것 자체가 삿된 마음을 정화하는 속리(俗離)의 의식일 터이다.

계단이 꺾어지는 비탈에 계곡을 타고 내려온 개울이 자그마한 폭포를 이루고 있다. 떨어지는 물은 커다란 반석으로 만들어진 다리 아래를 타고 더 낮은 곳으로 흘러간다. 이 물에 마음을 씻어 세간의 속진을 떨구고 절간으로 들어오라는 것이리라. 짐짓 옷깃을 여미며 출세간의 다리를 건넌다. 계단 길이 다시 두서너 차례 더 꺾어지다가 마침내 그 끝자락에 이르니 날렵한 추녀가 눈 안에 들어오면서 건물들이 정답게 이웃한 사찰의 경내가 펼쳐진다. 일각문을 지나 내정으로 들면서 현판을 보니 해탈문이다. 세속의 욕망을 모두 떨쳐버리고 수행 도량으로 들어서라고 다시 한 번 요구하고 있는 것이다.

전각들로 둘러싸인 내정은 작은 행로를 제외하고는 눈이 그대로 쌓여 있다. 정방형의 설원은 투명한 햇살 아래에서 모든 것이 정지한 듯한 고즈넉한 모습이다. 마침 대웅전과 이웃한 오래된 전각의 소박한 툇마루가 비어 있어서 내정을 독차지한 채 한쪽 귀퉁이에 앉아 이 만공(滿空)의 풍경을 즐겼다. 투명하기 그지없는 햇살 아래로 사위가 한없이 아래로 내려앉는 듯한 고요함 속으로 나도 모르게 빨려 들어가는 기분이다. 무겁기만 한 몸뚱어리가 이처럼 무화되는 육탈의 과정이 아마 해탈의 첫 걸음이어야 하리라.

세속의 인연에 얽혀 만들어진 일체의 것,
꿈이요, 환상이요, 물거품이요, 그림자일 뿐.

一切有爲法
如夢幻泡影

이 초탈의 분위기 탓인지 문득 『금강경』의 한 구절이 떠오른다.

전시회를 구경하고 내가 가끔 들르는 서울 예술의전당 뒤쪽, 우면산에 자리한 대성사의 대웅전에 이 구절이 주련으로 걸려 있던 기억이 난다. 감각의 제국인 예술의전당에서 눈과 귀를 한껏 즐겁게 한 연후에 찾아가는 중생에게 세속의 일락을 너무 탐하지 말라는 경고 메시지이다. 그러나 도처에 부처의 그림자가 어른거리는 산중 사찰에서야 굳이 이런 말이 필요하지 않으리라.

지붕에 쌓여 있는 눈이 녹아 낙숫물이 되어 전각 아래로 쉼 없이 떨어진다. 이따금 제풀에 못 이긴 눈덩이들이 지붕에서 쏟아져 내리기도 한다. 아, 처마에서 떨어지는 정겨운 낙숫물 소리를 얼마 만에 듣는 것인가! 어릴 적 시골집, 시간이 정지한 듯한 겨울날 오후, 따사로운 햇살이 들어오는 대청마루에서 듣곤 하던, 들리는 듯 마는 듯한 바로 그 소리이다. 고향을 떠나 각다분한 도시로 이곳저곳 떠돌면서 무엇보다 이런 빈 시간의 여유와 고요함, 그리고 그것을 상기시키는 물소리, 바람소리를 숫제 잊어버렸다. 낙숫물 떨어지는 소리에 마음이 촉촉이 젖으면서 내 시선은 전각 사이의 빈 공간 너머 원경에 어른거리는 어둡고 그윽한 산자락을 망연히 헤맨다.

바위굴에서 떨어지는 낙숫물 소리를 천지를 울리는 종소리로 들은 사람도 있다. 조카 단종을 왕위에서 몰아내고 끝내 사약을 내려 죽인 세조이다. 단종을 죽인 이듬해 세조는 뒤숭숭한 마음을 달래기 위해 강원도 오대산 일대를 둘러보고 귀경길에 양평의 운길산 자락에서 하룻밤을 유숙하게 되었다. 한밤중 어디선가 들려오는 종소리에 왕은 잠을 깨었고 소리를 따라가 보니 폐사지의 굴에서 떨어지는

처마에서 떨어지는 낙숫물 소리, 시간의 여음이다

낙숫물 소리였다. 물종 소리가 들린 절이란 뜻을 지닌 수종사(水鐘寺)는 이런 내력으로 다시 세워졌고, 세조가 심었다는 은행나무가 아직도 절을 지키고 있다.

물방울 떨어지는 소리를 심산유곡을 울리는 종소리로 들은 세조의 마음은 어떤 것이었을까? 수많은 조정 대신을 죽이고 어린 조카의 왕위를 찬탈하고 그것도 모자라 끝내 목숨까지 빼앗은 대가로 권좌에 올랐지만 그의 마음은 필시 그 피비린내 나는 죄업에 대한 자책과 회한으로 편할 날이 없었을 것이다. 덩컨 왕을 살해한 후 피 묻은 손을 바라보면서 온 세상의 바닷물로도 죄악의 피를 씻어낼 수 없을 것이라고 절규했던 맥베스처럼 세조 또한 권좌를 움켜쥐기 위해 흘린 숱한 피의 죄업을 아무리 씻어내려고 하더라도 그 원한의 함성이 마음을 놓아주지 않았을 것이다. 유교 국가로서의 왕조의 기틀을 다지고 제도를 정비하면서도 석보상절을 짓고, 원각사를 세우고, 간경도감을 설치해 불경을 간행한 호불 정책을 지속적으로 편 것도 불교에 의탁하여 죄업을 씻어보고자 하는 마음이 시킨 일이었을 것이다. 이런 간절한 정죄의 마음, 다시 말해 내면의 심연을 응시하는 의식이라야 비로소 물방울 떨어지는 소리도 들리고 그 물소리가 자비로운 부처님이 온 천지에 두루 계심을 알리는 '일승의 원음'(一乘之圓音)으로 내면에서 쟁쟁할 수 있으리라.

돌아보건대 오늘날 우리의 삶은 지나치게 시각중심적이다. 시각 이미지가 범람하면서 세상은 온통 눈을 유혹하는 것들로 가득 차 있다. 음악 연주장에서조차도 연주자의 헤어스타일, 옷매무새, 혹은 연주의 제스처에 눈이 팔려 정작 음악 그 자체에는 집중하지 못하는 것이 세태의 한 단면이다. 시각의 지배가 압도적인 데다가 도시의 잡다한 소음과 온갖 훤소에 시달리다 보니 우리는 소리를 섬세하게 구분해내는 청각 능력이 거의 퇴화된 상태라고 해도 과언이 아니다. 가령 우리는 얼음장이 우는 소리, 언 땅이 풀리는 소리, 솔바람 소리, 갈대가 흔들리는 소리를 알지 못한다. 시인은 "연꽃 만나러 가는 바람"과 "만나고 가는 바람"의 차이를 식별하라고 주문하지만 눈만 앞세운 삶으로서는 언감생심일 뿐이다. 이런 청음(淸音)은 허황한 시선의 유혹을 뿌리치고 내면에 침잠해야 비로소 들리는 소리들이다.

우리가 본래적 삶으로 되돌아가고자 한다면 시각이 지배하는 요란스런 세계에서 벗어나 고요하고 단순한 삶을 회복해야 하리라. 동시에 퇴화된 청각 기능을 되살려 감각의 근원으로 되돌아가 보는 것도 긴요하다. 이근원통(耳根圓通)의 수행법이 어찌 불가만의 전유물이겠는가. 시인 황동규는 이 세상을 하직할 때 내밀한 삶의 질서를 소리로 헤아릴 줄 아는 귀라면 후세를 위해 남겨두고 싶다고 고백한 적이 있다.

내 세상 뜰 때
우선 두 손과 두 발, 그리고 입을 가지고 가리,
어둑해진 눈도 소중히 거풀 덮어 지니고 가리,
허나 가을의 어깨를 부축하고
때늦게 오는 저 밤비 소리에
기울이고 있는 귀는 두고 가리,
소리만 듣고도 비 맞는 가을 나무의 이름을 알아맞히는
귀 그냥 두고 가리.

— 황동규, 「풍장 27」 전문

때늦은 가을 밤비 소리에 몸을 돌아누우며 헐벗는 나무들을 걱정하는 마음은 이제 점점 잊혀져가고 있다. 그러기에 시인은 시선 밖의 세계, 드러나지 않는 삶의 숨은 뜻을 헤아릴 수 있는 감각의 사라짐이 아쉬워 그것을 유산으로 물려주고 싶은 것이었을 것이다.

어디선가 들리는 새소리에 고개를 돌려보니 요사채 너머 감나무 가지에 까치 한 마리가 앉아 감을 쪼아먹고 있다. 까치는 홍시를 한 입 베어 물고 먼 하늘을 응시했다가 다시 한 입 쪼고 하늘을 올려다 본다. 까치 소리를 따라 내정 밖으로 나오니 돌계단 옆에 공작단풍이 가느다란 가지를 우산살처럼 펴고 땅을 굽어보고 있다. 그 옆으로 유카 나무 몇 그루가 서로 몸을 지탱해주듯이 뾰족한 잎들을 교차한 채 햇살을 쬐고 있다. 이들 또한 있어야 할 자리에서 벗어나 낯선 땅에 옮겨진 탓에 인고의 겨울을 보내고 있다. 사람의 손길이 닿은 곳이면 어디에서나 이런 부자연한 모습이 눈에 띄니 안타까운 일이다. 돌계단을 내려서서 감로수가 흘러나오는 샘을 지나니 바로 요사채 앞이다. 묵정밭에 홀로 서 있는 감나무에 주홍빛 홍시가 아직 주렁주렁 매달려 있다. 감을 따지 않고 그냥 둔 것은 사찰 주변에서 겨울을 나는 새들에 대한 배려일 것이다. 아닌 게 아니라 까치가 어디론가 날아간 사이 박새 한 마리가 날아든다. 감나무를 사이에 둔 이 넉넉한 대화에 마음이 한결 푸근해지고, 우듬지 너머의 파란 하늘도 청정한 햇살로 한층 더 눈부시다.

자연은 본시 모든 존재자들이 하나로 어울려 사는 터전이다. 인적이 드문 겨울에야 비로소 속진을 떨구어내고 본모습에 가까워진 겨울 산사는 그 점을 특별히 일깨운다. 산사의 고요한 풍경 속에 침잠해 있으면 뭇 존재자들이 어느새 내 마음속에 스며들어와 있고 이들 또한 비록 지나는 길손에 불과하지만 나를 일원으로 품어주는 느낌에 젖는다. 그리하여 갈등과 경쟁에 길들여진 육신은 관조하면서 기다리는 마음에 자리를 내준다. 이런 고즈넉하고 넉넉한 기분이야말로 겨울 산사를 찾는 즐거움의 하나일 것이다. (2015)

## ❖ 죽음의 생태적 의미

1

미국의 시인 월리스 스티븐스(Wallace Stevens)는 「일요일 아침」이라는 시에서 "죽음은 미의 어머니"라고 쓴 바 있다. 인간은 불멸의 지복과 영생을 갈구한다. 죽음은 희로애락의 순간과 그 기억을 모두 망각에 파묻으며 이런 불멸의 소망을 무화시키는 것처럼 보인다. 그러기에 인간은 변전의 시간을 멈추게 하고, 자연의 운행을 조정하고, 심지어 생명을 복제해서라도 죽음을 유예시키고자 한다. 종교는 죽음을 초극하여 영생을 도모하고자 하는 인간의 자기초월 욕망의 오랜 표현이다. 그러나 낙원의 영원한 삶, 변화가 없는 한결같은 그 세계는 다른 한편으로 생각하면 무미건조한 곳이다. 그리하여 스티븐스는 이렇게 반문한다.

낙원에는 죽음이라는 변화가 없는가?
익은 과일이 떨어지는 일이 없는가? 나뭇가지는
언제나 저 완전한 하늘에 무겁게 매달려 있는가?

변화가 없는 이런 천상의 세계에서는, 스티븐스의 한탄대로, "강가에 배나무를 심고/기슭을 자두의 향기로 장식할" 이유가 없는 것이다. 죽음은 삶의 덧없음과 변전을 환기시키지만, 지상의 아름다움은 바로 그런 변화 속에서 태동하는 것이다. 사계절의 변화, 영고성쇠의 순환이 있기에, 우리는

비 오는 때의 격정,
내리는 눈 속에서의 감흥
외로움 가운데서의 슬픔, 숲에 피는
꽃과 더불어 일렁이는 억누를 수 없는 흥분

을 맛볼 수 있는 것이고, "우리의 꿈과 욕망의 실현" 또한 그러한 변화의 과정 속에서 얻어질 수 있는 것이다. 죽음은 스티븐스의 시사대로 소멸이면서 동시에 생성의 모태이다. '어머니 대지'(Mother Earth)는 실상 '어머니 죽음'(Mother Death)의 다른 얼굴이다.

2

차윤정의 『나무의 죽음』은 이런 생성으로서의 죽음, 생태적 순환으로서의 죽음에 대한 훌륭한 성찰이다. "오래된 숲에서 펼쳐지는 소멸과 탄생의 위대한 드라마"라는 책의 부제에서 우선 책의 관심과 방향이 드러나 있다. 이 드라마의 주역은 조금 깊은 숲이라면 몇 발자국만 걸어 들어가더라도 어디에서나 눈에 띄는 죽은 나무이다. 저자는 이런 고사목이 흙으로 돌아가기까지의 오랜 과정을 세밀하게 관찰한다. 그 결과 나무의 죽음 이후의 해체 과정이 오히려 살아 있을 때보다도 더 풍요한 삶의 세계로 드러난다.

다시 말해 나무는 생을 마감한 다음에, 저자의 인상적인 표현 그대로, "자신의 모든 것을 숲으로 되돌리며 다른 생물들의 삶으로 거듭나는" 위대한 드라마를 연출한다. 이런 점에서 이 책은 오래된 숲속의 고사목에 대한 빼어난 관찰기이면서 동시에 인간을 포함하여 존재 일반의 죽음의 의미를 생태주의적 관점에서 되새겨 보게 하는 계기를 제공한다.

우리는 흔히 죽음이 삶의 끝이라고 생각한다. 그러나 따지고 보면 그것도 개체적 삶을 유독 중시하는 인간중심적 사고이다. 자연 속에서 생명체의 죽음은 끝없는 에너지의 교환, 곧 생태적 상호작용의 일부일 뿐이다. 생태계는 불교생태주의자들이 환기시키듯이 인드라망(因陀羅網)을 이루고 있다. 뭇 생명체는 생물적 욕망과 필요에 의해 상호의존하기도 하고 상호충돌하기도 하면서 생과 사의 끝없는 순환을 이어간다. 모든 생명체는 이 생명의 고리에서 서로 먹고 먹히는 먹이사슬의 관계에 있다. 간단히 말해 죽음은 이 상호과정의 일부이다. 생명체는 생존하기 위해 다른 생명체를 먹기도 하지만 다른 생명체를 위해 그 자신을 공여하기도 한다. 그렇기 때문에 죽음은 인간의 경제에서는 상실이요 낭비일 수 있으나 자연의 경제에서는 갱생의 자원일 수 있다. 생명은 늘거나 주는 것이 아니요 다만 온 곳으로 되돌아갈 뿐이라는『반야심경』의 메시지는 바로 이런 사정을 염두에 둔 것일 것이다.

죽음의 생태적 이해는 생태환경이 위기에 처한 오늘의 상황에서 특히 교훈적 함의를 지닌다. 그것은 무엇보다 인간이 특별한 존재가 아니라 생태망을 이루는 무수한 생명체 중의 하나일 뿐이라는 사실을 환기시킨다. 이는 동시에 인간에게 동식물을 포함한 다른 모든 생명 앞에 겸허할 것을 요구한다. 오늘의 생태 위기는 인간의 오만에서 비롯된 생태 질서의 교란으로부터 초래된 것이라 해도 과언이 아니다. 그 교란이란 인간이 생태 체계에서 자신의 몫 이상의 탐욕을 부린 결과이다. 인간은 이 교란을 원상으로 회복시킬 책임이 있다. 이렇게 말하는 것은 죽음 너머 내세에 대한 종교적 열망이 현세의 생태 윤리를 방기하는 빌미가 돼서는 안 된다는 생각에서 비롯된 것이기도 하다. 우리가 삶을 영위하는 이 땅은 죽음 너머 낙원으로 가는 간이역에 불과한 것이 결코 아니다. 개체적 생명은 소멸될지 몰라도 생명 현상 그 자체는 지상에서 영원히 지속된다. 그러므로 천국을 향한 초월의 욕망이 자연 파괴와 생물종의 감소에 대한 수수방관을 정당화시켜줄 수는 없는 것이다.



## 3

나무는 기실 인간에게 큰 시혜를 베풀어왔으면서도 그 탐욕의 으뜸가는 희생자였다. 인간은 먹거리와 보온을 얻기 위해서만이 아니라, 건물을 짓고, 다리를 놓고, 철도를 건설하고, 종이를 얻고, 심지어는 심미적 만족감을 얻기 위해서 나무를 베어냈다. 나무는 이 같은 탐욕의 폭력 앞에 언제나 자신을 내맡겨왔다. 그러면서도 나무는 생명의 활동을 결코 소홀히 하지 않는다. 나무는 제 몸이 온통 찢겨나가도 남은 부분을 추슬러 어떻게든 다시 꽃을 피우고 열매를 맺어 자신을 봉헌할 준비를 하는 것이다. 이 왕성한 생명 활동과 존재의 아낌없는 증여야말로 인간으로 하여금 나무를 자신을 비추어보는 은유의 거울로 종종 삼게 만든 근본 동인일 것이다.

인간 삶의 유비로서 나무만큼 빈번하게 차용된 것도 드물다. 동양에서는 군자의 기상이나 선비의 마음가짐이 흔히 나무에 의탁하여 표현되었다. 도덕적 알레고리와 인식의 수레로 나무를 이용하긴 서양도 마찬가지였다. 인간의 미덕을 종종 나무의 이미지를 빌려 기렸을 뿐만 아니라, 인간의 신체 구조, 언어의 계보, 학문의 체계 혹은 우주의 모습을 나무의 형상으로 구체화하곤 했다. 철학자 질 들뢰즈(Gilles Deleuze)는『천개의 고원』(*Mille Plateaux*)에서 "나무는 서양의 현실과 모든 사유를 지배해왔다. 식물학에서 생물학, 해부학, 그리고 인식 형이상학, 신학, 존재론, 모든 철학들을…."이라고 말한 바 있는데, 이는 나무가 인간 사유의 중요한 참조틀이었음을 새삼 일깨우는 말이다.

『나무의 죽음』이 독자를 시종 끌어당기는 매력도 나무에 대한 인간의 이 같은 내밀한 친화성과 무관하지 않다. 물론 그 궁극적 호소력은 나무에 대한 저자의 세심하고 애정 어린 눈과 거시적 시각을 잃지 않는 예리한 통찰에서 비롯된다. 그러면서 또한 독자는 다른 생명을 위해 자신의 전 존재를 기꺼이 내어주는 나무의 전범적 존재 방식에 대한 인간의 근원적 동경이 저자의 열정과 끊임없이 감응하는 느낌에 젖지 않을 수 없을 것이다.

존재의 넘쳐흐르는 증여의 잔치를 나무는 살아생전에만 행하는 것이 아니라 죽어서도 계속한다는 것이 요컨대 저자가 『나무의 죽음』에서 말하고자 하는 요지이다. 생존 수단으로 나무를 이용하는 것이 인간만이 아니라 온갖 동물과 곤충, 이끼와 버섯균, 곰팡이와 세균을 망라한다는 점에서 나무의 자기 소여는 가히 우주적인 것이다.

> 죽은 나무에서 벌어지는 일련의 과정들은 그것이 완전히 소진될 때까지 한 방향으로만 진행되는 사건들의 연속입니다. 이 단단한 유기물 덩어리를 해체하기 위해 침입한, 기원을 알 수 없는 미세한 균사로부터 시작되는 생물망은 개미, 좀벌레, 사슴벌레, 노래기, 밭쥐, 다람쥐, 오소리, 개구리, 뱀, 도마뱀, 멧돼지, 곰, 무수한 새에 이르는 동물 생태와 이끼, 지의류, 들꽃, 작은 나무에 이르는 식물 생태, 그리고 물고기, 수달에 이르는 계류 생태까지 연결하는 독특한 시스템을 구축합니다. 그리하여 죽은 나무는 오래된 숲에 의존해 살아가는 약한 생물들을 구원하는 노아의 방주가 됩니다. (59~61쪽)

저자가 죽은 나무를 모태로 하여 새롭게 형성되는 생태 사슬을 "숲의 일부이자 동시에 전혀 다른 별개의 숲을 이루는" 일이라고 적고 있는 것도 이 해체의 드라마에 나무가 살아 있을 때보다도 오히려 더 많은 생명체들이 참여하기 때문이다. 저자는 전체 숲 생물의 30%가량이 고사목을 중심으로 한 생태적 네트워크를 형성한다는 것, 그리고 이 중에는 장수하늘소처럼 고사목이 존재할 때만 살아갈 수 있는 생물종도 있다는 것을 특기하고 있다.

죽은 나무의 해체 과정은 뭇 생명이 참여하는 자연의 드라마이다

생사를 넘어서서 나무로 하여금 이 잔치를 가능하게 하는 원천은 도관세포를 통해 뿌리에서 끌어올려지는 수액과 잎에서 광합성을 통해 만들어진 후 사부조직을 통해 위에서 아래로 전달되는 달콤한 사부수액이다. 이 수액을 탐하여 딱따구리는 나무에 구멍을 내고, 다람쥐는 수피를 벗겨내고, 벌, 개미, 나비, 나방, 딱정벌레, 사슴벌레, 장수풍뎅이 등 온갖 곤충들이 수액이 터진 상처부위로 몰려들고, 이 와중에서 이들의 몸에 묻어 있던 곰팡이, 버섯균, 세균 등이 나무속으로 침투해 들어간다. 이렇게 침투한 세균들은 은밀하게 그리고 지속적으로 나무의 조직을 와해시켜간다. 나무는 상처를 치유하기 위해 혹은 외부의 공격으로부터 자신을 지키기 위해 수지를 만들어 방출하기도 한다. 이와 같은 방어의 노력에도 불구하고, 나무는 결국 뒤영벌, 맵시벌, 앞노랑겨울가지나방, 유지매미와 같은 곤충류의 산란처로, 딱따구리, 동고비와 같은 새들의 서식처로, 도마뱀, 개구리, 뱀 등 겨울잠을 자는 동물들의 주거지로서 자신의 몸을 내주게 된다. 나무는 이처럼 먹이 사슬을 이루고 있는 수많은 생명체들의 생사의 투쟁 무대로서 자신을 헌정한다.

다른 생명체가 의지처로 삼고자 하는 나무의 목질부는 동물의 내부를 지탱하고 있는 석회질의 뼈와 마찬가지로 비유기적인 부분이다. 다시 말해 그것은 죽어 있는 부분이다. 살아 있는 존재 속에 이렇게 죽음이 이미 깃들어 있는 것이다. 오래된 고목의 경우 생명 활동을 이어가는 형성세포는 전체 조직의 5%도 채 안 될 수 있다. 그렇지만 고목이 생명을 다해 쓰러지면 역설적이게도 전 조직의 40%

이상이 살아 있는 생명체로 채워진다. 나무는 이렇게 삶 속에 죽음이 스며 있고, 죽음 속에 새로운 삶이 성장하는 것을 온몸으로 보여준다.

저자는 책 전체를 통해 자연에서는 생명과 죽음이 별개의 세계가 아니라 다만 순환의 연속을 이루고 있을 뿐이라는 것을 끊임없이 환기시키고 있다. 가령 책의 결론에 해당하는 「사라지지 않는 생명의 고리」라는 장의 다음 구절은 그중 두드러진 예이다.

> 나무를 통해 연결된 다양한 생물들은 나무의 일부를 전혀 새로운 형태의 물질로 만들고, 때로는 나무를 벗어난 새로운 곳으로 이동시키거나, 혹은 흙으로의 귀환을 앞당겼습니다. 물질의 흐름은 복잡해지고 풍성해집니다. 나무는 사람에 의해 잘려 숲 밖으로 실려 나가지 않는 한 숲의 새로운 물질로 거듭날 것입니다. 생물이란 결국 이 물질의 순환을 이끄는 장치입니다. 단순한 물질들이 특정한 생물의 몸으로 거듭나면서 고유한 생명력을 갖게 된다는 것은 참으로 경이로운 현상입니다. 같은 물질을 공유하는 생명들이 그토록 다양한 생명력을 갖는다는 것은 생물들의 고유한 영혼이 존재하지 않고는 불가능할 것입니다. (261쪽)

저자는 나무의 죽음을 시종 날카로운 과학자의 눈으로 관찰하면서 거기에서 결국 삶의 경이를 보았으며 아울러 모든 생명체에는 고유한 영혼이 존재한다고 말하지 않을 수 없다고 고백하고 있다. 생태학이 궁극적으로 자연계에 존재하는 관계들, 에너지의 이동, 상호의존, 복잡한 상호관계로 이루어진 생명의 그물에 대한 과학적 연구라고 한다면, 『나무의 죽음』은 향후 수범이 되어 마땅한 뛰어난 생태학적 연구서이다. 이와 함께 이 책은 과학적 관찰안이 인문학적 상상력의 뒷받침을 받고 있는 흔치 않은 실례를 제공한다. 이 책을 특히 돋보이게 하는 서술 스타일—전문가적 난삽함에 빠지지 않으면서 과학에 대한 대중의 인식 지평을 넓혀주는 균형 잡힌 문체도 그런 창조적 만남의 도가니에서 정련된 것으로 보인다. (2008)

# 제2부 삶의 여울목에서

## ❖ 시작에 대하여

또 한 해를 등 뒤로 흘려보내고 새해를 맞는다. 신년의 들머리에는 새 출발의 설렘과 다가올 나날에 대한 나름의 기대로 마음이 한동안 분망해지곤 한다. 거기에는 물론 한 해를 마감하며 으레 짓눌러오기 마련인 회한과 자책의 그림자도 스며든다. 다잡은 마음도 잠시이고 다시금 반복되는 일상 앞에서 어느새 옛날의 흐름으로 돌아갈 터인데 새삼 셈을 더하고 빼는 설계를 해 보아야 별 의미 없는 의식에 불과한 것이라는 또 다른 속삭임이 마음 저편에서 들려오기도 한다. 일본의 어떤 소설가는 좌우명 같은 것은 없다고 호언하면서 종심소욕(從心所慾)의 경지를 자랑한 적이 있지만 나 같은 범부는 나이가 들어가면서도 여전히 이 신년의 산법에서 자유롭지 못하다.

송구영신의 착잡함은 새삼 새 출발 혹은 시작의 의미를 되짚어보게 한다. 인간의 삶은 엄밀히 말해 영속적인 흐름과 변전의 연속일 뿐이다. 헤라클레이토스의 말처럼 우리는 같은 강물에 두 번 발을 담글 수는 없다. 삶의 연속을 특정한 시간 단위로 구획지어 계량화하는 것은 인간 삶의 지혜이자 편의성의 소산이다. 물론 밤낮의 변화가 있고 계절의 순환이 있기에 이런 시간적 구분은 삶의 자연스런 리듬으로 보이기도 한다. 그러나 서사학이 환기시키는 것처럼 우리는 언제나 '사물의 한가운데에서'(in medias res) 시작할 수밖에 없다. 시작은 그리하여 삶의 흐름을 절단하여 거기에 나만의 새로운 출발점을 표시하려는 의지에서 비롯된다. 그 단초에는 언제나 새로운 삶에 대한 결의, 꿈, 혹은 그 실현의 의지가 어른거린다. 다시 말해 시작이란 자연의 유장한 흐름에 개입하여 그것을 인간적 의미의 질서로 환치시키는 문명사적 노력의 일환이라고 말할 수 있다. 에드워드 사이드(Edward Said)가 『시작』(*Beginning*)이라는 책에서 환기시키고 있는 바이지만, '시작'(beginning)이 '근원'(origin)과 다른 점도 목표지향적인 이런 타동사적 의지이다. 근원이 기원을 알 수 없는 시작이라면, 그리하여 신화적 아우라로 감싸여 있다면, 시작은 주어진 일상을 의미 있는 삶의 질서로 재편하고자 하는 인간적 의지로 충만해 있다. 근본적으로 흐름이요 지속인 삶에 새 길을 내어 자신의 발자국을 남기고자 하는 바람이 모든 시작의 근원적 욕망인 것이다.

하루의 시작, 한 달의 시작, 혹은 일 년의 시작과 같은 연대기적 시작도 결국은 주어진 삶의 조건을 의미 있는 삶의 질서로 바꾸고자 하는 인간의 오랜 염원에서 비롯되었다고 보는 것이 온당하다. 이런 연대기적 시작을 삶의 한 고비 혹은 반성적 계기로 삼고자 하는 관행 자체가 바로 그것을 입증한다. 다시 말해 시간적 계기는 의도적 시작의 원인이라기보다는 그 변주인 것이다. 헨리 소로(Henry D. Thoreau)는 그 점을 잘 보여준다. 소로는『월든』(*Walden*)에서 매일 아침 호수에서 목욕하는 것으로 하루를 시작했음을 특기하면서 은나라의 탕왕이 그의 욕조에 새겼다는 “진실로 날로 새로워지고, 날마다 새로워지며, 또 날로 새로워진다”(苟日新 日日新 又日新)라는 구절을 인용하고 있다. 오로라 여신의 계도 하에서 신새벽에 맑은 호수에 몸을 담그는 것은 그에게 일종의 갱생 의식이었던 것이다. 이처럼 소로에게 새벽은 삶의 쇄신을 다짐하는 의식을 자극하는 계기이다. 그러기에 그는 새벽은 동틀 무렵이 아니라 잠에서 깨어나는 때, 흐리멍덩한 의식이 맑아지는 때라고 말한다(야행성인 대다수의 우리 젊은이들에게 새벽은 정오의 한낮에 가까스로 찾아오거나 극단적인 경우 아예 새벽이 오지 않는 작취미성의 시간이 지속될 뿐일 수도 있으리라).



시작은 여러 양태로 나타난다. 가장 자연스러워 보이는 시간적 계기의 시작에서부터 공간적 이동으로서의 시작, 새로운 관점, 행동, 제도, 질서의 모색으로서의 시작, 혹은 새로운 사물을 만들어내고자 하는 창조적 시작 등을 생각해 볼 수 있다. 어떤 양태의 시작이든 그것은 과거와의 단절 혹은 일정한 방향 전환을 함의한다. 그렇지만 새 출발이 과거와 완전히 다른, 문자 그대로 전적으로 새로운 삶의 전개인 경우는 드물다. 아니 삶의 근본을 생각한다면 드물다기보다 차라리 불가능에 가까운 것이다. 개인이든 사회적 차원이든 삶의 쇄신은 필연적으로 과거를 안고서 그것을 넘어서려는 노력이지 그것과의 절대적 단절일 수는 없다. 노아의 방주를 생각해 보라. 완악한 세상을 홍수로 쓸어버리고 새롭게 재창조하면서 여호와는 무에서 출발하는 것이 아니다. 존재해온 모든 생명체 한 쌍을 방주에 거두어 들였다가 물이 마르자 그들을 다시금 지상에 풀어놓아 새로운 삶의 원천으로 삼는 것이다. 새로움에 대한 열망이 아무리 강렬하더라도 그것이 이처럼 과거와의 완전한 단절이라기보다는 포월(匍越)의 방식을 띨 수밖에 없는 것은 삶의 근본적 유동성, 단절 없는 그 변전성이라는 시각에서 수긍되는 것이다.

다마스쿠스 노상에서 부활한 예수를 만난 후의 바울은 예전의 사울과 분명 다르다. 그러나 사울과 바울이 같은 몸을 소유한 동일 인물이라는 것을 망각하지 않는 것도 시작의 성찰에서 중요하다. 삶의 변화가 제아무리 크더라도 그 전후의 몸이 동일하다는 사실은 인간 의식의 보수성을, 기억의 완강함을 말해준다. 현상학자 에드문트 후설(Edmund Husserl)은 우리의 사유와 의식은 거두절미된 칼날 같은 촌각 속에서가 아니라 과거를 기억하고 미래를 전망하는, "살아 있는 현재"(lebendige Gegenwart) 속에서 영위되는 것임을 강조한 바 있다. 개인적으로든 사회 전체의 차원이든 시작이 의미 있는 결과를 낳기 어려운 것도 우리의 몸과 의식이 익숙한 관습의 세계로부터 허물을 벗듯이 쉬이 빠져나올 수 없기 때문이다. 현상적 질서를 급격하게 전복시키고자 하는 혁명이 대개의 경우 그것이 표방하는 대의를 배반하는 결과로 끝나는 것도 이와 무관하지 않다.

혁명은 쇄신의 에너지가 급격하게 분출되는 경우이다. 프랑스혁명을 비롯하여 역사의 제 혁명은 구질서를 전복시키고 새로운 사회를 건설하고자 하는 열망에서 시작되었다. 살아온 삶의 내력을 완전히 지워버리고 백지 상태에서 새 출발하고자 하는 혁명의 열기는 필연적으로 과격한 수단에 호소하게 되고 그 과정에서 야기되는 폭력과 살상은 혁명의 대의를 필경 삼켜버리고 마는 것이다. 혁명은 기존 체제의 파괴로부터 시작되지만 그 파괴는 인간다운 삶이 보장되는 새로운 사회 질서의 건설로만 정당화될 수 있다. 그러나 역사적으로 혁명은 정치적 질서를 재편하는 데 그칠 뿐 참다운 의미의 사회 혁명으로 진전되지 못한 결과를 거의 예외 없이 보여주었다. 혁명이 대부분 미완으로 그치고 말았다는 것은 급격한 변혁의 열정이 역사적 변화의 계기는 될지언정 그것이 현실을 지속적으로 운용하는 원리는 될 수 없다는 것을 시사해준다.

지난 해 우리는 세월호 참사를 비롯하여 크고 작은 재난을 겪으며 변혁과 혁신을 말해왔다. 열화와 같은 쇄신의 요구에 여러 가지 처방이 제시되었고 제도의 개선도 약속되었다. 여기에는 해경의 해체와 같은 혁명적 조치도 포함되어 있었다. 그러나 문제적 관행과 제도의 폐지나 변화만으로 곧 사회적 쇄신이 이루어질 수 있는 것은 아니다. 제도의 개선 못지않게 사회 구성원들의 마음의 습속을 바꾸는 일이 중요하다. 그것은 과거를 부정하고 적폐의 척결을 구호처럼 외친다고 해서 가능한 일이 아니다. 무엇보다 경계해야 할 것은 사안을 근시안적으로 파악하고 임기응변적인 땜질 처방으로 시종하는 조급함과 그것으로 사태 해결이 될 것이라고 믿는 안이함이다. 반복되는 재난과 그 대처 과정을 지켜보면서 시작의 의미를 되새겨 보는 까닭도 여기에 있다.

시작은 과거를 반성하고 그 바탕 위에 미래를 기획하고자 하는 의지에서 출발한다. 그것은 흩어진 삶을 정비하고 새로운 비전과 질서 하에 그것을 재배치하는 결단으로 전개된다. 이 과정에서 우선 중요한 것은 결의를 행동으로 옮기는 실천 의지와 일관된 노력이다. 그에 못지않게 중요한 것이 사안을 멀리까지 살피는 장기적 비전이다. 그러나 도구적 실용주의와 계량을 앞세우는 조급한 성과주의의 횡행으로 근래의 우리 사회는 먼 장래에 대한 응시를 멀리해왔다. 이는 개인의 경우에도 마찬가지이다. 시시각각으로 전달되는 정보의 홍수 속에서 허우적거리느라 장기적 전망은 사람들의 안중에서 점차 사라지고 있다. 목전의 다급한 현실이 이런 근시안적 태도를 조장하고 정당화하는 경향이 있지만 그럴수록 멀리 보는 안목은 그 악순환에서 벗어나기 위해서도 긴요한 일이다.

얼마 전 지구에서 5억 1,000km 떨어진 아득한 우주 공간의 한 혜성에 우주 탐사선이 성공적으로 접근했다는 뉴스를 들었다. 뒤이어 탐사선에서 진수한 탐사 로봇이 작은 혜성에 어렵사리 착륙했다는 소식이 이어졌다. 그런 원거리에 있는 작은 떠돌이별에 탐사 기구를 안착시켰다니 과학 기술의 정교함이 경이로울 뿐이다. 나를 더욱 놀라게 한 것은 '필레'라고 명명된 이 탐사 로봇을 실은 우주선이 무려 10년 8개월이라는 긴 항해 끝에 착륙에 성공했다는 사실이었다. 이를 주관한 유럽우주기구는 국적이 다른 과학자들을 규합하여 무려 20년에 걸친 노력 끝에 이를 성취해냈다고 한다. 조금만 긴 호흡을 요구하는 일이면 등을 돌리는 요즘의 세태에서 이런 심모원려의 기획을 준비하고 그것을 성사시켰다는 것이 참으로 인상적이었다.

근래의 우리 사회의 경영에서 이런 장기적 플랜을 수립하고 실천해나가는 여유와 준비성이 점점 설 자리를 잃어가고 있는 듯하여 안타까울 뿐이다. 사실 삶의 사이클이 짧아질수록 당장의 쓰임이 아니라 한두 세대 혹은 그보다 더 먼 미래를 위해 준비해두어야 할 일의 중요성은 더욱 절실해진다. 바쁜 세태에 떠밀려 살다 보면 이런 미래에의 준비가 소홀해지기 쉽다. 그러나 과거 우리 사회에는 먼 미래를 위해 사심 없이 오늘을 준비하는 아름다운 전통이 있었다. 서정주의 『질마재 신화』에 형상화되어 있는 침향을 만드는 일은 바로 그런 전통의 하나이다.



> 그러니, 질마재 사람들이 침향(沈香)을 만들려고 참나무 토막들을 하나씩 하나씩 들어내다가 육수(陸水)와 조수(潮水)가 합수(合水)되는 속에 집어넣고 있는 것은 자기들이나 자기들 아들딸이나 손자 손녀들이 건져서 쓰려는 게 아니고, 훨씬 더 미래의 누군지 눈에 보이지도 않는 후대들을 위해섭니다.

참나무를 잘라내 침향 원목을 만들고 그것을 바닷물과 민물이 섞이는 지점까지 운반하여 물속에 가라앉히는 것이 결코 쉬운 일은 아닐 것이다. 그것도 당대나 자식 세대가 아니라 몇 세대 건넌 후에나 소용이 될 일에 대한 준비이다. 사실 이런 일은 삶의 영속성에 대한 믿음, 조금 거창하게 말하여, 역사에 대한 신뢰가 없다면 하기 어려운 일이다. 물질적으로는 지금보다 훨씬 어려운 시절이었을 때에 이런 일이 하나의 전통으로 지켜져 내려왔다고 생각하니 과거 조상들의 마음이 훨씬 넉넉하고 풍요했을 것이란 생각이 든다. 오랜 세월이 지난 후 바다 밑바닥에서 건져낸 나무로 침향을 피우며 영원의 세월을 가로질러온 향기를 맡는 후인의 마음 또한 잠시나마 훈훈함에 젖을 터이고 그런 마음가짐이 사회에 뜻밖의 윤활유 역할을 할지도 모른다.

시작이 의미 있는 결실을 거두기 위해서는 장기적인 안목과 더불어 끈기 있는 노력을 요구한다. 프랑스의 한 우체부가 33년에 걸쳐 혼자 힘으로 완성했다는 한 이색적인 성채는 시작의 의미를 되새기면서 떠오른 또 다른 사례이다. '이상의 성'(Palais Idéal)이라 불리는 이 성은 프랑스의 동부 도시 리옹에서 40km 떨어진 오뜨리브라는 곳에 위치해 있다. 이 마을에서 우체부로 일한 페르디낭 슈발(Ferdinand Cheval)은 어느 날 우편물을 배달하기 위해 걷다가 돌부리에 걸려 넘어졌다. 자신을 넘어뜨린 돌의 모양새가 흔치 않은 것을 발견하고 그는 그것을 집으로 가져왔다. 매일 30km가 넘는 거리를 순회하면서 그는 눈에 띄는 돌들을 모으기 시작하여 그것으로 집 뜰에 성을 짓기 시작했다. 이때가 그의 나이 43세였다. 초등학교 수학이 학력의 전부였던 슈발은 건축에 대해 아는 것이 전무했으나 독학으로 건축술을 익히면서 그림을 통해 알게 된 동서양 유명 유적지의 아름다운 건물들의 모습을 본뜬 성채를 꾸준히 지어나갔다. 집배원 생활을 계속하면서 이렇게 짓기 시작한 건물은 30여 년의 세월이 흘러 그의 나이 70대 후반에 이르러 어느덧 이국풍의 아름다운 성으로 완성되었다. 그로부터 그의 생애만큼 세월이 흐른 오늘날에도 많은 사람들이 찾아오고 있는 슈발의 성은 우연찮게 시작된 일이 지속되면서 하나의 비전으로 숙성되고 그것을 실현시키고자 하는 집념이 극기적 노력을 동반하면서 가시적 성과를 얻은 경우이다. 한 평범한 사람의 집념과 헌신적 노력의 결실은 이처럼 후세의 삶을 지속적으로 풍요하고 아름답게 만들 수 있다.

슈발의 경우가 예시하듯이 시작이 그 단초에서부터 지향하고자 하는 목표와 비전이 모두 뚜렷한 것만은 아니다. 어떤 시작은 당초에는 모호했으나 시간이 흐르면서 그 목표와 기획이 구체화되기도 한다. 극단적으로 시작의 출발점이 사후에 비로소 되짚어 헤아려지는 경우도 있다. 그렇기 때문에 첫걸음이 중요하다. 이런 점에서 천 리 길도 한걸음부터라는 격언은 시작의 표어로 제격이다. 새 출발은 첫걸음을 떼는 데서 시작된다. 그 첫걸음이 익숙한 일상의 세계로부터, 그 안주의 편안함으로부터 우리를 떼어내서 미지의 길로 나서게 하는 동력을 만들어낸다. 시작에의 열망이 강렬할수록 이 미지의 여정은 곧바로 뻗은 대로인 양 시작의 발걸음을 재촉한다. 그러나 대개의 경우 이런 확신은 잠시일 뿐이다. 여행이 본격적으로 시작되면서 이내 이 선형적 비전이 환상이자 착각의 소산이라는 것이 드러나기 때문이다. 지상의 물길은 평지만을 흐르지는 않는다. 그것은 종종 계곡과 벼랑을 만나 에돌기도 하고 곤두박질치며 흘러간다. 시작의 여정도 마찬가지로 우여곡절의 연속일 수밖에 없다. 시작의 길은 하이데거(Martin Heidegger)가 말하는 '숲길'(Holzweg)이 되기

오뜨리브, 이상의 성



십상이다. 숲길은 처음에는 자취가 뚜렷하지만 어느새 그 흔적이 끊겨 어디에도 이르지 않는 묘연한 상태가 되어버리고 만다. 그리하여 여행자는 암중모색의 어려움 속에서 길 밖의 길로 나서서 새 길을 개척해나가지 않으면 안 되는 것이다.

역사에 이름을 남긴 허다한 발견과 발명이 이처럼 길 잃은 상태에서 우연히 찾아낸 돌파구의 소산이라는 것도 상기할 필요가 있다. 잘 알려져 있듯이 콜럼버스(Christopher Columbus)는 인도를 찾아 나선 항해의 노정에서 아메리카 대륙을 발견했다. 우리가 불 피우는 데 편리하게 사용하는 성냥은 은을 금으로 치환시키고자 하는 연금술의 실험 중에 우연히 발견된 것이고, 타이어를 비롯하여 각종 튜브와 장갑의 제조에 두루 쓰이는 산업용 고무 또한 미국의 과학자 찰스 굿이어(Charles Goodyear)가 고무에 황을 섞어 실험을 하다가 고무덩어리를 난로에 떨어뜨린 실수 끝에 고무의 탄성과 내구성이 획기적으로 증대된다는 사실을 우연히 알게 된 결과의 소산이다. 이 밖에 일상생활에서 편리하게 이용하고 있는 나일론, 사카린, 마이크로웨이브도 우연히 얻어진 발명품이고, 의학의 세계를 바꾼 X-선이나 페니실린도 실험 중 곁길로 샌 덕분에 발견된 산물이다. 시작의 길은 이렇게 대로에서 벗어나 샛길로 꺾어지기도 하고 그 샛길이 어느새 사람들이 뒤따르는 대로로 변하기도 한다.

그러나 새 출발의 길이 이제껏 밟아보지 못한 신천지로 이어지는 경우는 흔치 않다. 대부분은 중도에서 애초의 의지를 상실하고 관성적 흐름에 밀려 시작 이전으로 되돌아가고 만다. 도도한 일상의 흐름은 시작의 열의가 식고 그 첫머리에서 그려보았던 비전이 희미해지길 기다리다가 그런 기미가 보이면 이내 우리를 덮쳐오는 것이다. 하지만 시작의 각성과 열망의 쇠퇴만 시작의 발걸음을 무기력한 일상의 늪 쪽으로 되돌려놓는 것은 아니다. 이와 달리 시작의 비전이 지나치게 드높을 경우에도 그 아득함으로 인해 쉬이 피로해져 뒷걸음질 칠 수가 있다. 이 경우 일상성에 끌려들어가면서 시작의 결의를 상기해내고 그 초심을 되뇌며 그것으로부터 더러 빠져나오기도 하지만 목적 달성의 어려움에 상도하면서 이내 다시금 일상의 마성에 휘말려버리게 된다. 이런 과정이 반복되면서 시작은 그야말로 시작의 제스처로 전락하게 되고 그 비전의 실현은 마치 기독교도들의 천년왕국처럼 그 도래에 대한 간절한 열망에도 불구하고 한없이 유예될 뿐이다.

발자크(Honoré de Balzac)의 소설『알려지지 않은 걸작』의 주인공인 화가 프랭오페에게서 우리는 이처럼 지고의 비전에 사로잡혀 시작을 의식처럼 고통스럽게 반복하는 사례를 본다. 르네상스 시대의 화가 얀 마뷔즈(Jan Mabuse)의 수제자로 등장하는 프랭오페는 생기 넘치는 인물화를 그리는 화가로 명성이 자자했다. 그는 실명으로 등장하는 앙리 4세의 궁정화가 포르뷔스가 그린 인물화의 미흡함을 지적하고 그것에 몇 번의 붓질을 가하여 생명력이 넘치는 그림으로 탈바꿈시킨다. 그의 놀라운 기교와 해박한 지식에 경탄하는 포르뷔스와 역시 실명으로 등장하는 젊은 화가 니콜라 푸생(Nicolas Poussin)에게 프랭오페는 자신의 고투(苦鬪)를 토로한다. 10여 년에 걸쳐서 한 여성의 누드를 완벽하게 재현하기 위해 오직 그 한 작품에 몰두해왔으나 캔버스 속의 인물이 여전히 자신이 원하는 생명의 불꽃으로 타오르지 않아서 그림을 완결시키지 못하고 있다는 하소연이다. 그 원인이 어쩌면 적절한 모델을 구할 수 없기 때문인 것 같다는 그의 덧붙이는 말을 듣고 푸생은 자신의 아름다운 애인을 화가에게 데려와 그녀를 모델로 써보라고 권한다. 그녀의 아름다운 자태에 매료된 프랭오페는 즉시 그녀를 모델로 하여 붓질을 재개했고 얼마 후 그림을 완성했다는 전갈에 두 화가는 그것을 보기 위해 그의 스튜디오를 방문한다. 그러나 필생의 대작이라는 그 그림에서 그들은 수없이 교차하는 선들과 덧칠한 색채들의 뒤엉킴, 그리고 그

틈 사이로 언뜻 드러난 여자의 맨발의 형상을 볼 수 있을 뿐이었다. 그들은 실망해서 돌아왔고, 그날 밤 자신의 한계를 자인할 수밖에 없었던 프랭오페는 스스로 목숨을 거두었다.

프랭오페의 비극은 전설의 조각가 피그말리온을 꿈꾸며 생명의 불꽃을 재현해낸 그의 신기에 가까운 재능을 탐한 데 있다. 그는 피그말리온의 비법을 성취하기 위해 그림을 그리고 다시 그리고 또 다시 고쳐 그리면서 10년의 세월을 보냈다. 그것은 완벽한 예술미를 성취하겠다는 결의와 그 도달불가능성의 확인과 더불어 엄습하는 절망의 틈바구니에서 수없는 시작의 기획과 새 출발의 열망으로 점철된 삶이었다. 그 삶은 시작의 과업을 포기하지도 마무리 짓지도 못하고 그것을 하나의 의식처럼 주기적으로 반복해간 삶인 것이다.



프랭오페의 딜레마는 그에게만 해당되는 것이 아니라 예술가라면 누구나 경험할 수밖에 없는 문제이기도 하다. 그림은 어떤 상태에 이르러야 완결되었다고 말할 수 있는 것인가? 더 이상의 가필과 수정의 여지를 허용하지 않는 완벽의 경지는 과연 도래할 수 있는 것인가? 다빈치(Leonardo da Vinci)는 "예술은 결코 완결될 수 없다. 다만 포기될 뿐이다."라고 말한 적이 있다. 지고의 절대미를 추구하는 한 아무리 뛰어난 재능의 소유자일지라도 그것과 완벽하게 합치되는 천의무봉의 예술적 완성에 이르는 것은 거의 불가능한 일이다. 참된 예술가라면 프랭오페가 느낀 것처럼 작품에 언제나 아쉽고 미진한 그 무엇이 남아 있음을 자인하지 않을 수 없을 터이기 때문이다. 그리하여 미완결성은 예술의 필연이요 숙명이라고 해도 지나치지 않는다.

어찌 예술만 그러하랴. 작가들 또한 대상과 완전히 합일된 언어, 의도와 표현이 합치되는 언어, 무용과 무용수가 혼연일치를 이루는 언어, 그리하여 그 자체가 곧 자기충족적인 세계가 되는 '충만된 언어'(la parole pleine)를 갈구해왔다. 그러나 그 추구가 치열하면 치열할수록 그것은, 소설가 윌리엄 포크너(William Faulkner)의 표현을 빌린다면, "찬란한 실패"로 귀결될 수밖에 없는 것이다. 불가의 선승들이 문자를 내세우지 않고 이심전심의 묵언의 소통을 꾀한 것도 같은 이치에서이리라. 물론 이들만 그런 것은 아니다. 치열한 삶을 살아가는 사람이라면 누구나 이런 근원적인 미완의 결핍감을 떨치지 못하고 하루하루의 삶을 이어간다. 근래의 정신분석학은 인간을 욕망하는 존재로 규정짓고 있다. 욕망은 주지하듯 결핍에서 비롯된다. 결핍이 인간 삶의 근본적 조건이라면 그 결핍을 메우고자 하는 노력의 하나인 시작의 욕구 또한 근원적인 것이리라. 그리하여 우리의 삶은 시작의 연속, 그 불연속의 연속일 수밖에 없는 것이다.
(2015)

## ❖ 이름에 대하여

추사 김정희는 수많은 호를 썼다. 유명한 「불이선란도」만 해도, 만향(曼香), 구경(謳竟), 선객노인(仙客老人), 낙문천하사(樂文天下士), 4개의 아호가 발문을 장식하고 있다. 한 연구자에 따르면 그가 일생에 쓴 아호가 확인된 것만 503개라고 한다. 왜 이렇게 많은 호를 썼을까? 삶의 고비마다 새로운 작명으로 마음을 가다듬어 창신(創新)의 길을 걷고자 했기 때문일까. 이 무수히 서로 다른 자아의 꼬리표들은 유복한 환경에서 자랐지만 시대를 잘못 만나 정치적으로는 불우했던, 그리하여 학문과 서예에 의탁하여 그것을 뛰어넘고자 했던, 굴곡진 그의 유랑의 삶을 떠올리게 한다.

이름은 존재의 표지이다. 세상에 태어나 이름이 주어지면서 우리는 비로소 '인간적'으로 존재하기 시작한다. 이름과 더불어 인간은 자신이 속한 공동체의 문화에 편입되고 그와 함께 사회적 존재로서의 첫발을 내딛게 된다. 이름은 그러나 타율적으로 주어진다. 그 누구도 자신의 첫 이름을 스스로 작명한 경우는 없다. 인간의 삶이란 결국 타인에 의해 주어진 이름을 자신만의 고유한 것으로 만들어가는 과정이다. 다시 말해 이름은 인간이 주체적 존재로서 자신을 세상에 세워가는 자아 정립의 출발점이자 동시에 종착지이다. 제임스

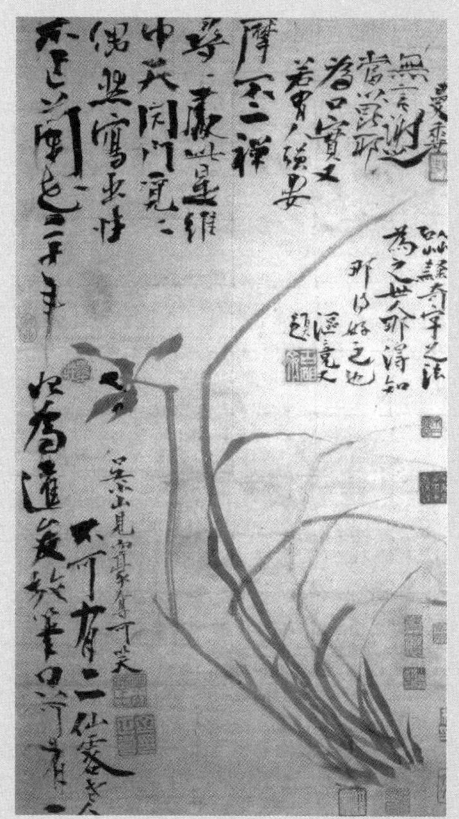

김정희, 「불이선란도」, 19세기

조이스(James Joyce)의 『젊은 예술가의 초상』의 주인공 스티븐 데덜러스가 친구들이 부르는 자신의 이름을 듣고 홀연 깨닫게 되는 것도 이 점이다. 그의 이름 스티븐은 기독교 최초의 순교자를, 성인 데덜라스는 그리스 신화에 등장하는 명장인 다이달로스를 의미한다. 그는 자신의 이름에 잠긴 깊은 의미를 새롭게 헤아리고 그 각성을 통해 순교적 자세로 예술가의 삶을 살아갈 소명감을 느낀다.

> 이제 과거 어느 때보다도 그의 이상한 이름은 그에게 일종의 예언처럼 느껴졌다. (…) 이제 그 전설적인 명장의 이름을 듣자, 그는 캄캄한 파도 소리를 듣듯 그리고 날개 돋친 어떤 형태가 파도 위를 날며 천천히 공중으로 솟아오르는 것을 보는 듯한 느낌이었다. 그것은 무엇을 의미하는 것인가? 그것은 예언과 상징들로 가득 찬 어떤 중세기 책의 한 페이지를 여는 하나의 오래된 도구인가, 태양을 향해 바다 위를 나는 매 같은 사나이인가, 자신이 섬기기 위해 태어난 목적, 유년기와 소년기의 안개를 통해 줄곧 추구했던 그 목적의 예언인가, 자신의 작업장에서 딱딱한 흙덩이를 가지고 새롭게 하늘로 치솟는 불가사의한 불멸의 존재를 빚어 만드는 예술가의 상징인 것인가?

『젊은 예술가의 초상』은 주인공 스티븐이 자신의 이름에 값하는 존재로 살기를 결의하는, 그 특별한 소명을 각성하는 이야기라 말해도 지나치지 않는다.

이름이 이처럼 자기 정체성의 보루이기에 그것은 운명을 주형하는 동력이 될 수도 있고 삶의 멍에가 될 수도 있다. 화가 고흐는 일 년 전에 사산한 형의 이름을 그대로 물려받았다. 그는 매주 일요일 아버지가 시무한 교회를 오가며 자신과 동일한 이름이 새겨진 무덤의 묘석을 보아야 했다. 살바도르 달리(Salvador Dali) 또한 죽은 형의 이름으로 일생을 살았다. 달리의 부모는 침상 벽에 죽은 아들의 사진을 걸어놓고 남달랐던 그의 뛰어난 재능을 입버릇처럼 말하고 요절한 천재 아들의 죽음을 아쉬워했던 것으로 전해지고 있다. 달리의 기행과 기묘한 환상의 세계를 보여주는 그의 독특한 그림들은 죽은 형의 그림자에서 벗어나기 위한, 형의 이름을 자신의 그것으로 만들기 위한, 몸부림의 소산이라는 시각도 있다. 녹아 흐르는 시계의 모습들을 소묘하고 있는 그의 대표작, 「기억의 집요함」의 표제는 그래서 더욱 의미심장하다.

가부장제 사회에서 이름이 자신의 글쓰기를 옥죄는 굴레가 될 것을 염려하여 남성적 필명으로 자신을 감춘 여류 작가도 있다. 귀족부인의 자리를 박차고 나와 남장을 즐기는 자유분방한 삶을 구가했던 오로르 뒤팽(Aurore Dupin)은 첫 소설 『앵디아나』를 출판하면서 조르주 상드(George Sand)란 필명을 사용했다. 마찬가지로 분방한 삶을 살았던 메리 앤 에번스(Mary Anne Evans)는 빅토리아조 영국사회의 인습을 비판한 소설을 쓰면서 조지 엘리엇(George Eliot)이라는 가명 뒤에 자신을 숨겼다. 『작은 아씨들』로 문명을 얻은 루이자 메이 올컷(Louisa May Alcott)이지만 이른바 '유혈의 이야기'를 쓰면서는 바너드(A. M. Barnard)라는 남자 이름을 사용하여 자신의 신분이 드러나지 않도록 애썼다.

이름 바꾸기가 여성 작가에게만 국한된 것은 물론 아니다. 『작은 아씨들』류의 감상적인 가정 소설을 쓰는 여성 작가들의 득세를 특히 못마땅해 했던 너대니엘 호손(Nathaniel Hathorne)은 스스로 이름의 중간에 'w'자를 넣었고(Ha*w*thorne), 동시대의 작가 멜빌은 성의 말미에 'e'자를 첨가하였고(Melvill*e*), 포크너 또한 성 중간에 'u'자를 넣어(Fa*u*lkner) 태어난 가문의 틀에서 벗어나 변신을 꾀하고자 했다. 소로는 원래 'David Henry Thoreau'로 불렸는데, 성년이 된 후 앞의 두 이름을 서로 바꾸어 'Henry David Thoreau'로 자신의 문학세계를 구축했다. 여권운동과 노예폐지 운동에 앞장섰던 강인한 어머니의 그늘에서 벗어나고 싶은 동기가 작용했다고 한다. 'Walter Whitman'이었던 월트 휘트먼 또한 시인의 길에 들어서서 'Walt Whitman'으로 개명을 했고, 미시시피강의 뱃길 안내인을 하다가 작가가 된 새뮤얼 랭혼 클레멘스(Samuel Langhorne Clemens)는 아예 이름 전체를 마크 트웨인(Mark Twain)으로 바꾸었다. 이처럼 작가들에게 이름 바꾸기는 낡은 자아를 벗어던지고 새롭게 거듭나는 허물벗기 의식과 같은 것이었다.

기실 미국사회만큼 이름 바꾸기가 빈번한 곳을 찾기도 힘들 것이다. 미국문학을 대표하는 중요 작가들이 거의 모두 이름을 바꾸었다는 사실이 그 점을 증언한다. 특히 자신의 직업과 연관되었던 말을 곧바로 필명으로 차용한 트웨인의 경우는 사회변동이 극심했던 19세기 중엽 미국사회에서 이름이 자기동일성을 담보하는 고유명사라기보다는 임시적이고 편의적인 호칭으로 전락되었음을 시사해준다. 필요에 따라 수시로 이름과 신분을 바꾸는 사기꾼 인물들

(trickster figures)이 그의 소설에 유난히 많이 등장한다는 사실 또한 이런 세태와 무관하지 않을 것이다.

급증하는 이민의 물결과 특히 남북전쟁 이후 수많은 남부 흑인들을 뿌리 뽑힌 유랑자로 내몬 사회적 정황은 이름의 고유성을 희석시켰지만 다른 한편으로는 사회적 착근에 대한 강렬한 희원을 낳으면서 그것에 집착하는 이중성을 미국문화의 한 특징적인 결로 새기게 된다. 뉴욕의 엘리스 섬을 통해 미국 땅에 발을 내딛으면서 이민자들은 미국식으로 개명된 새 이름을 이민 서류에 기입해 넣는 것으로 새로운 삶을 시작했다. 초창기의 이민자들은 떠나온 조국과 자신이 속한 종족의 표지인 성까지도 바꾸곤 했다. 'Yitzchak'는 'Hitchcock'로, 'Rabinowitz'는 'Robbins'로, 'Ilyan'은 'Williams'로 성을 개명하면서 아메리칸 드림을 꿈꾸었다. 이렇게 쓰기 시작한 새 이름을 끝까지 간직하지 않은 경우도 적지 않았다. 『위대한 개츠비』의 주인공이 "자신에 대한 플라토닉한 관념"을 좇아 제임스 개츠에서 제이 개츠비로 이름을 바꿨듯이 이민자들 또한 삶의 쇄신이 절실해지는 순간 환골탈태의 결의로서 이름을 바꾸기도 했다. 자기정체성에 대한 물음이 절실할 수밖에 없는 이민자의 나라인 미국에서 개명은 존재와 이름을 일치시켜 정체성을 분명히 정립하고자 하는 노력의 일환이었던 것이다.

「창세기」가 보여주듯이 이름붙이기는 세계 만들기이다. 인간이 다른 피조물들에게 이름을 지어주면서 천지창조는 마무리된다. 발터 벤야민(Walter Benjamin)은 그래서 이름붙이기를 언어의 가장 본질적인 측면이라고 말한 적이 있다. 이름을 바꾸는 것은 곧 과거의 자아를 버리고 자신을 현재의 시각에서 새롭게 규정함으로써 자신의 세계를 완성하려는 열망의 발현이다. 개명의 욕망은 역으로 우리의 이름은 결국 클리셰가 된 알레고리임을 환기시킨다. 철수는 명철한 아이로 커주길, 영희는 꽃같이 어여쁜 아이로 자라주길 바라는 소망이 담겨 있는 이름이다. 이런 소망이 시간의 흐름과 더불어 문화적 관습으로 굳어지면서 그 의미의 절실함은 희박해진다. 이름은 그래서 본래의 은유적 의미가 퇴색한 상투어이기 십상인 것이다.

이름과 이름 바꾸기의 실존적 의미를 사회적 차원에서 가장 드라마틱하게 보여준 것은 흑인들이다. 노예시절의 흑인의 이름은 일련번호와 같은 것에 불과했다. 아프리카에서 끌려오면서부터 흑인은 자신의 고유한 성을 상실하고 백인 주인의 성을 따랐고 이름 또한 주인이 편의에 따라 적당히 붙여준 것을 그대로 써야 했다. 토니 모리슨(Toni Morrison)의 『빌러비드』가 예시하는 것이지만 같은 농장에 소속된 흑인 노예들은 예컨대 Paul A, B, C, D 등으로 호명된 경우도 있었다. 그러다가 다른 백인에게 팔리기라도 하면 그 이름마저도 더 이상 사용할 수 없게 되는 경우가 허다했다. 새 주인이 다른 이름으로 작명하여 부르면 그날부터 그것을 그의 이름으로 써야 했기 때문이다. 미국 최초의 흑인 소설인 『클로텔』의 저자 윌리엄 웰즈 브라운(William Wells Brown)은 같은 이름을 가진 주인집 조카가 잠시 지내러 온다는 이유로 주인으로부터 이름을 바꾸라는 지시를 받고 이에 불복하다가 혹독한 매질을 당하기도 했다.

이름에 이처럼 억압과 굴종의 기억이 서려 있기 때문에 흑인들은 자유를 찾으면서 대개 스스로 개명을 했다. 이름 바꾸기는 흑인들에게 고통스런 과거를 떨쳐버리고 자유로운 존재로 거듭나기 위한 일종의 통과의례였던 것이다. 노예체험기 장르의 고전인 『인생 이야기』의 저자이자 흑인 저항운동의 아버지인 프레더릭 더글러스(Frederick Douglass)도 그 이름을 갖기까지 여러 차례의 개명 과정을 겪었다. 노예시절 그의 이름은 프레더릭 오거스터스 워싱턴 베일리(Frederick Augustus Washington Bailey)였다. 볼티모어에서 북부로 탈출하면서 프레더릭 스탠리(Frederick Stanley)란 가명을 썼던 그는 뉴욕에 당도한 후에는 프레더릭 존슨(Frederick Johnson)으로 이름을 바꾸고, 이어 매사추세츠의 뉴베드포드로 이주한 후에는 네이선 존슨(Nathan Johnson)이란 이름을 쓰다가 인근에 같은 성을 가진 사람이 많은 것을 보고 그즈음 감명 깊게 읽은 월터 스콧(Walter Scott)의 시 「호수의 숙녀」의 주인공의 성을 차용하여 다시 프레더릭 더글러스로 개명했다. 성은 바꾸었으나 자신의 첫 이름은 고수한 셈이다.

남북전쟁이 끝난 후 해방된 남부 흑인들 또한 대다수가 이름은 그대로 간직하면서도 성은 바꾸었다. 노예시절을 상기시키는 옛 주인의 성을 그대로 쓸 수는 없었던 것이다. 흑인들에게 성을 바꾸는 것은 이처럼 새로운 정체성의 추구를 천명하는 것이었다. 그러나 어떻게 성을 바꾸든 필경은 백인들이 써왔던 명칭일 수밖에 없는 것이 문제였다. 흑인 고유의 성들은 산일되고 잊혀진 지 오래였기 때문이다. 할렘 르네상스의 벽두에 출판된 『흑인이었던 한 인간의 자서전』의 주인공이 이름이 없는 존재로 등장하는 것도 이런 문제의식의 결과이다. 이 소설의 저자, 제임스 웰든 존슨(James Weldon Johnson)도 이름을 바꾸었음은 물론이다.

그로부터 반세기가 지난 후 흑인 무슬림 지도자 맬컴 엑스(Malcolm X)를 괴롭힌 것도 이 딜레마였다. 그는 흑인 고유의 성들이 지워져 사라져버린 현실, 흑인은 애초부터 독자적이고 주체적인 이름을 가질 수 없는 '역사가 없는 종족'이 되어버린 상황에 처해 있음을 뼈저리게 느끼고, 뿌리가 지워져버린 존재라는 것을 그대로 노정시키는 문자 'X'를 자신의 성으로 내세웠다. 그의 이름은 흑인은 미국사회에서 자신의 고유한 이름을 박탈당한 채 무명의 존재로 살 수밖에 없는 처지임을 만천하에 폭로하는 문화적 아이콘이었다. 이름과 운명의 고리에 대해 남다른 관심을 가졌던 랠프 엘리슨(Ralph Ellison)이 1953년에 발표한 『보이지 않는 인간』은 흑인이 처한 이런 사회적 정황의 탁월한 소설적 증언이다. 소설의 서두는 이렇게 시작된다.



> 나는 보이지 않는 인간이다. 그렇다고 애드가 앨런 포에 붙어 다니는 유령도 아니고 할리우드에 나오는 유령들도 아니다. 나는 살과 뼈, 섬유질과 체액이 있는 실체의 인간이다. 그런데도 내가 보이지 않는 것은 전적으로 사람들이 나를 보기를 거부하기 때문이다.

흑인 주인공 '나'는 살과 뼈를 지닌 실존의 인간이지만 사회적으로 지워진 존재이다. 사람들이 그를 고유한 이름을 지닌 독자적 존재로 인정해주지 않기 때문이다. 그러기에 그는 시종 '나'로 지칭될 뿐 이름이 주어져 있지 않다.

프로이트(Sigmund Freud)는 『토템과 터부』에서 사람의 이름은 그 주체성의 중요 요소이자 영혼의 일부라고 적었다. 이름은 인간을 사회 속으로 호명해내는 것이면서 동시에 자루 속의 감자와 같은 집합적 존재로서가 아니라 저마다 고유한 실존적 깊이를 지닌 주체적 존재로 사는 밑바탕이다. 타인에게 나의 이름은 그저 수많은 뭇 이름들 중의 하나에 불과할지 모르지만 나에게 그것은 단순한 호칭일 수 없다. 그것은 나의 삶과 꿈이 응축되어 있는 유일무이한 표지이다. 사람은 누구나 그 유일무이한 존재의 표지를 의미 있는 것으로 만드는 삶을 희구한다. 그러나 어느 시대를 막론하고 그런 삶의 길이 평탄할 수만은 없다. 영욕이 교차하는 굴곡진 인간의 삶도 필경 이름을 이름답게 지키려는 욕망이 빚어낸 드라마인 것이다. (2008)

## ❖ 홀로 집을 지키며

아이들이 장성해 제 갈 길을 찾아 품 안을 떠난 후 아내와 둘만 남은 집에 우두커니 혼자 남아 집 지키는 일이 잦아졌다. 외출한 아내의 늦어지는 귀가를 기다리고 있노라면 빈 집의 고적감이 한층 짙게 느껴진다. 개업 의사인 부인이 병원에서 제시간에 돌아오지 않으면 문간에 나가서 기다린다는 은퇴한 어떤 선배의 이야기를 동창 모임에서 들은 적이 있다. 출타한 아내를 기다리며 문간에서 서성인 적은 없지만 나 역시 문 밖의 기척에 한층 예민해진 것 또한 사실이다. 이렇게 혼자 앉아 있는 저녁이면 창밖을 스치는 바람 소리나 바깥의 크고 작은 소음들이 유난히 크게 들린다. 이 스산한 고적감은 청각적인 것만은 아니다. 로버트 프로스트(Robert Frost)의 시구 그대로

> 창밖의 것들이 온통 음산하게
> 텅 빈 방 유리창에 별 조각처럼 달라붙은 서릿발을 통하여
> 그를 들여다보고 있[는]

듯한 환영을 동반하곤 한다. 마치 커다란 외피를 두르듯 집을 은신처로 삼아 웅크리고 앉아 있으면서도 그 외피가 벗겨진 채 허허벌판

에 노출되어 있는 듯한 이 기묘한 느낌이 헛헛한 마음에 엄습해오는 것이다.

어둠이 내려앉은 후 식탁을 밝히는 불빛 아래 혼자 앉아 저녁을 먹으면서 새삼 집이 무엇일까 생각해 본다. 남녀가 만나 결혼하고 부부가 되면서 새가 둥지를 틀 듯 새로운 가정을 꾸민다. 서로가 서로를 길들이며 다툼과 화해를 반복하는 사이 이윽고 자식들이 태어나고 그러면서 집은 삶의 안식처로서 저마다 독특한 모습을 갖추게 된다. 집은 살아온 내력이 배게 되고 삶에 대한 꿈과 기대가 투영되게 된다. 성냥갑처럼 규격화된 같은 크기의 아파트라도 집집마다 분위기가 다른 까닭이 거기에 있다. 집에서 밥을 먹고, 잠을 자고, 대화를 나누지만, 집은 이미 언제나 우리 내면에 깃들어 있는 것이다. 가스통 바슐라르(Gaston Bachelard)의 지적처럼 집은 인간에게 최초의 세계이다. 태어나서 눈뜨고 처음 마주하는 생활세계가 자신의 집이요 가장 오래된 기억의 무대 역시 대개는 어릴 적의 집이다. 우리 내면 속의 집은 원형적 체험으로 남아 우리의 미래를 채색하고, 굴절시키고, 재배열한다.

되돌아보면 내 기억 속의 원체험이라고 할 만한 것도 고향집 안팎을 무대로 일어난 일들이다. 내가 초등학교 3학년까지 지낸 고향집은 솟을대문에 널찍한 내정을 갖춘 기와집이었다. 어느 여름날 밖에서 놀다가 집에 들어오는데 대청마루 밑 토방에서 검푸른 뱀 한 마리가 기어 나와 섬돌을 타고 마당으로 내려오는 것이었다. 기겁해 어찌할 바를 몰라 허둥대고 있던 차에 때마침 뒤란을 돌아 나오시던 할아버지가 그것을 보셨다. 할아버지는 옆 벽에 세워놓았던 삽을 드시더니 뱀을 향해 다짜고짜 달려가서 내리치시는 것이었다. 뱀은 내 앞 불과 수 미터 앞에서 몸이 두 동강이 난 채 한참을 꿈틀거리다가 죽었다. 그 이후로 나는 뱀을 몸서리나게 두려워하게 되었고, 장소를 불문하고 뱀만 보면, 가령 동물원의 한쪽 구석에 죽은 듯이 웅크리고 있는 뱀일지라도, 그때의 정경이 어김없이 떠오르면서 진저리를 치곤 한다. 뱀도 그렇지만 평소에 별로 말씀이 없으신 할아버지가 그처럼 과격하게 뱀을 내리치시던 모습도 내 기억에 오래 남아 있어서 서정주의 「화사」를 처음 읽었을 때, "얼마나 커다란 슬픔으로 태어났기에 저리도 징그러운 몸뚱아리냐"라는 구절에 이르러 '징그러운'이라는 단어가 그때의 뱀, 그리고 그것을 내리치시던 할아버지의 모습과 겹치면서 한층 실감나게 다가왔었다.

봄이었는지 가을이었는지 확실하지는 않지만 나보다 두 살 손아래였던 막내 고모가 죽은 날의 음울했던 심상 또한 아직도 기억 속에 선명하게 남아 있다. 내가 초등학교 입학하기 전후였을 터이니 아마 고모는 네다섯 살이었을 것이다. 나중에 마마, 그러니까 천연두 때문에 고모가 그렇게 되었다는 말을 들었지만, 당시 어렸던 나는 무슨 일이 일어났는지도 잘 몰랐다. 할머니와 고모들이 흐느껴 울고 있는 가운데 갑자기 참새 한 마리가 집 안으로 날아들더니 대청의 높다란 천장과 대들보 사이를 한참 동안 휘젓고 다니면서 어수선하던 분위기를 한층 더 뜨악하게 만들었다. 그 장면이 아직도 선연하다. 사람이 죽으면 그 영혼이 새가 되어 하늘로 날아오른다는 생각이 사후세계에 대한 하나의 고정관념으로 내 뇌리에 자리 잡게 된 것은 필시 고향집과 연관된 이 심상 때문일 것이다.

우리 최초의 기억, 그 시원적 경험의 밑바탕에 필경 자리 잡고 있기에 집은 장소 중의 장소라 할만하다. 지리학자 이-푸 투안(Yi-fu Tuan)은 직선적이고 예각적인 사물들이 많은 도회지의 환경, 이른바 "목공적 세계"(carpentered world)에서 성장한 사람은 성인이 된 후에도 사물을 그런 규격화된 형상으로 인식하는 경향을 보인다고 지적한 적이 있다. 같은 열대 지역이라도 무성한 열대우림 지역에 사는 부족과 사바나 지역에 사는 부족의 경우 사물의 높이나 거리감의 인식이 다르다고 한다. 세계에 대한 근원적 체험의 바탕으로서 집은 이처럼 인간의 세계 인식과 사고에 심원한 영향을 끼친다.



집에 대한 사람들의 애틋한 정서를 소유욕의 변주라고만 말할 수 없는 연유도 여기에 있다. 얼마 전에 채만식의 「근일」이라는 단편을 읽을 기회가 있었는데, 이런 구절이 눈에 띄었다.

집이라고 하는 것이 막상 이다지도 졸연찮이 마음을, 근심을 골몰케 하도록 정을 차지하는 것인 줄은 몰랐었다. 흡사 노인자제처럼 얼뚱스러웠다. 다직 까치둥우리 됨직한 한 채의 오두막집이, 재물로 치자면야 그러니 지극히 적은 재물이건만, 그의 화폐 가격만으로는, 능히 환산되지 않는 또 하나의 가치를, 직접 마음에 통하여 정을 지배하는 힘을, 그는 가지고 있었다. 집을 지녀보기도 처음이었다. 집을 잃어보기도 처음이었다. 그리고서 처음으로 집이라는 것을 안 셈이다.

찾아보니 작가의 자전적 체험이었다. 이리저리 떠돌이 생활을 하던 채만식이 일제 말엽에 안양 수리산 기슭에 어렵사리 집을 마련했는데, 여름 물난리로 집터의 반이 휩쓸려나가면서 집이 폐가나 다름없이 되어버린 쓰라린 상황을 겪으며 쓴 글이다. 집을 졸지에 잃고 소설가가 새삼 느꼈듯이 집은 아무리 초라한 것일지라도 "화폐 가격으로는 능히 환산되지 않는" 정감으로 사람들의 마음을 부여잡고 있는 것이다.

르 코르뷔지에(Le Corbusier)는 20세기 초에 집의 기능을 다음과 같이 요약한 적이 있다. 첫째, 더위, 추위, 비, 도둑, 호기심 많은 사람들로부터 지켜주는 피난처. 둘째, 빛과 태양을 받아들이는 용기, 셋째, 조리, 일, 개인 생활에 적합한 몇 개의 작은 방. 비행기를 가장 이상적인 건축 모델로 생각했던 스위스 출신의 이 건축가는 집을 신분이나 재산을 과시하는 장식으로서가 아니라 전적으로 실용적인 기능의 차원으로 환원시켜 생각할 것을 역설했다. 그러나 집의 으뜸가는 기능이 바깥 세계로부터의 피난처라고 하더라도 그것은 언제나 물리적 외형의 차원을 넘어선다. 집 안의 가재도구들, 특히 오래된 세전지물인 경우, 그 쓰임새 못지않게 손때 묻은 애잔한 추억으로 애착심을 불러일으킨다. 조금 전 내 마음을 사로잡고 있던 느낌처럼 견고한 성채와 같은 집에 들어앉아 있더라도 외로움과 한기가 뼛속까지 스며들 수도 있다. 물리적 공간으로서의 집은 그 최소 요건일 뿐이다. 거기에 가족의 따뜻함과 사랑, 보살핌과 헌신이 없다면 패시브 하우스처럼 보온이 완벽한 집이라도 진정한 의미의 안식처라고 말하기 어렵다.

프로스트의 또 다른 시 「고용인의 죽음」에는 집이 배려하고 보듬어주는 공간이라는 것을 가슴 깊이 되새기게 하는 구절이 있다. 한때 유능한 일꾼이었던 사람이 각지를 전전하는 떠돌이 삶을 살다가 늙은 몸을 이끌고 옛 농장을 찾아온다. 노쇠한 사냥개처럼 이제 쓸모없게 된 그를 탐탁지 않게 생각하는 농장의 주인 그리고 그를 불쌍히 여겨 연민의 눈으로 바라보는 아내는 이렇게 대화를 나눈다.

집이란 당신이 달리 갈 곳이 없어 찾아갔을 때
당신을 받아줘야 하는 곳이지.

나는 집이란 들어가기 위해 어떤
자격 같은 것이 필요 없는 곳이라 생각해요.

죽음을 예감하고 찾아온 옛날의 고용인이 받아줄 만한 자인지 여부를 따지지 말고 인간답게 최후를 맞이할 수 있도록 '집'을 제공하는 것이 마땅하다는 아내의 말은 집이 사랑과 보살핌의 구심점이면서 또한 밖으로 열린 공간이어야 함을 환기시킨다.

서양 주택이 대개 거실의 벽난로를 중심으로 설계된 것도 심리적 안식처로서의 집의 기능이 중요하다는 인식에서 비롯된 것이리라. 벽난로는 수렵시대의 사람들이 하루를 마치고 저녁에 둘러앉는 화톳불을 그 기원으로 한다. 동굴이나 은신처의 한가운데에 피운 불을 중심으로 사람들이 둘러앉아 식사를 하고 이야기를 나누던 오랜 관습이 벽난로에 깃들어 있는 것이다. 벽난로는 실제적으로 또 상징적으로 집의 중심이자 가정생활의 초점을 이루고 있는 것이다. 사실 영어의 '초점'(focus)이라는 말도 어원적으로 '벽난로'(fireplace)란 말에서 비롯되었다. 벽난로가 상징하는 안락함과 따뜻함 그리고 안전감과 유대감을 제공하는 곳이 바로 집인 것이다.

부챗살처럼 사방으로 뻗어나가는 벽난로 불기운의 심상은 집이 실존의 중심이면서 동시에 사회적 삶의 출발점임을 또한 시사한다. 집은 원만한 사회적 삶의 영위에 긴요한 안정감의 원천이자 실존의 확실한 근거이다. 집은 또한 우리의 기억과 상상 혹은 생각에 통일성을 부여하는 중요한 원천이다. 존재의 구심점으로서 집은 잡다한 일상사에서 우연성을 배제하고 그것들을 일관성 있는 질서로 재구성하는 원동력이다. 이런 점에서 집은 우리 정체성의 중요한 원천이라고까지 말할 수 있다. 결혼을 하지 않고 혼자 사는 사람도 집을 떠난 지 얼마 되지 않아 자신의 집으로 돌아가고 싶은 회귀 충동에 사로잡히는 연유도 이와 무관하지 않을 것이다. 대지에서 발을 떼는 순간 힘을 잃어버리는 그리스 신화 속의 인물 안타이오스처럼 사람들은 집을 오래 떠나 있으면 어떤 불안감과 무력감에 시달리는 것이다.

수많은 사람들이 부대끼며 사는 거대한 도시에서 다른 사람의 시선으로부터 보호되는 사적 공간으로서의 집의 역할 또한 중요하다. 나의 집, 여기 십여 평의 공간은 세상에서 유일하게 나에게 온전히 주어진 내밀한 곳이다. 집은 화장을 지운 민낯으로 있더라도 계면쩍을 게 없고, 겉옷을 벗고 내의바람으로 있더라도 부끄러울 게 없는

에드워드 램슨 헨리, 「난로가에서 삽화 검토」, 1872

장소이다. 이 내밀한 사사로움이 허용되는 공간이기에 집은 제각기 다른 분위기를 연출하는 것이리라. 그 내밀성은 혼자만의 것일 수도 있고, 부부만의 것일 수도 있고, 가족 전체가 함께 공유하는 것일 수도 있다. 내밀한 일상의 공유가 가정을 구성하는 중요한 특징의 하나임을 드러내는 예를 『오디세이아』의 23권에 나오는 오디세우스의 귀환 장면에서 찾아볼 수 있다. 전쟁에 나갔다가 20년 만에 돌아온 오디세우스를 아내 페넬로페는 처음에 알아보지 못한다. 이제껏 자신을 으르며 괴롭혀온 구혼자들을 모두 처단한 페넬로페는 오디세우스를 주위 사람들이 남편이라고 하나 그녀는 확신할 수가 없었다. 그녀는 마지막 테스트를 한다. 그가 둘만이 알고 있는 비밀을 아는지 알아보기 위해 그녀는 하녀에게 침실의 침대를 옮기라는 말을 한다. 오디세우스가 그 말에 침대는 옮길 수 없는 것이라고 소리치자 페넬로페는 비로소 그를 남편으로 확신하고 맞이한다. 그들 부부의 신혼 침대는 궁성에서 자란 올리브 나무를 베지 않고 그 자리에 둔 채 오디세우스 자신이 직접 침대로 깎아 만든 것이었다. 그들의 침대는 말하자면 부부만이 공유하는 프라이버시의 표상이라고 할 만하다. 가문의 혈통이니 전통이니 하는 것도 이런 소소한 사사로움이 쌓여서 독특한 관습과 분위기로 굳어진 것을 일컫는 것이리라. 불행한 가정은 저마다 이유가 있다는 말도 이런 점에서 수긍된다.

집이 프라이버시의 보루인 것은 그것이 공적인 사회질서와 그 코드로부터 벗어나 있기 때문이기도 하다. 집은 허물이나 약점을 부끄러워하지 않아도 되는 곳이다. 집은 또한 친구들로부터 왕따당하지 않을까 하는 불안, 직장상사의 불신과 질책에 대한 두려움, 타인의 조소와 비난의 눈초리에 대한 걱정이 유예된 공간이다. 사회생활이란 한마디로 다른 사람의 시선을 늘 의식하며 경쟁해야 하는 생활이다. 집은 이 불편한 시선으로부터 차단된 공간이다. 극심한 경쟁과 성과제일주의가 고창되는 사회에서 그런 사회적 관계가 야기하는 긴장과 피로감으로부터 잠시 벗어나 지친 심신을 쇄신시키는 쉼터로서의 집의 기능은 정보 네트워크가 촘촘해지며 사적 영역이 날로 위축되는 오늘날 다른 무엇보다도 소중한 것이라 아니할 수 없다. 사실 집이 주는 안락감은 물리적 편의성 때문이라기보다는 심리적 편안함에 더 가까운 것이다.

익숙해서 편안한 둥지도 때로는 쳇바퀴처럼 반복되는 일상성의 감옥으로 느껴질 수 있다. 무릇 모든 집에는 프로이트가 말한 어떤 '낯섦'(Unheimlichkeit)이 내재되어 있는 것이 아니겠는가. 특히 여성의 입장에서는 그런 느낌이 노상 없지만도 않을 것 같다. 버지니아 울프(Virginia Woolf)는 여성이 충일한 삶을 살기 위해서는 집 속에 또 다른 집, '자기만의 방'이 필요함을 역설했다. 평생을 독신으로 살면서 집 밖으로 나간 적이 별로 없는 미국의 여류 시인 에밀리 디킨슨(Emily Dickinson)은 결혼을 주제로 한 시에서 남편이 걸어주는 완벽한 진주 목걸이가 실은 여인의 영혼을 감금하기 위한 자물쇠라고 읊은 적이 있다. 결혼은 굴레이고 집이 그런 억압적인 삶의 표상으로 지목되어온 것은 어제 오늘의 일이 아니다. 페미니즘 진영에서 여성을 '집안의 천사'로 치켜세워온 이면에 숨어 있는 가

부장제 이데올로기의 허위성을 비판하고 나선 것도 이제는 옛 일이 되었다. 감수성이 예민한 십 대와 이십 대에 이런 시각의 세례를 받으며 자란 여성들의 경우 결혼의 기회가 주어지더라도 그것을 한 번쯤 다시 생각해 보고 이모저모로 저울질할 공산이 크다. 그러고 보면 남녀를 불문하고 결혼 연령이 늦어지는 추세인 것은 경제적인 문제 때문만도 아닌 것 같다.

어둠이 한층 짙게 깔리면서 밖은 멀리 점점이 광고용 불빛들만 명멸할 뿐 깜깜절벽이다. 우리 집 창문 밖으로 새나간 불빛이 추운 길거리에서 고단한 발걸음을 떼고 있는 누군가에겐 따뜻한 둥지의 표상으로서 그의 귀가를 재촉하는 동인일 수도 있을 것이다. 아내는 돌아올 기색이 없다. 전화 한 통도 없다. 동창 친구들과 어울려 웃고 떠들고 있을 아내의 웃음소리가 들리는 듯하다. 스산한 밤에 출타한 아내를 기다리며 홀로 집을 지키는 번견(番犬)이 나만은 아닐 것이다. 전문가들은 진즉에 가정의 풍속도가 달라졌다고 말해왔다. 그들이 가정에 대해 뭐라고 말하든 나는 앞으로도 집 지키는 역할을 포기하지 않을 것이다. 이 삭막한 대도시에서 나만의 작은 쉼터를 지니고 있다는 것은 어쨌든 축복으로 여기지 않을 수 없기에 말이다. (2014)

## ❖ 일탈의 욕망

퇴직한 후 집에서 삼시 세끼를 꼬박꼬박 찾아 먹으면 아내로부터 삼식이라고 불리는 조롱을 면치 못한다는 우스개가 있다. 돈벌이를 못하고 밥 세끼만 축내는 식충으로 전락한 퇴직자의 비애를 곱씹는 유머이다. 그 이면에는 가정을 지켜온 여성들이 느끼는 일상에 대한 지겨움이 도사리고 있다. 오십 대의 남자들이 가장 무서워하는 것이 집에 들어왔을 때 곰국 끓이는 냄새라는 또 다른 우스개도 여자들이 가정이라는 조롱에 갇혀 지내온 삶에 반란하려는 욕망 표출이다. 일탈과 모반에의 유혹은 여자의 전유물만은 아니다. 밥벌이의 지겨움으로부터, 쳇바퀴처럼 돌아가는 무미한 일상성으로부터 떠나고 싶은 충동에 휘말리기는 남자들도 마찬가지이다.

누구나 이따금 이렇게 일탈을 꿈꾼다. 퇴근 후 친구와 소주잔을 기울이고, 영화를 보고, 야구장에 가고, 바쁜 일정을 쪼개서 여행을 떠나고자 하는 것도 이 일탈욕의 변주이다. 그러나 일탈을 감행하더라도 대개의 경우 그것이 헛된 망상이라는 것을 확인하는 것으로 끝난다. 일상의 덫으로부터 벗어난다고 하지만 동일한 육체에 같은 정신을 가진 내 자신으로부터 벗어날 수 없기 때문이다. 가령 여행의 경우를 생각해 보자. 사람들은 답답한 현실에 부딪치면 흔히 모든 것을 떨치고 어디라도 잠시 다녀올 궁리를 한다. 동해안에 가서 일출을 보고, 초당 두부도 먹고, 온천에 가서 사우나도 하고, 이렇게 바람을 쏘이면 나아질 것이라고 기대한다. 그 밑바탕에는 일상의 굴레에서 벗어나면 어떤 돌파구가 열리거나 자신이 새롭게 변할 수 있으리라는 희망이 깔려 있다. 그러나 여행은 거의 언제나 이런 기대를 배반한다. 표를 예약하고, 숙소를 정하고, 짐을 꾸릴 때까지 우리는 일상으로부터 탈출을 꿈꾸고 그 환상을 즐긴다. 왁자지껄한 공항에서 짐을 부치고, 검색대를 통과하고, 비행기를 타고, 창가에 앉아 구름 자욱한 운평선에 시선을 뺏길 때까지도 그 환상은 계속된다.

그러나 목적지에 도착해 호텔에서 체크인을 하고, 짐을 풀고, 방 열쇠를 어느 주머니에 넣어둘까 고민하면서 밖으로 나와 해변을 한 바퀴 돌고 식당에 앉는 순간 사람들은 그것이 헛된 꿈이었음을 깨닫는다. 풍경이 바뀌었다고 해서 달라질 것은 사실 아무 것도 없다. 풍경을 보는 눈이 그대로이기 때문이다. 장소를 달리해도 자질구레한 욕망과 오랜 습관은 죄수의 발목을 채우고 있는 쇠고랑처럼 우리를 놓아주지 않는다. 몽테뉴(Michel Montaigne)는 「고독에 대하여」라는 에세이에서 이렇게 말한다.

> 우리는 어디를 가나 쇠사슬을 끌고 다닌다. 완벽한 자유로움은 결코 얻어질 수 없다. 우리는 뒤에 남겨두고 온 것에 여전히 눈을 돌리기 때문이다.

일상의 나를 떨치는 것은 예나 이제나 이렇게 어려운 일이다.

일탈의 욕망과 관련하여 호손이 쓴 「웨이크필드」(“Wakefield”)란 단편이 떠오른다. 단편이라고는 하지만 에세이 풍이 오히려 두드러진 이 작품의 줄거리는 간단하다. 런던에 사는 한 평범한 중년의 사내 웨이크필드는 시골에 잠시 다녀온다고 집을 나와서 홀연 자신이 갑자기 사라지면 자기 가정에, 특히 아내에게, 어떤 일이 생길 것인가에 대한 호기심에 사로잡힌다. 그리하여 그는 귀가하지 않고 자기 집 바로 길 건너편에 방을 얻어 그곳에 기거하면서 자신의 부재를 아내가 어떻게 받아들이는지를 엿본다. 남편의 행방불명에 놀란 아내는 곧 고통과 슬픔으로 수척해지고 한 3주쯤 흐르자 의사가 왕진을 다녀가는 모습도 보인다. 그런 후 병에서 차츰 회복된 아내는 그가 죽은 것으로 생각하고 재산도 정리하고 과부로서 혼자 사는 생활에 적응하면서 나날을 보낸다. 자신을 숨기고 아내의 이런 모습을 몰래 지켜보는 생활이 어느덧 20여 년이 흐른 어느 날 그는 아무 일도 없었다는 듯이 집으로 돌아와 결혼생활의 태반을 어처구니없이 도둑맞은 아내와 함께 여생을 보냈다는 이야기이다.

줄거리로만 보면 조금 황당한 이야기이다. 그러나 그 세부에는 범속하게만 보이는 일상에 숨겨져 있는 삶의 부조리 혹은 그 심연의 그림자가 드리워져 있다. 주인공 웨이크필드의 ‘가출’은 정녕 유별난 것이다. 그렇다고 그가 정신이상자이거나 괴짜인 것은 아니다. 작가는 그가 어디에서나 만날 수 있는 보통 사람임을 누누이 강조한다. 누구든 “내일 기억될 만한 일을 오늘 행하지 않을 가장 분명한 사람”으로 그를 지목할 정도로 그는 평범한 삶을 살아온 인물이다.

그런 그가 왜 집을 떠나 세상과 절연한 채 20년을 자기 집을 몰래 엿보면서 살았는가?

소설가는 쳇바퀴 돌듯 반복되는 일상성이 문제의 근원임을 시사하고 있다. 도시에서 지극히 평범한, 익명적 존재로 살아온 웨이크필드는 주변에서 아무도 자신을 눈여겨보지 않는 무미한 일상의 삶에 반란을 꾀하고 싶은 충동에 사로잡힌 것이다. 그는 사전에 계획을 세워 가출한 것이 결코 아니다. 그는 여느 때처럼 볼일이 있어 시골에 며칠 다녀오기 위해서 집을 떠났던 것이고 그 출타 중에 홀연 자신이 사라진다면 가족과 주변의 친구들이 그 부재의 결과를 어떻게 받아들일 것인가가 궁금해진 것이다. 누구나 한 번쯤 품어봄 직한 생각이다. 내 집에서, 혹은 직장에서, 혹은 동창모임에서 내 빈자리는 얼마만 한 무게를 가질까? 이 질문은 실은 나는 누구인가 혹은 나의 삶은 가치 있는 것인가라는 실존적 물음의 변주이다. 실존의 깊이를 묻는 이런 질문에 자신 있게 긍정적으로 대답할 수 없는 사람이라면 누구나 이 소설의 주인공처럼 삶의 공허함으로부터 한두 번쯤 일탈을 꿈꿔보지 않겠는가.

삶의 무의미성에 대한 이런 주관적 느낌의 배후에는 물론 사회구조적 문제가 도사리고 있다. 미국의 독립혁명과 프랑스 대혁명을 거치면서 자유와 평등은 서구의 사회적 이념으로 확고하게 자리 잡았다. 이런 이념이 선택한 정치 체제가 민주주의이다. 민주주의 사회는 자유롭고 개성적 삶을 선양하지만, 알렉시스 드 토크빌(Alexis de Tocqeville)이 일찍이 지적한 대로, 실제로는 다수의 여론몰이에 의해 획일화를 강요하는 체제이기 십상이다. 게다가 산업화·도시화의 가속으로 현실은 점점 더 억압적인 규율사회로 바뀌어간다. 이처럼 이념과 현실의 간극이 심할 때, 사람들은 때때로 그런 모순적이고 억압적인 사회로부터 도망치고 싶은 유혹을 느끼기 마련이다. 웨이크필드의 가출은 이런 사회적 일탈의 일종이라고 말할 수 있다. 그는 집을 떠나 있던 20년 동안 철저한 은둔의 삶을 살았다. 그는 외출할 때 가발을 쓰고 옷차림을 달리하여 자신의 신분을 감추었다. 요컨대 그는 모든 사회적 관계로부터 자기 추방을 단행한 것이다. 이런 시각에서 본다면 일탈의 욕망은 힘겨운 사회적 현실로부터의 도피욕을 내포하고 있다고 볼 수 있다.

호손의 소설세계에는 자신의 신분을 숨긴 채 가면의 삶을 사는 인물들이 많이 등장한다. 『주홍글자』의 칠링워스, 『일곱 박공의 집』의 홀그레이브, 『블라이데일 로맨스』의 커버데일과 같은 인물들이 대표적이다. 이들은 모두 사회적 현실에 연루되기를 거부하고 그것을 일방적으로 관찰하는, 호손의 표현을 빌리면, 폴 프라이(Paul Pry)적 존재들이다. 웨이크필드는 이 알레고리 풍의 이름에 내포된 '엿보는' 삶의 방식을 가장 적나라하게 보여주는 인물이다. 사회 속의 일원으로 참여하길 원하면서 동시에 그 촘촘한 네트워크로부터 도피하고자 하는 욕망에 시달리는 인물들에 대한 호손의 집착은 그가 자신이 살았던 19세기 미국사회를 불안한 일상성이 엄습한 사회로 증언하고 있다는 뜻이다. 반복되는 일상과 잘 드러나지 않는 사회적 압박감, 그로 인한 공허감과 소외감은, 프랑스의 사회학자 앙리 르페브르(Henri Lefebvre)가 환기시키듯이, 일상성이 지배하는 현대적 삶의 가장 중요한 특징이기 때문이다. 이런 점에서 호손은 진부한 일상성의 이면에 스며 있는 삶의 부조리를 집요하게 응시한 카프카(Franz Kafka)나 히치콕(Alfred Hitchcock)의 선구자라고 말할 수 있다. 르페브르는 일상성의 문학적 전범을 조이스의 『율리시스』에서 찾고 있으나, 호손은 서구사회에서 일상성의 문제를 적어도 1830년대 산업화의 초기까지 소급해서 생각해야 함을 일깨우고 있다(「웨이크필드」는 1835년에 발표되었다).

삶의 무력감과 소외감을 자극하는 현대사회의 일상성은 그로부터 일탈을 갈구하면서도 동시에 그 체제로부터 탈락될까 봐 전전긍긍하게 하는 이중성을 특징으로 한다. 현대의 샐러리맨들은 변함없이 반복되는 지겨운 일상을 저주하면서도 거기에서 배제되지 않을까 두려움에 떤다. 여기에는 호구지책의 상실 못지않게 사회적 삶의 실종에 대한 두려움이 깔려 있다. 호손 또한 일상성의 이 같은 양면성을 인지하고 있었음이 분명하다. 이야기의 말미에 이 소설의 궁극적 교훈으로 인간은 자신이 속하는 사회 체제로부터 한순간이라도 벗어나면 자칫 자신의 자리를 영원히 잃고 "우주의 추방자"로 전락하고 만다는 점을 특기하고 있기 때문이다. 퇴직자들 중에 은퇴 이후에도 오피스 공간을 마련해놓고 할 일이 있든 없든 매일 일과처럼 그곳으로 출근하는 사람이 더러 있다. 이들은 규칙적인 삶을 이어가는 것이 건강에 좋다는 식으로 자기변호를 하지만, 그 나변에는 사회적 관계라는 호명부에서 자신의 이름이 삭제되어버리지 않을까

하는 불안감이 없다고 할 수 없다. 곰국을 끓여놓고 출타하는 아내를 불안스레 바라보는 남편의 심리도 마찬가지일 것이다.

결국 인간은 사회적 동물일 수밖에 없다는 진부한 명제로 돌아온다. 경쟁적이고 억압적인 사회에서 살아가는 것이 고통스럽긴 하지만 그런 사회로부터 소외되는 것은 한층 더 두려운 것이다. 지겨운 밥벌이 생활을 그만두면서도 사람들은 이내 그 구속의 일상을 아쉬워하는 심리에 사로잡히고 마는 것이다. 일탈의 욕망에 이끌려 여행을 떠나와서도 사람들이 한시도 손에서 스마트폰을 놓지 못하는 것도 그 때문일 것이다. 그럼에도 불구하고 일상의 탈출이라는 환상에 거듭 매혹되는 것은 생존경쟁이 날로 심화되고, 삶이 점점 더 삭막해지고, 관계의 그물망이 더 조밀하게 나날의 삶을 에워싸 오고 있기 때문일 것이다. 그러나 어쨌든 기억해야 할 것은 이런 일상의 삶이든 그것으로부터 비껴서 있다고 착각하는 삶의 시간이든 모두 짧고 소중한 우리 삶의 일부라는 사실이다. (2014)

## ❖ 어머니의 마지막 날들

어머니는 너무나 편안한 모습이었다. 핏기가 가신 하얀 얼굴이 더할 수 없이 맑아 보였다. 마지막 가시는 길을 지켜드리지 못한 죄책감을 억누르며 요양병원 별실에 들어섰을 때 어머니는 그런 모습으로 누워 계셨다. 운명하신 지 채 한 시간이 못 미쳤다. 연락을 받고 병원으로 달려오는 사이 어머니는 이승의 강을 건너 저 세상으로 떠나버리신 것이다. 여든일곱 해 동안 희생과 인고의 삶을 살아오신 어머니는 그렇게 세상을 떠나셨다.



어머니와 이제 더 이상 함께 할 수 없다는 생각에 가슴이 복받쳐 오르면서도 다른 한편으로는 그 끔찍한 고통을 이제 겪지 않으셔도 되겠구나 하는 안도감이 섞어들기도 했다. 어머니는 마지막 한 달여를 그렇게 문자 그대로 단말마의 고통 속에서 사셨다. 뼈마디만 남은 양 팔뚝은 주삿바늘 자국으로 온통 퍼렇고 입과 코에 호스를 끼운 채 숨을 가쁘게 몰아쉬는 모습을 지켜보면서 나는 세상을 버리는 것이 이토록 힘든 것인가라는 불효막심한 생각을 한 것이 한두 번이 아니었다.

어머니가 돌아가시게 된 것은 따지고 보면 그 결핵균 소동 때문이었다. 한 달여 전 어머니는 감기에 걸리셨다. 노인들은 무엇보다

감기를 조심해야 한다는 것이야 익히 들어 알고 있었지만 요양병원에 계시는 동안 이따금 감기에 걸렸다가 회복되신 적도 있고 해서 그다지 걱정하진 않았었다. 그러나 며칠간 고열이 지속되더니 어머니의 감기는 폐렴으로 번졌다. 고열로 정신이 혼미해진 어머니의 코에는 산소호흡기가 끼워지고, 고단위 항생제가 처방되고, 이따금 차오르는 가래를 강제로 뽑아내야 했다. 이런 상태가 며칠 이어지고 있었는데 의사가 보호자를 찾았다. 불길한 마음으로 진료실로 들어섰다. 의사는 어머니에게 투약하는 항생제에 내성이 생기지 않았는지 가래 검사를 해오고 있었는데 거기에서 결핵균이 검출되었다고 했다. 법정 전염병인 결핵균이 검출되면 보건진료소에 보고하고 보균자를 요양병원에서 퇴원시키는 것이 정해진 규정이라고 의사는 어머니의 퇴원을 요구했다. 기가 막혔다. 고열로 의식이 없다시피 한 분을, 그것도 한겨울에 어디로 옮긴단 말인가. 그냥 이대로 격리해 치료해줄 수 없느냐고 통사정을 했으나 요양병원 원장까지 나서서 자기들로서는 어쩔 수가 없으니 인근 병원으로 옮기라는 것이었다. 원장에게 몇 차례 더 사정을 했으나 노약한 다른 입원자들에게 감염되면 어떡하느냐며 다그치는 바람에 하는 수 없었다.

구급차를 불러서 인근 종합병원의 응급실로 향했다. 어머니는 혹한의 날씨에 산소호흡기를 낀 채 얇은 환자복 차림으로 차가운 구급차 의자에 짐짝처럼 뉘어지고 그런 상태로 인근 병원으로 옮겨졌다. 나는 요양병원 측에 어머니의 진료 기록을 모두 요청해서 종합병원에 전달하고 그동안의 경과를 자세히 설명했지만, 이전 기록들은 무용지물인 듯 입원과 더불어 온갖 검사가 다시 시작되었다. 의식이 거의 없다시피 한 상태에서 어머니는 피검사, 소변검사, 엑스레이 및 CT 촬영 등등을 모두 거쳐야 했다. 응급실에서 이틀을 이렇게 지내고 나서야 담당 의사가 일반 병실로 옮겨 검사 결과를 기다리라고 했다. 혼수상태를 가까스로 면한 터에 일반 병실에 계시는 것은 아무래도 무리인 것 같아서 나는 어머니를 중환자실로 옮겨달라고 요구했다. 의사는 중환자실의 격리 병실에 이미 다른 사람이 입원해 있어서 안 되고 격리의 필요상 아무도 없는 일반 병실로 옮겨야 한다고 목청을 높였다.

일반 병실에서는 간호와 관심 기울이는 것이 중환자실 같지 않을 터이고, 혼미한 상태에서 자칫 실수라도 하면 치명적일 수 있다는 불안감 때문에 망설이며 재차 중환자실 치료를 부탁했지만 담당 의사는 막무가내였다. 하는 수 없이 일반 병실로 옮긴 후 아무래도 간병인이 있어야 할 것 같아서 간병인을 수소문했으나 구할 수가 없었다. 담당자의 말인즉슨 구정이 임박해 있는 데다가 결핵검사의 결과를 기다리는 환자라고 하니 아무도 나서지 않는다는 것이었다. 나중에 다른 사람에게 들으니 전염병 보균자라고 하면 아무도 간병을 하려고 하지 않으니 일단 사람을 부른 후 그때 사실대로 말하고 간병비를 부르는 대로 주고 부탁할 수밖에 없다는 것이었다. 아무튼 간병인도 없이 일반 병실에서 지낼 도리밖에 없는 처지였다.

어머니의 병상을 지키며 밤을 새고 있는데 야간 당직 의사가 순회차 병실에 들렀다. 나는 지푸라기를 잡는 심정으로 다시 그 의사에게 하소연을 했다. 환자의 의식도 거의 불명이고, 간병인도 구할 수 없고, 낮에는 자리도 잠시 비워야 할 것 같은데 어떻게 하면 좋겠느냐고 상의조로 물었다. 그는 내 하소연을 듣고, 어머니의 상태를 확인한 후, 딱한 처지에 공감했는지 잠시 기다려보라고 한 후 방을 나갔다. 그리고 얼마 후 돌아와서 중환자실로 옮기라는 것이었다. 응급실 의사는 막무가내로 안 된다고 했는데 그보다 나이가 어려 보이는 젊은 의사가 그 불가능하다던 일을 어떻게 가능한 일로 바꿔놓을 수 있었는지는 지금도 미스터리이다.

중환자실의 한쪽 귀퉁이를 차지한 어머니는 혼미한 상태로 내내 눈을 감고 누워 계셨다. 하루에 두 번씩 가능한 면회 시간에 식구들이 번갈아가며 어머니를 찾아뵈었지만 별반 차도가 없이 그런 상태가 지속되었다. 그렇게 거의 2주일가량이 흐른 후 어머니는 조금씩 정신을 되찾는 것 같았다. 식구들이 부르면 눈꺼풀을 조금씩 움직이고 표정이 달라지는 것 같았다. 이번에도 어머니가 결국 기력을 되찾을 수 있을 것이라는 가능성이 엿보이면서 나는 내심으로 어머니의 강인함에 경탄하며 안도했다. 코와 입에 여전히 호스가 끼어 있고 양팔에도 링거 주사가 꽂혀 있으며 차오르는 가래로 내내 숨을 헐떡이셨지만 내겐 그런 희망이 보이기 시작했다. 어머니는 그 사이에도 몇 차례 위기를 겪으셨고 그때마다 결국 회복하셨던 것이다.

작년 이맘때였다. 서재에서 책을 읽다가 자정 무렵 잠자리에 들었는데, 잠들기 전에 어디선가 쿵하는 요란한 소리가 났다. 일어나 살펴보려다가 다른 집에서 나는 소리려니 하고 그냥 잠을 청했다.

그리고 한밤중에 전화벨이 울렸다. 요양원이었다. 어머니는 그 전해 7월부터 요양원 생활을 하고 계셨다. 2~3년 전부터 치매기가 있었지만 생활이 불편할 정도는 아니셨다. 그러나 그 무렵부터 연로한 아버지가 감당할 수 없을 정도로 증상이 심해지셨다. 가족들과 상의 끝에 결국 요양원에 어머니를 모시기로 했던 것이다. 어머니는 간혹 저녁에 잠을 자지 않고 집에 가겠다고 소리를 지르곤 해서 간호사들을 당혹하게 만들기도 했지만 요양원 생활에 차츰 적응하며 큰 문제없이 생활해오고 계셨다. 불안한 마음으로 전화를 받으니 어머니가 고열이 심해서 아무래도 병원으로 옮기는 것이 좋겠다는 요양원 간호사의 다급한 목소리가 들려왔다. 시계를 보니 두 시가 조금 지나 있었다.



요양원에 갈 채비를 하느라 서재 방에 들렀다가 벽시계가 방바닥에 떨어져 산산조각이 나 있는 것을 발견했다. 잠들기 전에 들었던 소리가 바로 이것이었던 것이다. 가슴이 철렁 내려앉았다. 멀쩡한 시계가 벽에서 떨어져 산산조각이 난 것이 삶의 단절을 예고하는 어떤 불길한 전조로 다가왔기 때문이다. 서둘러 요양원에 가서 어머니를 모시고 가까운 종합병원으로 향했다. 병원에 이르기까지 말씀을 띄엄띄엄 하시던 어머니가 응급실에 들어서자마자 혈압이 급격히 떨어지면서 혼수상태에 이르렀고 당직 의사는 만일의 경우를 대비해야겠다고 말했다. 창졸간의 일이라 나는 너무나 놀랐다. 그리고 간밤에 떨어져 박살이 난 시계가 자꾸 마음에 걸렸다.

놀랍게도 나는 바로 며칠 전에 Y시인으로부터 구재기 시인이 쓴

「추가 서면 시계도 선다」라는 제목의 시를 배달받아 읽은 터였다. 해외여행 길에서 만나 알게 된 Y시인은 좋은 시를 골라 지인들에게 이메일을 통해 정기적으로 전해주는 일을 수년째 계속하고 있었는데 나도 그의 전송자 목록에 오르는 행운을 누리고 있었다. 그 무렵 전송받은 시들 중에서 가장 마음에 와닿아서 몇 차례 음미하며 읽은 시였다. 첫 연은 이렇게 시작된다.

길이 길로 이어져
끝이 보이지 않는다고
어찌 가던 길을
멈출 수 있으랴

시인은 추가 서면 시계도 멈추기 마련이라는 평범한 사실을 환기시킨 후 어떤 경우라도 추를 멈추지 말고 묵묵히 제 갈 길을 걸어가야 한다고 시를 마무리했다.

비록 낯설고
어둡다 하더라도
추의 흔들림은 멈출 수 없다
삶의 시각을 멈출 수는 없다

이 시구가 아직 강렬하게 머리에 남아 있었기 때문에 어머니의 추가 멈출지 모른다는 불안감이 한결 컸었다. 어머니는 다행히 생사의 고비를 몇 차례 오가다가 시인의 희원처럼 추를 멈추지 않고 다시 생명의 끈을 붙드셨다. 며칠 후 어머니는 기적처럼 원기를 되찾으셨던 것이다. 그리고 몸을 추스르신 후 지금의 요양병원으로 옮기셨다. 나는 그때 어머니에게서 운명의 힘에 맞서서 끈질기게 생명을 이어나가는 강인함의 한 전형을 보았고, 그것이 어머니가 나에게 마지막으로 가르쳐주고 싶었던 것이 아니었을까라는 생각을 했었다.

돌아보면 어머니의 삶은 우리의 굴곡진 현대사와 동행한 것이었다. 1930년, 일제 치하에서 태어난 어머니는 처녀 시절에 해방을 겪고, 정부수립을 한 1948년에 아버지와 결혼했다. 첫 아이를 낳은 지 얼마 되지 않아 육이오 전쟁이 나서 여기저기로 피난을 다녀야 했고 전쟁의 후유증이 자심했던 지역에 살면서 그 참상을 목도하며 하루하루를 보내야 했다. 전쟁이 끝난 후에도 궁핍을 면할 길이 없어 고난의 연속이었다. 가난한 종갓집 맏며느리로서 어머니는 이 모든 어려움을 이겨내며 육남매 자식들을 키워낸 것이다. 궁핍하고 힘들었지만 결코 포기하지 않는 인고의 삶이었다.

중환자실에서 2주일 동안 지내면서 어머니는 조금씩 나아지셨다. 열이 서서히 떨어지고 혈압과 산소포화도 등 제반 수치들이 안정적인 상태를 가리켰다. 의식이 뚜렷한 것은 아니지만 이전에 비해 안색도 나아지고 호흡도 한결 편안해 보였다. 담당의사가 마침내 말문을 열었다. 객담 검사를 여러 차례 해 보았지만 결핵균이 검출되지 않는다는 것이었다. 그는 요양병원 검사 과정에서 재료가 오염되어 결과가 잘못 나온 것 같다고 덧붙였다. 그리고 이제 안정적인 상태로 회복되었으니 퇴원하라고 말했다. 한마디로 어이가 없었다. 잘못된 검사로 인해 이 모든 소동이 벌어진 것이라니! 그 때문에 어머니가 엄동설한에 요양병원에서 이곳으로 강제 이송되다시피 하고 쇠진한 몸으로 온갖 검사를 다시 받은 것을 생각하니 분통이 터졌다. 그러나 퇴원해도 막상 돌아갈 곳이 마땅치 않았다. 하는 수 없이 어머니를 원래의 요양병원에 다시 모시기로 하고 담당자에게 재입원을 문의했더니 처음에는 받아줄 수 없다는 반응이었다. 자기네 오진 때문에 이 모든 사태가 벌어졌는데도 사과는커녕 오불관언의 태도였다. 아버지가 화를 참지 못하시고 강력히 항의하자 병원 측은 그제야 태도를 누그러뜨리고 어머니의 재입원을 허용했다.

어머니는 요양병원으로 돌아오신 지 3일 만에 결국 돌아가셨다. 돌아가시던 날 아침, 구토를 하셨는데 거기에 피가 섞여 있었다. 병원 의사는 그동안 독한 항생제를 계속 투약한 탓에 위가 헐어 출혈이 생긴 것으로 추정하고 약 투약을 중지하고 궤양 치료를 우선해야겠다는 말을 했다. 그 후 이내 상태가 급격히 나빠지더니 몇 시간 후 운명하셨다. 나중에 진단서를 확인해 보니 사인이 호흡부전이었다. 추가 멈추면 시계도 멈춘다는 너무도 뻔한 어처구니없는 설명이 어머니의 마지막을 묘사하고 있었다. 문상객을 맞으며 장례를 모시는 동안 나는 운명의 광포함에 가세한 이 부조리한 현실을 곱씹으며 터져 나오는 오열을 삭여야 했다.

어머니를 장지로 모신 후 집에 돌아와 망연히 창밖을 바라보고 있노라니 흰 눈이 내린다. 눈발이 점점 거세지면서 커다란 눈송이들이 한동안 쏟아져 내렸다. 장례를 마치고 난 직후에 이렇게 눈이 쏟아지다니! 저 세상으로 가신 어머니의 마음 쓰심으로 눈구름이 잠시 운행을 멈추었던 것이었을까. 그러나 그런 상념도 잠시이고, 어머니가 눈 내리는 북망의 차가운 산기슭에 혼자 누워 계신다고 생각하니 가슴이 어찌할 바 모르게 시리고 아프다. 돌이킬 수 없는 별리의 아픔이 썰물져 내리자 내 마음은 다시금 삶의 허망함에 슬픔의 나락으로, 한없는 미궁으로 빠져든다. 땅에 떨어지면서 이내 녹아 흔적도 없이 사라지는 눈송이처럼 어머니는, 그 고달팠던 팔십여 성상의 세월은, 고난 속에서도 안간힘으로 만들어왔던 그 세계는, 결국 잊혀지고 사라져버릴 것이다.

흰 눈송이들이 이별의 꽃이 되어 시야를 뿌옇게 흐려놓는다.

이 세상 어디선가 이별의 꽃은 피어나
우리를 향해 끝없이 꽃가루를 뿌리고
우리는 그 꽃가루를 마시며 산다.
가장 가까이 부는 바람결에서도
이별을 호흡하는 우리

— 라이너 마리아 릴케, 「이별의 꽃」 전문

잿빛 하늘도, 흰 눈송이도, 헐벗은 나뭇가지를 흔드는 겨울의 미풍도, 사이사이 들려오는 도로를 달리는 자동차 소리도, 모두 별리의 호흡으로 가슴을 후빈다. (2016)

## ❖ 골싹함의 미덕

돌아가신 내 장인어른께서는 생전에 골싹하게 먹을 줄 알아야 비로소 어른이 된다는 말을 종종 하셨다. 배가 부를 때까지 먹지 말고 조금 아쉬운 듯할 때 수저를 놓을 줄 알아야 제대로 된 사람 구실을 할 수 있다는 것이다. 식탐과 무관한 경우에도 가끔 이런 말씀을 하셨던 것을 보면 매사에 과유불급의 교훈을 새겨서 행동하라는 훈계였다고 생각된다. 친숙한 말이 아니어서 처음 이 말을 듣고 사전을 찾아보았던 기억이 난다. 표준국어대사전에는 '골싹하다'는 '담긴 것이 가득하지는 아니하나 거의 다 찬 듯하다'로 뜻풀이가 되어 있다. 장인어른은 당신의 고향인 함경도 지방의 사투리라고 하셨으나 함경도만이 아니라 북한 지역에서 두루 통용되는 말이라는 것을 나중에 확인할 수 있었다. 컴퓨터 앞에 앉아 있는 시간이 늘어나면서 나는 요즘 이 말을 자주 떠올린다.

우리가 살고 있는 디지털 시대는 차고 넘치는 과잉의 시대이다. 어디를 보아도 정보가 넘치고, 욕망이 질펀하고, 권리 주장이 무성하다. 이 과잉의 문화를 남보다 조금이라도 더 누리기 위해 사람들은 한순간도 쉴 틈이 없이 스마트폰에, 태블릿에, 컴퓨터에 매달린다. 도무지 빈 시간이 없다. 언젠가 대학병원에 진찰을 받으러 간 적이 있다. 내 담당의사는 진찰실을 둘로 나누어놓고 촌각의 여유도 없이 양쪽을 오가며 바삐 진료를 보고 있었다. 대부분의 사람들은 이 의사처럼 촌분의 여유 없이 디지털 공간을 유영하느라 분망하다. 어떤 정보를 얻기 위해 인터넷에 들어갔다가 그것을 찾아보기 전에 다른 무수한 미끼의 유혹에 걸려들어 여기저기 클릭하다가 본래의 목적이 무엇이었는지조차 잊어버리는 경험을 해 보지 않은 사람은 드물 것이다.

인터넷은 클릭이 클릭으로, 일탈이 일탈로 이어지는 세계이다. 이 무한증식의 네트워크에 빠져들면 십중팔구 끝없는 미로에 갇히고 만다. 이 미로를 헤매는 빈도수가 증가하게 되면 사람들의 성격도 바뀌게 된다. 사람들은 브레이크가 파열된 자동차처럼 클릭의 충동에 사로잡혀 좌충우돌하면서 인터넷 공간을 휘젓고 돌아다닌다. 어떤 시인의 표현대로 '나는 클릭한다. 고로 나는 존재한다.'의 지경에 들어선 것이다. 그러다 보면 절제심이 희박해지고 매사에 조급해지고 성마르게 되기 십상이다. 인터넷 사이트를 물 위를 스쳐 지나가는 소금쟁이처럼 여기저기 서핑하다 보면 어느 한 대상을 응시하고 그것에 집중하는 능력도 점차 사라지고 만다. 성격만 바뀌는 것이 아니라 두뇌에도 변화가 온다고 한다. 하루 10시간 이상 인터넷을 사용하는 사람들의 뇌를 자기공명영상(MRI)으로 촬영해 봤더니 하루 2시간 미만 사용자에 비해 사고하는 중추를 담당하는 회백질이 줄어든 것으로 나타났다는 연구 보고가 있다. 인터넷을 과도하게 사용하게 되면 분석하고 숙고하고 상상하는 능력이 퇴화되면서 우리 두뇌는 즉각적인 자극에만 반응하는 이른바 '팝콘 브레인'으로 변하게 된다는 것이다.

인터넷 예찬론자들은 네트워크상에서 무엇이든 원하는 정보를 다 얻을 수 있는 것처럼 말하지만, 창의적 지식, 판단력, 상상력처럼 우리 삶에서 참으로 중요한 것을 인터넷은 제공해주지 않는다. 사실 인터넷에서 구득하고자 하는 지식과 정보는 대부분 단편적이고 일회적인 것이다. 잘 알려진 대로 정보를 얻기 위해 사람들이 가장 많이 방문하는 사이트의 하나인 위키피디아는 일종의 백과사전이다. 백과사전적 지식이란 상식적이고 일반적이며 당장의 궁금증을 풀어주는 단발적인 것이다. 그렇기 때문에 인터넷에서 얻은 지식과 정보는 기억의 저장고에 오래 남아 있지 않고 이내 망각의 바다로 흘러가버린다. 인터넷은 사람들을 망각에 익숙하게 만들고, 결과적으로 기억력의 퇴화를 조장한다.

그뿐만이 아니다. 인터넷 사이트들이 제공한 지식과 정보를 대다수의 사람들이 공유하기 때문에 사람들의 사고방식은 또한, 점점 균질화되고 획일화되어간다. 사람들은 시대에 뒤쳐지지 않기 위해서 필사적인 노력을 기울이지만 그것은 결국 지극히 획일적이고 범용한 것의 흐름에 합류하기 위한 것이다. 『보바리 부인』의 작가 플로베르(Gustave Flaubert)는 19세기 산업화된 부르주아 사회의 상투적인 시각과 생각을 수집하여 『통상관념사전』을 만든 바 있다. 일종의 상식 모음집이라고 할 수 있는 이 사전은 일견 그럴듯해 보이는 분석적 설명과 지식이 얼마나 공허하고 허위적인 것인가를 보여준다.

비유컨대 인터넷의 세계는 현대판 『통상관념사전』의 세계라고 할 수 있다.

1960년대 초에 '미디어는 메시지다'라는 명제를 유포시킨 마셜 맥루헌(Marshall McLuhan)은 전자 미디어가 고립된 개인을 옛 부족 마을과 같은 전 지구적 공동체로 통합시킬 것이라고 예언한 바 있다. 그의 예언대로 세계의 지구촌화는 날로 가속되고 있다. 그렇다고 세계가 그의 바람대로 파편화된 단자적 사회에서 공동체 정신으로 충만한 게마인샤프트적 사회로 가고 있는 것 같지는 않다. 네트워크를 통한 획일화된 생각과 정서의 공유로 사람들은 다만 몰개성화되었을 뿐, 마음과 마음이 만나는 진정한 소통은 별로 찾아볼 수 없다. 촘촘한 소통의 망을 갖추고 있지만 오히려 저마다 더 강고한 고립의 성채에 스스로를 유폐시키고 있다는 느낌이다.



2014년 KT경제경영연구소가 발표한 보고서에 따르면 한국인의 스마트폰 이용 시간은 하루 평균 3시간 39분이다. 2012년 3월 조사에서는 91분이었는데 2년 6개월여 만에 배 이상으로 늘어났다. 인터넷이나 이메일 사용까지 고려한다면 디지털 매체 이용에 쓰는 시간은 이보다 훨씬 많을 것이다. 스마트폰을 '시간 도둑'이라고 명명한 사람도 있는데 지하철을 타보면 이 말이 실감난다. 지하철에 탄 사람들은 앉아 있거나 서 있거나를 막론하고 열에 아홉은 스마트폰을 들여다보고 있다. 일전에 지하철에서 본 한 젊은 엄마의 경우는 스마트폰에 포획된 세태의 한 단면을 섬뜩하게 보여준다. 유모차를 끌고 차에 오른 이 여성은 오르자마자 서너 살쯤 되어 보이는 아이에게 게임기를 들려주고서는 자신은 내릴 때까지 아이와 눈 한 번 마주치지 않고 30여 분을 시종 스마트폰을 두드리고 있었다.

지금까지 인터넷과 스마트폰이 선도하는 디지털 시대의 어두운 그림자를 어렴풋하게 그려보았지만, 이들이 유용한 도구임을 부정할 수는 없다. 어떻게 보면 위에서 말한 인터넷의 역기능은 그 편익과 동전의 앞뒤 관계에 있다. 예전에는 소수만 향유할 수 있었던 지식과 정보와 문헌이 클릭만 하면 누구에게나 열릴 수 있다는 것은 가히 혁명적 변화이다. 오늘날 대중 민주주의가 전 세계로 확산된 것은 무엇보다도 인터넷의 공이다. 이제 우리는 인터넷과 스마트 기기가 없는 세상으로 되돌아갈 수는 없다. 문제는 현대 디지털 문명을 선도하는 이 도구들의 역기능을 최소화하면서 그것들을 현명하게 활용하는 길을 찾는 것이다.

디지털 미디어의 바람직한 활용 방안에서 맨 먼저 고려되어야 할 것이 절제라고 생각한다. 이들을 제한적으로 필요할 경우에만 적절히 활용한다면 우리 삶의 지평은 넓어지고 풍요로워질 수 있다. 앞서 말한 대로 일단 디지털 네트워크의 세계에 들어서면 유혹의 미끼가 사방에 널려 있어서 여기저기 클릭하고픈 충동을 이겨내기가 쉽지 않다. 식탐을 제어하여 골싹하게 먹는 것을 내면화할 필요가 있듯이 인터넷 매체도 골싹하게 활용하는 노력을 기울여 과도한 이용의 폐해에서 벗어나도록 해야 한다. 그러기 위해서는 막연한 다짐이 아니라 각자 나름의 구체적인 규칙을 정해서 실천할 필요가 있다. 일례로 하루 중 오전과 오후에 각각 최소한 1시간은 인터넷과 스마트폰을 들여다보지 않는다거나 일주일에 하루는 디지털 매체를 일절 들여다보지 않는 디지털 안식일로 정하고 이를 반드시 지키는 것이다. 디지털 기기의 폐해를 심각하게 우려하는 사람들이 최근에 벌이고 있는 디지털 디톡스 운동의 요체도 결국 그것들과 적절한 거리두기를 통하여 정신의 여유를 회복하자는 것이다.

골싹한 것은 미치지 못해서가 아니라 넘칠 수 있는데 자제하는 자세이다. 다시 말해 절제하고 자기 통제를 할 수 있어야 가능한 일이다. 절제는 단순히 억제하고 포기하는 소극적인 태도만을 의미하는 것이 아니다. 플라톤은 일찍이 바람직한 국가의 시민이 갖춰야 할 네 가지 미덕을 말하면서 절제를 그중의 하나로 꼽았다(나머지 셋은 지혜, 정의, 용기이다). 그것은 쾌락과 유혹, 더 나아가 외양과 선전에 휩쓸리지 않고 자기를 돌아보고 성찰하여 주체적 삶을 살고자 하는 의지이기도 하다. 절제를 뜻하는 그리스어 소프로시네(sōphrosynē)에는 자기성찰의 지혜와 실천이라는 뜻도 깃들어 있다. 단발적인 호기심을 자극하고 획일화된 정보의 물결에의 편승이 고창되는 디지털 시대에 자기 통제는 욕망의 억제를 넘어서서 자기 삶을 주체적으로, 또 디지털 네트워크에 포획된 상태로부터 벗어나 자발적으로 산다는 것을 의미한다. 골싹함이 이 시대에 필요한 미덕, 아니 하나의 사회적 윤리로서 강조되어야 한다고 생각하는 까닭이 거기에 있다. (2013)

## ❖ 이 한 장의 사진

> 사진은 고작해야 하나의 작은 목소리이다. 그러나, 이따금-정말 이따금씩, 한 장의 사진, 혹은 한 무리의 사진이 우리의 감각을 매혹하여 어떤 깨달음으로 이끄는 경우도 있다.
>
> — 윌리엄 유진 스미스

사진은 때로 많은 것을 말한다. 사진은 찰나의 한순간을 담고 있지만, 그 포착된 순간은 그 전후로 무수한 이야기를 종종 거느린다. 하나의 사진 이미지는 셔터가 눌리는 그 현전의 순간을 넘어서서 수 시간, 수 일, 아니 수백 년의 시간에 걸친 이야기를 함축할 수 있다. 사진의 이런 서사적 힘은 특히 보도사진이나 기록사진에서 두드러지게 나타난다. 로버트 카파(Robert Capa)나 윌리엄 유진 스미스(William Eugene Smith)의 사진들, 혹은 최근에 더욱 주목받고 있는 세바스치앙 살가두(Scbastião Salgado)의 다큐멘터리 사진들 중에는 시대의식 또는 시대의 혼을 표출하고 있는 강렬한 이미지를 이따금 찾아볼 수 있다.

AP 통신 사진기자 잭 소넬(Jack Thornell)이 1966년에 찍은 「총격으로 쓰러진 메레디스」는 내게 그런 사진 중의 하나이다. 1967년

잭 소넬, 「총격으로 쓰러진 메레디스」, 1966

퓰리처상을 수상한 그 사진에는 시대의 아픔과 희망이 함께 서려 있다. 총을 맞고 고통스러워하면서도 분노의 눈길을 던지고 있는 제임스 메레디스(James Meredith)의 모습은 억눌려온 모든 사회적 타자들의 고달픈 삶의 증언이면서 동시에 그들을 짓밟아온 억압적 체제를 타파하자는 함성을 담고 있다. 흑인의 투표권 행사를 독려하는 흑인민권운동에 참여하고 있던 메레디스는 그 일환으로 테네시 주의 멤피스에서 미시시피 주의 잭슨까지 51번 도로를 따라 단독 행진을 시작했었다. 미시시피 주 남쪽 경계에 이르렀을 때 메레디스는 한 백인우월주의자의 총에 저격당했다. 사진기자 소넬은 총을 맞은 후 도로에 쓰러진 메레디스의 모습을 카메라에 담았다. 이 사진을 보고 있노라면 1960년대 미국 흑인민권운동의 소용돌이가 그대로 전해지는 느낌이다. 한 흑인민권운동가의 일그러진 고통의 얼굴을 클로즈업하고 있는 이 말 없는 사진은 온 세계에 울려 퍼졌던 시대의 함성, 바로 그것이다.

메레디스는 1962년 흑인으로서는 처음으로 인종차별의 벽을 뚫고 미시시피 대학에 입학한 인물이다. 1954년 미국 대법원은 이른바 '브라운 대 교육위원회'의 판결을 통해 오랜 인종분리 관행이 위헌임을 천명했다. 그러나 미시시피 주를 비롯한 대부분의 남부 주들은 1896년 대법원이 '플레시 대 퍼거슨'의 판결에 의해 "분리하되 평등"이면 정당하다고 인정했던 짐 크로우 체제의 고수를 획책했다. 백인시민협회가 주동이 되어 남부 전역에서 대법원의 판결에 저항하는 조직적인 불복운동이 전개되었고 1956년에는 연방 하원의 원 81명과 상원의원 19명이 이들의 입장을 지지하는 '남부선언'을 발표하기도 했다. 백인들의 이런 불복운동은 대법원 판결의 정신을 살려 시민권을 되찾고자 하는 흑인들의 투쟁과 충돌할 수밖에 없었고, 1960년대의 흑인민권운동은 바로 이 충돌의 과정이자 그 역사라고 할 수 있다.

메레디스로 하여금 인종분리의 관행에 도전하도록 자극한 것은 케네디 대통령의 첫 연두교서였다. 1961년 1월, 취임 후 발표한 첫 연두교서에서 케네디 대통령은 인종이 다르다는 이유로 동료 시민들의 헌법적 권리를 부정하는 것은 국가의 양심을 혼탁하게 하는 일이라고 선언하고 인종분리의 철폐를 촉구했다. 이 말에 고무되어 메레디스는 미시시피 대학에 입학 허가를 신청했다. 군복무 후 흑인들만 다니는 잭슨 주립대학에서 2년 동안의 학업을 마친 그는 미시시피 대학으로 옮겨 공부를 계속하고자 했다. 그러나 대학 당국은 그의 입학을 거부했다. 1961년 5월, 메레디스는 자신의 학업성적이 뒤떨어지지 않았음에도 불구하고 흑인이라는 이유로 입학이 거부되었다고 미시시피 지방법원에 소송을 제기했다. 법원은 그의 손을 들어주어 미시시피 대학에 메레디스의 입학을 허가하라는 행정 명령을 내렸다.

이에 메레디스는 이듬해인 1962년 재차 입학 허가를 신청했다. 그러나 학기가 시작되는 9월, 미시시피 주지사 로스 바넷(Ross Barnett)은 자신이 지사로 재임하고 있는 한 흑백 통합은 용납할 수 없다고 선언하고 대학 측에 법원의 명령을 거부하라고 지시했다. 법원이 재차 명령 이행을 촉구하고 그렇지 않을 시 주지사를 체포하고 벌금형을 부과할 것이라고 통보하고 연방정부 또한 메레디스의 입학 허가를 촉구하고 나서자 백인 학생들이 나서서 미시시피 대학의 출입을 통제하는 등 소요가 발생했다. 이에 연방정부는 캠퍼스에 연방군을 투입했고, 이 과정에서 백인우월주의자들과 연방군이 충돌하면서 두 명이 사망하고 차들이 불타고 건물이 파손되는 불상사가 일어났다. 1962년 10월, 연방군이 캠퍼스를 장악하고, 당시의 법무장관 로버트 케네디(Robert Kennedy)가 주지사를 설득하고, 그의 형인 대통령이 나서서 법 집행을 가로막지 말라는 성명을 내고서야 메레디스는 미시시피 대학에 정식으로 등록할 수 있었다. 그는 인종차별이 극심했던 이 심남부(Deep South) 지방의 중심 교육기관인 미시시피 대학의 문을 연 최초의 흑인 학생이 된 것이다.

메레디스는 백인 학생들의 조소와 따돌림 속에서 어렵사리 학업을 마치고 이듬해에 정치학 학사 학위를 받았다. 졸업 후 그는 아프리카의 나이지리아로 건너가서 공부를 계속하다가 1965년 미국으로 돌아왔다. 그 후 메레디스는 컬럼비아 법대에 진학하여 1968년 졸업했다. 그 사이 흑인민권운동은 힘겨운 행보를 이어가고 있었다. 1957년 앨라배마의 주도 몽고메리에서 일어난 버스 보이콧 운동을 필두로 백인의 폭력과 가혹한 탄압 속에서 인종 분리와 차별에 항의하는 크고 작은 시위가 남부 전역으로 번져나갔다. 메레디스가 미시시피 대학을 졸업한 1963년에만 해도 마틴 루터 킹(Martin Luther King)이 선도한 버밍햄 시위와 약 20만 명의 흑인이 참가했던 유명한 워싱턴 행진이 있었고 이어 1965년에는 역시 킹의 주도 아래 투표권 쟁취를 위한 셀마 투쟁이 벌어졌다. 이런 일련의 노력이 사회적 공감을 얻으면서 결국 1964년의 민권법, 1965년의 투표권법의 제정이라는 소중한 결실로 이어지게 된 것이다.

메레디스의 1966년 행진은 남부 전역에서 일고 있던 투표권 쟁취 운동에 힘을 보태기 위한 것이었다. 그는 흑인들에게 두려워하지 말고 선거인 등록을 하고 지역선거와 총선에서 투표하라고 권유하는 데 앞장섰다. 투표에 나섰다가 백인들로부터 온갖 위협과 린치를 당했던 과거 짐 크로우 시절의 악몽 때문에 흑인들은 여전히 투표권 행사에 머뭇거리고 있었다. 그는 멤피스에서 잭슨에 이르는 51번 도로를 따라 354km의 거리를 "두려움을 넘어서기 위한 행진"(March Against Fear)이라는 구호 아래 단독 행진을 하기로 결심했다. 인종차별이 극심한 이 심남부의 중심 지역을 걸어서 무사히 통과한다면 흑인이 투표권을 되찾아 당당한 시민으로서 권리 행사를 하는 날이 올 것이라는 믿음에서였다. 그러나 그는 미시시피 주 경계선 바로 남쪽에서 백인이 쏜 총에 맞았다. 구조대의 도움으로 멤피스의 병원으로 옮겨져 수술을 받아 목숨을 건졌지만, 메레디스는 평생 몸속에 총알의 파편을 안고 살아야 했다.

그러나 그의 희생적 노력은 헛되지 않았다. 그의 피격 소식이 전해지자 킹을 비롯한 흑인단체의 지도자들이 서로 다른 입장을 접고 그의 뜻을 이어가기로 결의하고 행진에 참여했다. 메레디스도 병원에서 간단히 치료를 받고 다시 이 행렬에 참여했다. 행렬이 목적지인 잭슨에 이르렀을 때 참가자는 18,000여 명으로 늘어났다. 그것은 미시시피 주 역사상 가장 많은 사람들이 참여한 시위였다. 이 행렬에 참가했던 비폭력 학생운동위원회(SNCC)의 지도자 스토클리 카마이클(Stokely Carmichael)은 이 같은 흑인의 결집된 힘에 고무되어 "흑인의 힘"(Black Power)이라는 용어를 처음 썼는데, 그 말은 훗날 흑인민족주의운동의 슬로건이 되었다. 아무튼 4,000명 이상의 미시시피 주 흑인들이 행진 기간 중 유권자로 등록을 했고, 그 후 치러진 선거에서 미시시피의 흑인 투표율도 가장 높았다. 이처럼 메레디스의 1966년 행진과 그의 피격 사건은 흑인민권운동사의 또 하나의 분수령이 되었고, 소넬의 사진은 그 역사적 순간을 후세에 전하고 있는 것이다.



2002년, 미시시피 대학은 흑백통합 40주년을 기념하여 메레디스를 기리는 기념물을 세우기로 하고 모금 운동을 펼쳤다. 모금 과정이 순탄하지만은 않았지만 어쨌든 기금이 모아져서 2006년 마침내 메레디스의 동상과 개선문 형상의 기념물이 캠퍼스 내에 건립·봉헌되었다. 나는 2008년 7월, 윌리엄 포크너 연례 학회에 참석차 이곳 미시시피 대학에 들러 메레디스의 동상과 기념물을 가까이서 둘러볼 기회가 있었다. 한여름의 캠퍼스는 고즈넉했고 작열하는 햇살 아래 곳곳에 피어 있는 분홍빛 도금양이 자아내는 몽환적 분위기로 인해 시간이 정지된 듯한 느낌마저 들었다. 캠퍼스의 중앙 부근의 광장, 메레디스가 1962년 법무부 직원의 호위 아래 역사적인 입학 등록을 한 옛 라이시엄 건물 앞에 자리 잡고 있는 기념물은 실물 크기에 가까운 전신상의 메레디스가 원형의 가두리에 둘러싸인 문을 향해 걷고 있는 형상이었다.

넥타이를 맨 모습의 메레디스는 소박하면서도 의연하고 앞을 응시하는 눈길은 결의에 차 있으면서도 담담한 표정이다. 인종분리의 역사를 깨뜨린 영웅적 인물에게서 기대됨직한 지사적 풍모나 드라마틱한 제스처와는 거리가 먼 모습이다. 걷고 있는 그 자태는 분명 1966년의 행진도 염두에 둔 것이리라. 동상의 제작자는 어쩌면 메레디스와 1960년대의 민권운동 지도자들이 이루고자 했던 참다운 의미의 자유와 평등이 보장되는 사회는 그렇게 극기적인 자세로 스스로를 성찰하며 한 걸음 한 걸음 나아갈 때나 가능한 것이라는 메시지를 전하고 싶었는지도 모른다. 기단에 부착되어 있는 작은 명판에는 "미국 민권운동의 주역이었던 그는 모든 시민들이 정의와 평등의 길로 나아가는 데 기여했다"라는 문구가 보인다.



메레디스의 동상은 억압과 불의로부터 해방된 사회를 향해 끊임없이 걸어온 역사의 표상이자 그런 미래를 향해 계속 전진해가고자 하는 결의와 소망의 기표처럼 보인다. 걷고 있는 메레디스의 모습은 소넬의 퓰리처상 사진을 다시금 떠올리게 만든다. 메레디스는 총을 맞고 길가에 쓰러져 엎드려 있는 것이 아니다. 그는 고통 속에서도 몸을 옆으로 젖혀 세우고 힘겹게 그 부상당한 몸을 끌고 피격당한 길 밖으로 나가고자 한다. 마치 세상의 길이 막히면 길 밖으로 나가서 새로운 길을 열어 그 대장정을 계속하겠다는 듯이.

메레디스가 마주 선 문 형상의 기념물 전면 위에는 '용기'(Courage)라는 단어가 새겨 있고, 그 밖의 다른 면에도 각각, '기회'(Opportunity), '인내'(Perseverance), '지식'(Knowledge)이라는 단어가 새겨 있다. '용기'와 '지식'이라는 말은 수긍이 되는데 왜 '기회'와 '인내'라는 단어가 함께 새겨져 있는 것일까? '평등' 혹은 '자유' 아니면 '정의'라는 단어들이 더 어울릴 법한데…. 이제 도래할 세계의 문지방에 들어섰을 뿐이니 기회를 기다리고 더 인내하라는 메시지인 것인가. 이 궁금증의 해답을 찾지는 못했으나, 그것은 나중에 미시시피 대학 도서관을 둘러보다가 열람실 벽면에 "인간은 견디는 것에 그치지 않고 이겨낼 것이라고 나는 믿는다"(I believe that man will not merely endure: he will prevail)라는 포크너의 노벨상 수상 연설문의 한 구절이 걸려 있는 것을 보면서 다소 해소되었다. 포크너는 표현은 다르지만 같은 의미의 단어("endure")를 쓰며 인내할 것을 강조하고 있는데, 참고 기다리는 것이야말로 남북전쟁에서 패배한 이후 남부인의 의식 심층에 자리 잡고 있는 남부적 정서라는 점을 환기시켜주었기 때문이다. 메레디스 기념상은 과거를 기리는 것이지만 그것이 전하고자 하는 메시지는 여전히 인내하면서 도래하길 기다려야 할 미래를 향한 것이다. (2008)

# 제3부 어떤 길 위에서

## ❖ 팔라우의 밤낚시

오늘날 여행은 한마디로 일상으로부터의 탈출로이다. 대부분의 사람들은 그저 떠나기 위해서 여행길에 나선다. 떠날 수만 있다면 목적지야 어디든 사실 상관이 없다. 따분한 일상, 그 쳇바퀴처럼 반복되는 무미한 일과로부터 잠시라도 도피하고픈 욕망에서 여행을 떠나는 경우가 대부분이기 때문이다. 여행을 통해 인식의 지평을 넓히고 보다 풍요한 삶을 구가하라는 여행사의 호객 문구는 시대착오적인 수사이기 십상이다. 클로드 레비-스트로스(Claude Lévi-Strauss)는 1937~1938년 사이에 아마존을 여행하고 쓴『슬픈 열대』의 서문에서 이미 여행은 이제 더 이상 "꿈같은 약속이 든 마법의 상자"가 아니라고 선언했다. 실제로 여행지에 가보면 기대했던 보석은 변색된 것이거나 모조품이기 일쑤인 것이다. 더욱이 주어진 일정에 따라 다수가 함께 움직이는 오늘날의 관광 여행에서 개인적인 유일무이한 체험을 기대하는 것은 애당초 무리이다.

물론 모든 여정이 관광 포인트를 바쁘게 돌아다니며 더러 눈에 띄는 이국적인 것을 그저 눈요기로 흘려보내는 것으로 시종하는 것만은 아니다. 드물긴 하지만 여행 중의 어떤 체험은 몰각하고 있던 삶의 한 단면을 홀연 환기시키기도 하고 익숙한 일상사를 새롭게 음미해 보도록 만들기도 한다. 친숙하면서도 낯설게 다가오는 이런 체험은 대개 독특하고 이색적이라기보다는 오히려 일상적이고 친숙한 광경과의 조우에서 비롯되는 경우가 많은데, 차이가 있다면 지금까지와는 다른 맥락에서 그것을 접하게 된 점일 것이다. 얼마 전 친구들과 함께 다녀온 서태평양의 섬나라 팔라우에서의 밤낚시가 내게는 그런 체험 중의 하나였다.

필리핀의 마닐라에서 남동쪽으로 약 1,600km 떨어진 팔라우는 크고 작은 250여 개의 섬으로 이루어져 있는데 전 인구가 2만여 명에 불과한 작은 섬나라이다. 오랫동안 일본의 식민 치하에 있다가 2차 세계대전 이후 미국의 신탁통치를 받아왔고 1994년에 이르러 마침내 독립을 쟁취한 나라이다. 서쪽으로 필리핀과 인도네시아, 동쪽으로 미크로네시아 연방, 그리고 멀리 남쪽 바다에 인도네시아령 서뉴기니가 자리 잡고 있다. 팔라우 열도는 산호초가 발달하여 주변 풍광이 아름답고 해양생물이 풍부하여 스쿠버 다이버들에게 특히 인기 있는 지역으로 소개되어왔다. 인천에서 비행기로 4시간이면 닿을 수 있는 팔라우는 근래에 그 비경이 널리 알려지면서 이곳을 찾는 우리나라 관광객의 수도 증가하고 있다고 한다.

인구가 제일 많은 코로르 섬의 한 호텔에 여장을 푼 우리 일행은 다음 날부터 정해진 일정에 따라 섬 풍광의 탐색에 나섰다. 코로르 주변에는 화산 폭발로 형성된 용암 덩어리들이 마치 버섯처럼 동그란 형상으로 풍화되어 바다에 점점이 떠 있는 작은 바위섬, 곧 록 아일랜드(rock island)들이 산재해 있다. 유네스코 세계자연유산으로 지정되어 있는 이 바위섬들 사이, 코발트색으로 때로는 옥빛으로 투명한 바다에 다채로운 산호가 자라고 있고 그 사이를 형형색색의 열대어들이 누비고 다니며 환상적인 풍경을 연출한다. 여행 가이드로부터 스노클링 요령을 간단히 강습받은 다음 우리 일행은 스노클링 장비를 갖추고 배에서 뛰어내려 바다 속 비경을 구경하는 데 한나절을 보냈다. 그 다음에는 죽은 산호와 조개껍데기들이 잘게 부서져 하얀 분말로 퇴적되어 있어서 특이하게 뿌연 우윳빛을 띠고 있는 바다, 곧 밀키 웨이(Milky Way)로 이동하여 바다 밑바닥에서 건져낸 젖빛 산호 진흙을 온 몸에 바르는 머드팩을 즐겼다. 이어서 썰물 때 물이 빠지면서 드러나는 섬과 섬을 이어주는 바닷길인 롱 비치를 걸으며 또 한나절의 시간을 보냈다. 바다에서의 이런 체험들은 흔히 할 수 있는 것이 아니기 때문에 우리 일행은 그 흥취를 만끽했다. 더 이색적인 것은 코로르 남단의 작은 섬에 있는 담수호인 해파리 호수(Jellyfish Lake)에서의 스노클링 체험이었다. 언뜻 해바라기 꽃을 연상시키는 무독성의 작은 해파리들이 떼를 지어 군무를 추듯이 부유하는 모습이 장관이었다.

세계에서 제일 멋진 해양 비경으로 손꼽히는 곳이지만 팔라우는 태평양 전쟁 때 일본과 미국의 격전지였다. 인근의 펠렐리우 섬을 사이에 둔 2달간의 쟁패에서 양측은 현재 팔라우 전체 인구에 맞먹는 2만여 명의 사상자를 냈다. 전쟁의 상흔은 곳곳에서 목격된다. 록 아일랜드의 몇몇 해식 동굴에는 아직 바다를 향해 뻗쳐 있는 녹

팔라우, 록 아일랜드 풍경

슨 포신들이 더러 눈에 띄고 밑바닥에 가라앉아 이제는 물고기들의 어초 노릇을 하고 있는 전함의 잔해를 유람선에서도 볼 수 있었다. 참혹한 아귀다툼의 살인도구들이 이제 수중 볼거리가 되어 관광객의 시선을 끌고 있으니 세월의 엇바뀜을 이 해양낙원에서도 실감하게 된다.

정해진 일정이 마무리된 여행의 마지막 날 저녁 우리는 여로의 대미를 장식하기 위해 밤낚시를 가보기로 했다. 이른바 옵션 관광이었다. 그러나 오후부터 비가 내리기 시작했다. 저녁이 되어도 비가 그치지 않자 생각을 접고 호텔에서 쉬고 있는데 낚시가 가능할 것 같다는 여행 가이드의 전갈을 받았다. 일행은 바닷가로 나가서 낚싯배에 올랐다. 빗줄기가 약해지기는 했으나 여전히 꽤 세차게 내려서 낚시를 과연 할 수 있을까 하는 의구심이 드는 가운데 배는 난바다를 향해 쏜살같이 달려나갔다. 우리가 묵고 있는 코로르 섬이 대양의 한가운데에 있으니 낚시도 얼마 떨어지지 않은 인근의 바다에서 행할 것으로 예상하고 있었는데 우리가 탄 배는 수십 분이 지났는데도 멈출 줄 모르고 질주했다.

비는 계속 내리고, 밤바다는 칠흑같이 어둡고, 질주하는 배는 날선 파도에 이따금 곤두박질치면서 간담을 서늘하게 했다. 주항 거리가 길어지면서 일행은 밤낚시에 대한 흥분 대신 엄습하는 불안감으로 말수가 점점 줄어들었다. 얼마를 더 가야 하느냐는 누군가의 질문에 좀 더 가야 한다는 가이드의 맥 빠진 대답이 돌아오자 일행 중의 또 다른 누군가가 위험에 아랑곳하지 않고 한 푼이라도 더 챙기려는 가이드의 꾐에 빠진 것 같다고 속삭이면서 두려움은 점점 커져갔다. 빗발이 조금 더 굵어지고 배의 출렁거림이 한층 심해지면서 두런거리던 말소리마저 사라지고 괴괴한 어둠의 침묵이 선상을 지배했다. 들리는 것은 뱃전을 사납게 몰아치는 파도 소리와 보트를 구동하는 엔진의 굉음뿐이었다. 모두 칠흑 같은 밤바다의 어둠에 포획된 채 내심으로 커져가는 공포감에 젖어 몸과 마음을 웅크리고 있음이 분명했다.

문득 우리 일행은 레테 강을 건너는 망령들이고 가이드는 이들을 인도하는 뱃사공 카론(Charon)이라는 방정맞은 생각이 내 머리를 스치고 지나갔다. 그러면서도 다른 한편으로는 바다의 광막함과 그 알 수 없는 심연이 마음속 깊이 체감되었다. 광폭한 이 무한경의 바다 앞에서 인간 존재는 얼마나 무력한 것인가. 인간 문명이란 또 얼마나 하잘것없는 것인가. 밤바다에서 공포에 사로잡혀 의식이 무화되면서 광대무변한 카오스적 존재의 세계, 철학자 에마뉘엘 레비나스(Emmanuel Levinas)가 '존재자 없는 존재'의 세계라고 표현한, 비인격적이고 익명적인 시원적 존재의 세계로 어쩌다가 들어와버렸다는 생각이 뒤를 이었다.

> 우리가 자아라고 부르는 것은 그 자체 밤 속에 휩쓸려버리며, 밤에 의해서 침범당하고 비인격화되고 질식되어버린다. 모든 사물이 사라지고 자아가 사라진 뒤에는 사라질 수 없는 것이 남는다. 즉 싫든 좋든 간에, 자발적인 주도권도 없이 익명적으로 모든 자들이 참여하

는 존재의 사실 자체가 남는다. 존재는 힘의 장으로서, 어떤 인격에도 속하지 않는 어떤 무거운 분위기로서 머문다.

— 에마뉘엘 레비나스, 『존재에서 존재자로』

인간 언어로 환원되지 않는, 의식 너머에서 흘낏 드러나는, 이 무인칭의 심연, 아득한 '분위기'로 다가오는 그 '있음'의 세계는 사실 여간해서는 체감하기 어려운 것이다. 일상의 세계에서 그것은 통제하기 어려운 어떤 한계 상황에서나 어렴풋이 감득될 수 있는 것이다. 사실 레비나스는 공포의 감정을 인간 존재가 의식이 박탈되면서 비인격적인 존재의 깨어남 속에 몰아넣어진 상태로 정의한 적이 있다. 순간적으로 이런 생각이 들면서 인간이 완전히 배제된 세계, 창조주의 손길이 미치기 이전의 그 무정형의 혼돈의 세계를 이 외진 태평양 한가운데에서 비로소 실감하게 된 뿌듯함이 그 와중에서도 내심 솟구쳤다.

두려움과 혼란에 휩싸인 상황에서 배는 어둠의 심연을 계속 질주했다. 이렇게 30여 분을 더 달려 어느덧 선착장을 떠난 지 거의 한 시간이 가까워질 무렵 빗줄기가 차츰 약해지더니 어느 순간 멈추고 구름이 걷히기 시작했다. 그와 동시에 어둠 속에서 하늘이 열리며 별들이 보였다. 무섭게 질주하던 배도 속도를 늦추더니 이윽고 엔진을 멈추었다. 아, 그 순간의 고요함이란! 일렁이던 파도도 어느새 잠잠해지고 배는 잔물결에 선체를 맡긴 채 조용히 흔들거렸다. 위를 올려다보니 초롱초롱한 별들이 검푸른 밤하늘을 눈부시게 수놓고 있었다. 멀리 수평선 너머로 눈을 돌리자 거기에도 별들이 명멸하며 쏟아져 내리고 있었다. 사람들이 광활한 사막이나 몽골의 초원 같은 개활지에서 보았다고 찬탄하는 별이 쏟아지는 현상이 필시 이런 것이리라.

우리는 저마다 뱃전에 자리를 잡고 낚시를 시작했다. 요령은 간단했다. 낚시 끝에 달린 추가 바닥에 닿는 듯한 느낌이 들 때까지 줄을 내리고 물고기가 미끼를 물기를 기다리는 것이었다. 가이드는 배의 주변을 돌며 이곳저곳에 가져온 작은 생선 미끼들을 살포했다. 얼마 지나지 않아 여기저기서 포획의 함성이 터지기 시작했다. 조금 전까지도 마음을 짓누르던 공포감은 씻은 듯 사라지고 일행은 고기잡이에 열중하여 고기가 낚일 때마다 환호성을 질러댔다. 낚시에 걸려 올라오는 고기는 대다수가 불그스레한 도미 종류였다. 씨알이 제법 굵어서 아주 작은 것도 손바닥만 했고 어른 팔뚝만한 크기도 여럿이었다. 나도 10여 분의 간격을 두고 팔뚝만 한 크기의 도미 두 마리를 낚았다. 물고기가 제법 크다 보니 낚싯줄 저편의 요동이 팽팽하면서도 묵직하게 손에 전해졌다. 혹자는 물고기를 잡는 것 그 자체보다도 물고기가 문 낚싯줄을 당기는 팽팽한 긴장감에서 전적으로 낚시의 즐거움을 찾기도 한다. 바다낚시는 낚싯대를 사용하는 민물낚시만큼 당기는 긴장감의 희열이 크지는 않지만 바닥까지 내려져 있던 줄의 미동으로 고기가 걸린 지 여부를 감지하는 만큼 고기에서 낚싯줄 그리고 손으로 이어지는 연동의 느낌이 각별하다.

낚싯줄을 당기는 긴장감 그리고 그 흥분의 실체는 무엇일까? 낚시와 개를 끌고 다니는 것을 비교한 어떤 생태학자의 글이 생각난다. 사람들이 개를 끌고 다니길 좋아하는 것은 줄을 통해서 자신을 넘어선 다른 생명 존재로부터의 끌림, 그 교감의 느낌 때문이라는 것이다. 마찬가지로 낚싯줄을 통해 전해지는 물고기의 생명력이 내 안에 깃들어 있는 생기와 감응하기 때문에 사람들이 낚시에 매력을 느낀다는 것이다. 요컨대 '생명의 끌어당김'(tug of life), 곧 생명과 생명의 교감이 두 행위를 관류하는 공분모이다. 나는 이에 덧붙여 낚시의 경우 '어머니 대지'(Mother Earth)와 낚싯줄이라는 탯줄을 통해 연결되고자 하는 근원적 충동 또한 그 매혹의 하나라고 말하고 싶다. 다시 말해 낚시는 생명체를 잉태하고 양육해주는 모성적 자연에 대한 근원적 향수를 자극하는 것이다. 그럴진대 물고기는 그 모성의 대지가 품을 떠나 방황하는 영혼에게 안부를 전달하는 전령이라고 말할 수 있으리라. 팔라우에서의 밤낚시를 통해 인간의 내면에는 우리 모두의 근원적 본향인 자연과의 교감을 회복하고자 하는 깊은 열망이 잠재해 있고, 낚시는 그런 열망이 분출되는 통로의 하나라는 것을 실감했다. 아울러 인간의 주체적 의식으로부터 환원된 순수한 존재의 세계가 결국 뭇 생명이 조화를 이루며 자발적으로 살아가는 생태계와 다름없다는 것도 새삼 깨달았다. (2011)

## ❖ 아름다운 집, 폴링워터

프랭크 로이드 라이트(Frank Lloyd Wright)는 건축의 근원적 의미를 진지하게 탐구한 드문 건축가였다. 그는 건물을 삶의 근원적 본향인 대지의 일부로 인식하고 장소의 공간적 질서를 최대한 존중하는 건축양식을 모색함으로써 미국의 건축예술을 세계적인 수준으로 끌어올렸다. 라이트의 명성은 무엇보다 자연환경과 조화를 이룬 가장 미국적인 건축양식의 창안에서 비롯된다. 건축가로서 그의 입지를 확고히 한 프레리 스타일 주택이나 그의 트레이드마크가 된 폴링워터, 그리고 뉴욕 구겐하임 미술관 건물은 모두 광활한 '자연의 나라'에서나 길어낼 수 있는 독특한 건축적 상상력의 소산이다.



건축물과 주변 환경의 조화와 통일성을 강조한 그의 '유기적 건축' 이론은 당시 장식적인 아르 누보 스타일에 젖어 있던 유럽 건축계에는 크나큰 충격이었다. 건축의 리얼리티는 지붕이나 외관의 벽 같은 건물 그 자체가 아니라 내부 공간이라는 그의 지론은 건축을 전혀 새로운 시각에서 볼 것을 요구했다. 건축의 본질에 대한 라이트의 이런 성찰을 바탕으로 현대건축은 개화했다고 해도 과언이 아니다. 그렇기에 사망한 지 거의 반세기가 흐른 오늘날에도 그는 건축의 근본을 물은 철학적 건축가로서, 또한 이른바 '녹색 건축'의 선구자로서 여전히 관심의 대상이 되고 있다.

70년에 걸친 건축가로서의 긴 이력에서 라이트는 1,141개의 건물을 설계했고, 이 중 532개를 실제로 건축했으며, 그중 409개의 건물이 현존한다. 이 가운데 가장 널리 알려진 건물이 펜실베이니아주, 밀런의 에드거 카우프만(Edgar Kaufmann)의 집, 즉 폴링워터이다. 폴링워터는 최근 미국의 건축가들을 대상으로 한 설문조사에서 지난 125년 동안 지어진 건축물 중 가장 훌륭한 건물로 선정되기도 했다.

폴링워터에 대한 이런 상찬은 우선 폭포 위에 집을 얹어 그것을 건축 공간의 일부로 탈바꿈시킨 파격적인 설계에서 비롯된다. 이런 대담한 건축적 상상력에 더하여 폴링워터는 건물 외관과 실내 공간, 내부 디자인과 가구, 색채와 조명에 이르기까지 건물을 이루는 모든 요소들이 주변 환경과 완벽한 조화를 이루면서 상호 간에 유기적으로 통일된 오케스트라적 구조를 과시한다. 폴링워터는 피츠버그의 부호 카우프만이 라이트에게 설계를 부탁하여 주말 별장으로 지은 집이다. 라이트는 카우프만의 부탁을 받고 1935년 9월에 건물 스케치를 시작하여 이듬해인 1936년에 건축에 착수해 1937년 말에 본채를 완성하고 이어 1939년 손님용 객실과 하인용 숙소를 덧붙여 건축을 마무리했다.

폴링워터가 위치한 밀런은 피츠버그에서 차로 약 2시간 거리에 있는 작은 마을이다. 집의 입구에는 방문자를 위한 안내 센터가 마

미국에서 가장 아름다운 집, 폴링워터

련되어 있다. 이곳에서 표를 산 후 널따란 내정으로 들어서서 얼마쯤 걸으면 산기슭에 안겨 있는 폴링워터의 모습이 눈에 들어온다. 먼저 집 전경을 보고자 한다면, 건물의 왼편 아래쪽에 떨어지는 폭포수와 더불어 집 전체를 조망할 수 있도록 마련되어 있는 작은 전망대가 안성맞춤이다. 이곳에 서면 원경에 뒤집어놓은 S자처럼 꺾이면서 두 번의 낙수를 만드는 폭포와 그 위에 서 있는 폴링워터의 자태가 드러난다.

건물의 전경에서 가장 두드러진 것은 폭포 위에 수평으로 뻗어 있는 두 겹의 테라스다. 떠받치는 기둥이 보이지 않는 캔틸레버(cantilever)식의 육중한 콘크리트 구조물이 길게 허공으로 뻗쳐 있기 때문에 집은 폭포 위에 떠 있는 듯 보인다. 그렇기 때문에 테라스는 수평의 평면이면서도 하늘을 향해 비상하는 수직의 제스처를 표출하고 있는 듯하다. 기실 폴링워터의 건축미학은 수평과 수직의 오묘한 교차 위에 구축되어 있다. 테라스와 지붕 평면이 수평선을 이루며 좌우로 펼쳐져 있다면 이들을 떠받치면서 동시에 그 수평선을 분할하는 수직의 석벽이 건물의 중심을 차지하고 있다. 건물은 폭포 위쪽 암반 위에 얇은 자연석판을 길게 쌓아올려 만든 이 수직의 벽으로 인해 안정감을 얻고 있다.

이 석판들은 집터 인근에서 채석하여 얇게 깎은 것이다. 중앙의 석벽은 물론 사면의 기둥을 이런 석판으로 길쭉하게 쌓아올렸기 때문에 건물은 수직으로 솟아오르면서도 수평의 날렵함과 개방성을 더욱 강화한다. 더욱이 석벽의 색채나 결이 주변 바위들의 그것과 다를 바 없기 때문에 중앙 석벽은 집의 기층이 된 암반의 연장으로 보인다. 바꾸어 말하면 석벽은 대지에 깊이 뿌리내리고 있어서 수직으로 곧추서 있으면서도 수평적인 대지의 일부라는 느낌을 자아낸다. 그 아래로 흘러내리는 폭포 또한 수평으로 날개를 펼치면서 아래로 떨어지고 있기에 수평과 수직이 교차하는 대립의 미학을 매순간 연출한다. 다시 말해 폭포에 내재하는 수직과 수평의 긴장과 조화가 건물에 육화되어 있는 것이다.

라이트는 1867년 목사이자 음악가인 아버지와 교사인 어머니 사이에서 태어났다. 아버지를 통해 얻은 음악적 소양은 조화와 리듬을 중시하는 그의 건축 스타일의 밑거름이 되었고, 어머니의 사려 깊은 배려로 어릴 때부터 가지고 놀 수 있었던 유명한 프뢰벨 블록은 사물을 기하학적 형상으로 치환해보는 안목을 길러주었다. 라이트는 열일곱 살에 매디슨의 위스콘신 대학에 입학했으나, 2년 후인 1887년 학업을 중단하고 본격적으로 건축을 공부하고자 시카고로 간다. 그는 시카고학파의 대표적 건축가인 댕크마르 아들러(Dankmar Adler)와 루이스 설리번(Louis Sullivan)이 운영하는 건축사무소의 조수로 일하면서 건축을 본격적으로 배우게 된다.

라이트가 건축가 생활을 시작한 1890년대에 시카고는 붐 타운이었다. 건축 붐을 타고 재능 있는 건축가들이 모여들면서 시카고는 새로운 건축양식을 창출하는 건축의 메카로 부상했다. 훗날 시카고학파로 불린 이들은 산업화한 미국사회에 알맞은 미국적 건축양식을 정립하고자 노력했다. 설리번은 특히 새로운 건축이 지향해야 할 바를 '형식은 기능을 따른다'는 명제로 요약한 바 있는데, 라이트가 주창한 유기적 건축은 스승의 이 명제를 한 걸음 더 밀고 나아가 형식과 기능이 하나임을 강조한 것이라고 할 수 있다.

라이트는 독자적인 건축 활동을 시작하면서 주거용 주택 설계에 집중했다. 이른바 '프레리 하우스'는 그런 노력의 소산이다. 긴 수평면을 특별히 강조해 미국 중서부 대평원에서 흔히 볼 수 있는 지평선을 연상시키기 때문에 이렇게 명명된 프레리 스타일의 집에서 라이트가 역점을 둔 것은 실내 공간의 개방이다. 그는 어두컴컴한 상자갑 같은 빅토리아풍 집의 실내 구성은 핵가족을 지향하는 개방적 미국사회에 맞지 않다고 보고, 프라이버시 공간만 남겨놓고 벽을 허물어 실내 공간을 서로 연결했다. 프레리 스타일은 내적 개방뿐만 아니라 외적 개방도 중시해, 창을 넓게 내서 빛, 공기, 전망을 집 안으로 끌어들였다.

그는 일찍부터 건물은 그 터로부터 자생적으로 세워진 것처럼 보여야 한다고 생각했다. 프레리 스타일에서 특징적으로 나타나는 긴 수평면 구조는 중서부 대평원의 끝없는 지평선을, 그리고 대지와 밀착되어 살아가는 그곳 사람들의 삶의 방식을 기하학적으로 형상화한 것이다. 그의 말년 대작 구겐하임 미술관 건물도 앵무조개의 형상에서 영감을 얻은 것이다. 그는 건축의 외적 형상뿐만 아니라 실내 가구나 장식품의 디자인도 주변 식물이나 자연 형상을 추상화해 활용했을 뿐만 아니라, 가능한 한 나무나 돌과 같은 건축 자재의 결과 색조가 그대로 드러나도록 애썼다.

건축가로서 승승장구하던 라이트의 삶은 1909년 고객의 아내였던 마마 체니(Mamah Cheney)와 열애에 빠지면서 위기를 맞는다. 주위의 따가운 눈총에 그는 체니와 잠시 유럽으로 도피했다가 얼마 후 위스콘신 외가의 농장에 집을 지어 정착했으나, 고용인에 의해 체니를 포함하여 일곱 명의 친지들이 살해되는 끔찍한 사건을 겪는다. 심신의 불안정 속에 유랑 생활을 하면서 또 한 번의 결혼과 이혼을 겪은 라이트는 1932년부터 세 번째 부인 올기바나 밀라노프(Olgivana Milanoff)의 제안에 따라 탤리에신 펠로십을 만들어 후진을 양성하기 시작한다. 이 제도는 라이트 생전에는 물론 사후에도 줄곧 지속되어 프랭크 로이드 라이트 건축학교로 발전하게 된다.

폴링워터는 3층 건물이다. 널따란 1층의 거실은 화사하고 아름다웠다. 사면이 유리창이어서 거실로 들어서는 순간 푸르른 자연 풍경이 시야를 가득 채운다. 라이트가 즐겨 쓰는 체로키 적색의 창문틀과 그 아래로 벽면을 따라 설치된 마찬가지로 밝은 색조의 붙박이 의자 그리고 곳곳에 놓여 있는 나무 탁자의 색깔이 바깥 녹색과 멋진 조화를 이룬다. 바닥에는 적당한 크기로 잘라 왁스칠한 돌들이 깔려져 있다. 왁스칠된 표면이 사면으로 트인 유리창을 통해 들어오는 빛과 풍경을 반사하면서 자연이 실내로 깊숙이 들어와 있는 느낌이다.



폴링워터 1층 거실에서 가장 눈길을 끄는 것은 벽난로다. 집터의 자연석을 그대로 살려 벽난로 화덕으로 이어지게 했기 때문이다. 이 또한 자연을 실내로 끌어들여 안과 밖이 이어지도록 한 건축 의도의 반영이다. 벽난로는 라이트 건축의 키포인트 중의 하나다. 그것은 개방적인 실내공간을 하나로 수렴하는 구실을 할 뿐만 아니라, 화덕과 불이 환기하는 자연에 밀착된 삶에 대한 근원적 욕망을 또한 표상하기 때문이다.

2층의 침실에서 놀라운 것은 침실 유리창의 한 편이 창틀이 없이 바로 석벽에 이어져 있어서 밖이 안으로 통하고 안이 밖으로 연결되어 있는 집의 구조적 원칙을 반복하고 있다는 점이다. 마찬가지로 중앙의 굴뚝 벽과 서쪽 벽 사이에 3층짜리 전 층에 걸쳐 수직으로 낸 창문 또한 특기할 만하다. 두 쌍의 유리창이 맞물려 있는 이 기다란 창문은 문을 닫으면 직각의 코너를 이루지만 문을 열면 모서리가 사라지는 이른바 "사라지는 코너"를 연출한다. 그리하여 그것은 건물의 폐쇄성을 무너뜨리면서 바깥 자연과의 직접적인 대면을 현실화한다.

이 집을 발주한 카우프만의 부인 릴리언 카우프만(Liliane Kaufmann)은 라이트에게 폴링워터에 사는 것은 그 자체가 하나의 교육이었다고 말한 바 있다. 관람객 역시 마찬가지일 것이다. 이곳을 찾아온 사람은 누구든지 자연을 완벽하게 뛰어넘음으로써 자연에 가까이 다가간 한 위대한 건축적 상상력을 추체험하면서 새삼 집이 무엇인지를 되새기리라. (2007)

## ❖ 하이브리드 문화의 부침

### 베트남에 대한 인상

2011년 7월 23일부터 29일까지 일주일에 걸쳐 하노이에서부터 후에와 호이안을 거쳐 호찌민까지 종주하는 베트남 여행을 했다. 분단의 비극을 함께 겪은 나라, 그 내전에 끼어들어 참혹한 살상의 일익을 담당한 죄의식, 수많은 라이따이한을 방치한 부끄러움, 참전용사가 겪고 있는 고엽제의 후유증, 베트남 신부, 통일 후 사회주의 체제에 자본주의를 접목하는 정치실험으로 경제 부흥을 꿈꾸는 나라, 한자 문화를 공유하고 있는 나라—이런 복합적인 상념들을 안겨주는 베트남은 늘 가보고 싶은 나라였다. 우리 일행은 모두 25명으로, 역사학, 문학, 지리학, 의학, 철학 등 여러 방면의 전공자들이 섞여 있었다. 여행을 떠나기 전 약 한 달 동안 일행은 베트남에 관한 정보와 지식을 서로 교환하고 책과 논문을 읽으며 사전 준비를 했고, 여행 중에는 틈틈이 짧은 세미나를 열어 베트남을 심층적으로 이해하는 노력을 기울였다.

1

여정의 첫 기착지인 수도 하노이의 날씨는 무덥고 습했다. 중부의 고도 후에의 햇살은 모든 것을 숨 막힐 듯한 무시간의 정적 속으로 몰아넣는 강렬한 것이었다. 그러나 옛 월남의 수도 호찌민의 밤은 예상 밖으로 서늘했다. 상하의 나라라고 하지만 베트남의 날씨는 이렇게 지역에 따라 미묘한 차이가 있었다. 베트남은 인도차이나 반도의 동안을 따라 북쪽에서 남쪽까지 장장 1,750km에 걸쳐 길게 뻗쳐 있는 나라이니 이와 같은 기후 차이는 어쩌면 당연한 일이다. 중요한 것은 기후 차이가 서로 다른 물리적 환경을 만드는 데 그치지 않고 역사적으로 독특한 지역 문화와 전통을 일구어낸 중요 변인으로 작용했다는 점이다. 일찍이 프랑스는 이 지방적 차이를 고려하여 베트남 전역을 삼분하여 통치했다. 통킹이라고 지칭된 북부 하노이 지역은 프랑스와 베트남이 공동으로 통치하는 방식을, 안남으로 명명된 중부 후에 지역은 명목상이나마 베트남 왕국의 황제를 내세운 전통적인 지배 방식을, 코친차이나로 고쳐 부른 남부 지역은 프랑스 총독이 직할 지배하는 방식을 택했다.

프랑스의 이 같은 삼분 통치는 베트남의 역사적 경험과 지역 정서를 반영한 것이었다. 서기 938년, 베트남이 천 년에 걸친 중국의 지배에서 벗어나 독립을 쟁취했을 때 그 영토는 홍하(紅河) 델타를 중심으로 한 북부에 국한되어 있었다. 중부에는 문화 전통이 다른 참파 왕국이 약 천 년 동안 존속해왔고, 남부는 캄보디아에 속해 있었다. 독립 왕조를 세운 이후 베트남은 남쪽으로 영토를 확장해가는 남진 정책을 줄기차게 추진했다. 그리하여 15세기 무렵 중부 지역을 병합하고 이어 300년 뒤인 18세기에는 마침내 남쪽 기름진 메콩강 델타를 차지하기에 이른다. 그러나 북·중·남부를 포괄하는 베트남 최초의 통일 왕조인 응우옌 왕조의 가장 큰 과제는 지방 분권화의 줄기찬 요구를 다독거리는 것이었다. "남북은 일가"라는 명제는 호찌민(胡志明)의 정치적 구호이기에 앞서 19세기 응우옌 왕조가 통치 이념으로 이미 강조했던 것이다. 응우옌 왕조의 건국이 1802년이고, 왕국이 프랑스의 식민 지배하에 들어가는 것이 1859년이니, 왕조시대 베트남의 통일된 역사는 실제로 반세기에 불과했다. 1954년 프랑스에 대한 식민 항전에서 승리했으나 냉전의 소용돌이에 휘말려 베트남은 끝내 남북으로 분단되지만 그 분단이 전혀 낯선 것만은 아니었던 것이다. 우리의 분단과 종종 대비되어온 베트남의 분단은, 그러므로 그것이 냉전의 소산이라는 점을 제외하면, 사뭇 다른 역사적 경험을 거느린 것이다.

정치적 통일을 이룬 오늘의 베트남을 말하면서 사회문화적 혼종성(hybridity)을 거론하지 않을 수 없는 이유가 여기에 있다. 정치적으로는 '일가'를 이루었지만 북·중·남 지역은 여전히 독자적인 지역 의식이 강하게 남아 있다. 일주일의 짧은 여정이었지만 하노이에서 중부 후에와 호이안을 거쳐 남부의 호찌민까지 종주하는 이번 여정에서 먼저 눈에 띈 것도 이 점이다. 북베트남은 중국의 영향을 받은 유교문화가, 참파 왕국과 푸난(扶南) 왕국이 있었던 중남부는 인도의 영향이 짙은 불교문화가 상대적으로 더 두드러진다. 특히 남방문화에는 힌두교의 색채도 가미되어 비슈누와 가네샤의 에로틱한 신상도 호찌민의 역사박물관에서는 찾아볼 수 있었다. 이런 이질적인 문화의 혼재에 식민지 시대에 유입된 프랑스 문화가 뒤섞이면서 베트남은 한층 다채로운 하이브리드 문화를 창출해냈다.

차창에 비치는 베트남의 건축물에서도 이 점을 엿볼 수 있었다. 가령 하노이를 비롯한 북부에서는 폭이 좁고 긴 세장형의 토지 위에 3~4층으로 쌓아올린 튜브 하우스 스타일의 집들이 많이 눈에 띄지만 중부의 후에나 남부의 호찌민에는 그런 양식의 집은 그렇게 많지 않고 오히려 주황색 오지기와를 얹은 유럽풍의 집들이 자주 보인다. 전면이 좁고 중정이 길게 안쪽으로 향한 튜브형의 건축양식은 너도나도 집을 길거리에 면해서 짓기 위해 경쟁하다 보니 그 타협책으로 형성된 것이다. 북부에 이런 양식이 특히 발달한 것은 체면과 권위를 존중하는 유교 전통과 무관하지 않다고 한다.

중부의 고도 후에에 자리한 응우옌 왕조의 황궁 태화전은 중국의 자금성을 모방한 것이지만, 궁성의 외곽에는 유럽의 성채에서나 볼 수 있는 해자가 설치되어 있다. 후에를 가로지르는 향강(香江)의 북안에 산재해 있는 왕릉에서도 토착 양식과 외래 양식이 동거하는 모습을 엿볼 수 있다. 응우옌 왕조의 2대 황제였던 민망(明命) 황제의 장중한 왕릉의 경우 건물은 중국식이지만 내정의 정원은 서양식이었다. 이 기묘한 절충과 조화는 마지막 황제 바오다이(保大)가 선황제를 기려 건설한 화려한 카이 딩 왕릉에서는 독특한 예술미로 표출된다. 묘소로 오르는 109개의 계단 양편을 장식하고 있는 거대한 용의 형상에 압도된 관람객의 눈앞에 펼쳐지는 왕릉의 내부는 서양의 성당에서나 볼 수 있는 형형색색의 타일, 유리 및 녹색의 옥으로 장식된 화려한 벽면, 그 사이사이를 수놓고 있는 다양한 주제의 벽화, 그리고 거대한 천장화로 한 편의 만화경을 이루고 있다. 1993년 이

북부 하노이 인근에서 볼 수 있는 튜브 하우스

런 독특한 혼성 양식의 건축물이 보존되어 있는 후에를 유네스코는 “우미하고 시적인 옛 건축의 도시”로 기려 세계문화유산으로 지정했다.

베트남을 지칭해온 인도차이나란 용어도 인도와 중국 문화의 영향으로 형성된 지역이란 뜻에서 비롯된 것이다. 이런 내재적 다문화성이 베트남 특유의 이중성, 곧 외세에 대하여 정치적으로는 수구적이지만 문화적으로는 개방적인 태도를 낳은 것인지 모른다. 후에의 남쪽에 자리한 고즈넉한 옛 항구 도시 호이안을 둘러보며 이런 생각이 줄곧 머리를 맴돌았다. 베트남 여성의 전통 의상인 아오자이를 이와 연관시키는 흥미로운 시각도 있다. 아오자이는 몸을 모두 가리는 듯하면서도 허리 아래 옆구리 쪽이 터져 있는 옷이다. 이는 몸을 감추는 듯하면서도 드러내는 복색이라고 말할 수 있는데, 그 폐쇄적이면서도 개방적인 의장(意匠)이 자주성을 꿋꿋이 지키면서도 다른 한편으로는 외래문화를 적극 수용해온 베트남적 양면성을 잘 보여준다는 것이다.

호이안은 원래 인도와 중국 간의 해상 무역을 중계하는 항구로 출발했다. 인도와 중국 상인들의 중간 계류지로 흥기한 호이안은 16세기에 포르투갈 상인들이 인도를 거쳐 이곳에 들르고 뒤이어 네덜란드를 비롯한 유럽 상인, 탐험가, 선교사들이 자주 찾으면서 19세기 말까지 3세기에 걸쳐 이른바 바다 실크로드의 중심 교역항으로 우뚝 서게 된다. 다행히 전란의 피해를 면한 투본 강변의 구시가지에서 우리는 국제적 교역항으로서의 호이안의 옛 정취를 느낄 수 있었다. 구시가지의 작은 골목길 양편에 늘어서 있는 실크와 면제품, 기념품 가게 그리고 작은 카페와 화랑들이 번영을 구가하던 호이안의 코스모폴리탄 서민문화를 재현해주고 있다.

특이하게도 이곳의 랜드마크 건물은 구시가지의 중심에 있는 일본식 다리이다. 1593년에 일본인들이 건설했다는 이 다리는 20,000동짜리 베트남 지폐의 도안을 장식하고 있다. 일본의 식민지배를 겪었으면서도 베트남 사람들은 이 다리를 그들의 중요한 문화유산으로 선양하고 있는 것이다. 문화 수용의 이런 유연성은 조선총독부 건물을 식민지 잔재로 헐어버린 우리와 사뭇 다른 태도이다. 유네스코는 1999년 호이안을 "문화적 혼성의 뛰어난 사례"로 기려 세계문화유산으로 지정했다.

호이안이 세계문화유산으로 등재될 수 있도록 앞장서서 노력한 인물이 폴란드 출신의 건축가 카지미에르츠 크비아트콥스키(Kazimierz Kwiatkowsky)였다는 사실도 특기할 만한 일이다. 1980년대에 연구차 베트남을 찾았던 그는 호이안에 매료되어 이곳에 정착해 살면서 멸실되어 가는 문화재를 발굴하고 연구하는 한편 호이안의 전통 문화를 해외에 알리는 데 앞장섰다. 호이안 사회는 그의 흉상을 시가지 한 편에 세워 이방의 전통문화를 세계적인 문화유산으로 선양하는 데 헌신한 그의 공적을 기리고 있었다. 물류의 국제성이 개방적인 코스모폴리탄 정신을 만들어내는 것임을 호이안은 여실히 보여주고 있었다.

2

주마간산의 짧은 여행이었지만 베트남이 자연 풍광이 아름답고 물산이 풍부한 나라임을 새삼 느꼈다. 후에의 북쪽에 산재한 왕릉을 보기 위해 우리가 묵은 호텔의 전용 선착장에서 전세 배를 타고 가면서 보았던 강 양안의 숲들은 특히 인상적이었다. 강변의 호텔과 고층 건물을 뒤로 하자 이내 인적이 사라지고 야자수를 비롯한 갖가지 열대의 나무들로 무성한 녹색의 숲이 펼쳐진다. 강물이 둑 너머로 금방이라도 넘칠 듯 수량이 많았지만 강은 물결 한 점 일지 않고 호수처럼 잔잔했다. 진녹색의 강은 그렇게 평탄한 숲을 양편에 거느리며 흐르는 듯 마는 듯 무심히 흘러가고 있었다. 적막한 열대의 햇살 아래에서 강변의 숲은 그리하여 녹색의 섬처럼 물속에 떠 있는 느낌을 주었다. 이런 녹색의 세계 속에 화려한 왕릉과 사원들이 드문드문 파묻혀 있는 것이었다. 여기 강 연안은 이렇게 인간이 만든 문화유산과 열대의 숲이 공존하는 풍경을 연출했다. 자연과 문명이 대립적이라기보다는 함께 어우러져 있는 이런 모습 또한 베트남적 하이브리드 삶의 일면이라고 말할 수 있으리라.

여정의 사이사이 버스로 이동하는 도중 차창을 통해서 베트남의 농촌 풍경을 엿볼 수 있었다. 도로변에는 그냥 무논도 있고, 작은 벼들이 자라고 있는 논도 있고, 양수기로 논에 물을 대는 것도 눈에 띄고, 어떤 곳에서는 사람들이 모여서 모내기를 하는 모습도 보였다. 중국 양자강 남쪽 지역이 벼농사의 발원지라는 것이 통설이지만 이곳 사람들은 베트남에서 벼농사가 시작되었다는 주장을 굽히지 않는다고 한다. 온난다우하여 2모작은 보통이고 4모작까지 가능하기 때문에 베트남은 쌀 생산량이 많다. 베트남은 태국에 이어 세계 2위의 쌀 수출국이고, 커피 생산량도 브라질에 이어 세계 2위이며, 각종 열대 과일 또한 풍요하다.

베트남이 일찍부터 교역과 문화 교류의 중개 무대가 되고 뒤이어 제국주의 열강의 각축장이 된 것도 지정학적 위치 못지않게 이런 천혜의 자연환경도 중요한 요인으로 작용했다. 서구 열강의 식민지 침탈은 지금까지 주로 정치적 팽창주의나 경제적 수탈의 시각에서 보아왔다. 그러나 그 무의식의 저변에는 아름답고 풍요한 열대의 자연풍광과 그것을 즐기는 무애로운 삶에 대한 온대 문명의 매혹 혹은 기독교적 세계관에 억눌려온 사회의 자연에 밀착된 삶에 대한 동경이 또한 자리 잡고 있음을 주목할 필요가 있다. 지리상의 발견 이후의 서구 근대사는 열대에 매혹된 역사라고 말해도 지나치지 않는다. 서세동점의 근대사를 이처럼 자연환경에 주안점을 둔 '열대학'의 관점에서 새롭게 조명할 필요성이 제기되는 것도 이 때문이다. 우리가 묵었던 호이안의 비치 호텔 앞 해변에서 아침 수영을 즐기고 햇살이 따가워지기 시작하면 직장으로 출근하는 현지 주민들의 여유 있는 모습을 보면서 이런 생각이 절로 들었다.

후에에서 다낭을 거쳐 호이안에 이르는 해안에는 흰 백사장이 띠처럼 줄곧 이어진다. 넘실대는 짙푸른 바다, 고운 모래사장, 그리고 야자수 그늘이 피곤한 여행객의 발길을 멈추게 한다. 해안을 따라 곳곳에 현대식 시설을 갖춘 리조트, 콘도, 호텔들이 속속 들어서고 있었다. 특히 다낭의 해변에 건설되고 있는 휴양단지는 엄청난 규모여서 사회주의 체제 속으로 밀고 들어오는 자본주의의 거센 물결을 실감할 수 있었다. 이념과 실용주의의 이와 같은 절충 또한 하이브리드 문화의 한 단면이다.

중부 해안 풍경도 아름답지만 베트남의 빼어난 자연 경관을 대표하는 것은 무엇보다도 북부 통킹만 연안의 하롱베이 지역이다. 이 일대에는 기암괴석의 절벽으로 둘러싸인 2,000여 개의 크고 작은 섬들이 잔잔한 바다를 수놓고 있다. 중국의 장가계 혹은 우리의 금강산을 바다에 옮겨놓은 듯한 이런 경이로운 풍경은 석회암 지형이 오랜 세월 동안 풍화된 결과이다. 장기간의 해식 작용으로 인해 대부분의 섬들이 가파른 절벽의 원추형이거나 탑 형상이다. 그뿐만 아니라 섬의 하단에는 아치형의 회랑이나 동굴이 발달한 경우가 많아서 멋진 구경거리를 제공한다. 어디에서나 그렇듯이 자연의 경이는 전설을 만들어낸다.



3

종전 후 35년의 세월이 흘렀지만 월남전의 상처와 아픔은 여전히 현재 진행형이었다. 호찌민의 전쟁박물관 전시실을 가득 메운 기록사진들은 전쟁의 야만적 살상과 폭력, 처참한 후유증과 고통스런 기억을 생생하게 증언하고 있었다. 착잡한 마음에 우리가 그 잔혹한 살상의 일익을 담당했었다는 죄의식, 후유증에 시달리는 고엽제 환자들의 고통, 수많은 라이따이한의 방치에 대한 원망의 소리들이 악몽처럼 뒤섞여들어 박물관을 서둘러 빠져나오지 않을 수 없었

빼어난 경관을 자랑하는 통킹만의 하롱베이

다. 오토바이 행렬이 장사진을 이룬 거리를 몇 블록 걷자 이내 고층 호텔, 백화점, 부티크가 즐비한 다운타운의 화려한 쇼핑가이다. 전쟁과 첨단 자본주의 문명은 상극이 아니라 서로 협업 관계임을 새삼 실감한다. 응우옌 반 린(Nguyen Van Linh)을 중심으로 한 남부 출신의 정치가들에 의해 주도된 '도이머이' 운동의 거센 바람 속에서 구찌 터널이나 호찌민 루트와 같은 전쟁의 유물이 관광 상품으로 탈바꿈된 지 오래이다. 전후의 베트남이 보여준 변혁과 쇄신의 과감한 행보는 특유의 하이브리드 문화에 젖어온 심성이 아니고서는 내디딜 수 없는 것이라 말하더라도 지나친 진단은 아닐 것이다.

한 나라의 문화는 인간의 삶만큼이나 복잡다기한 것이다. 한국인 여행자들로 붐비는 호찌민의 탄손낫 공항을 떠나 귀로에 오르며 인간 문명은 피라미드처럼 대칭적 균형체가 아니라 와르르 무너졌다 다시 만들어지곤 하는 사막의 불안정한 흰개미 언덕에 가깝다는 어느 역사가의 말이 새삼 떠올랐다. 베트남의 독특한 하이브리드 문화는 문명의 이런 본질을 잘 보여준다. 그리고 인간 문명을 그런 비대칭적 복합체로 만드는 중요한 추동력의 하나가 아름다운 풍광과 천혜의 풍요로움의 표상인 열대에 대한 매혹일 수 있음을 베트남 여정은 다시금 일깨워주었다. (2011)

## ❖ 평화의 심연

### 히로시마 단상

비가 내릴 것이라는 예보와 달리 히로시마의 날씨는 화창했다. 1월 말이라서 다소 쌀쌀한 편이었지만 햇살은 늦가을처럼 투명했고, 하늘은 드문드문 피어오르는 뭉게구름으로 한층 푸르게 보였다. 원자탄이 처음으로 투하된 참혹한 역사의 현장, 히로시마의 평화공원 일대를 나는 이런 화사한 햇살 아래에서 둘러보았다. 그러나 평화기념자료관에 재현되어 있는, 피폭 직후의 히로시마의 끔찍한 정황들이 악몽처럼 마음을 사로잡고 좀처럼 놓아주지 않았다. 평화공원을 둘러보고 교바시가와(京橋川) 건너편에 자리 잡은 도심 속의 작은 정원, 슈케이엔(縮景園)의 아름다운 풍경을 보면서도 잿더미 속의 처절한 이미지들이 계속 눈에 어른거렸다. 이 무겁고 착잡한 마음의 근저에는 히로시마와 나가사키의 원폭 투하와 더불어 시작된 핵시대의 실상에 대한 나의 무지와 무관심에 대한 부끄러움도 한몫하고 있었다. 원자탄과 수소폭탄의 가공할 위력이나 스리마일 아일랜드, 체르노빌, 그리고 근래의 후쿠시마의 원전 사고의 끔찍한 폐해에 대해서 수없이 들었으나 모두 관념과 추상의 차원이자 상상이 안 되는 한 무더기의 통계에 불과했다는 것을 뼈저리게 느꼈다. 핵 문제의 실상과 여러 사건들이 그저 마음의 언저리에서 겉돌았을 뿐, 내 삶의 일부로 절실하게 생각해 본 적이 없었던 것이다.

그와 동시에 또 다른 상념이 착잡한 마음을 더욱 무겁게 만들었다. 평화공원에는 원폭으로 희생된 사람들을 추모하는 위령탑, 기념비, 명판, 종, 평화를 기리는 연못, 성화 등이 산재해 있지만, 그 어디에도 원폭을 불러온 원인이나 일본의 전쟁 책임에 대한 언급은 찾을 수 없었다. 세계 평화의 메카로 자처하는 히로시마, 그 중심에 자리한 평화공원은 일본을 전쟁이라는 절대악의 희생자로만 부각시킬 뿐, 이웃나라를 침략하여 수많은 인명을 살상한 가해자로서의 책임이나 반성의 흔적을 보여주지 않는다. 한때 양심적인 평화운동가들이 평화자료관에 일본의 침략 역사에 대한 기록도 전시하라고 청원한 적이 있지만 시 당국은 이를 거부했다. 한국인 원폭희생자 위령비가 평화공원의 한 귀퉁이에 설 수 있기까지의 기구한 과정 또한 일본의 이런 몰역사적이고 무반성적인 태도와 무관하지 않다. 재일한국거류민단은 1970년 히로시마에서 희생된 한국인 2만여 명의 진혼을 위한 위령비를 평화공원 내에 건립하고자 했으나 히로시마시가 이를 거부하여 그것을 공원 밖 혼카와바시(本川橋) 옆 공터에 세울 수밖에 없었다. 히로시마 일대의 군수공장에 한국인을 강제 징용한 역사가 공식화되는 것을 회피하고자 한 것이 거부의 속내라고 말할 수 있다. 재일동포와 한국인 원폭피해자를 지원하는 몇몇 양심적인 일본인들의 끈질긴 노력 끝에 한국인 위령비는 건립 29년만인 1999년에 비로소 평화공원 내로 이전될 수 있었다. 원폭의 가공할 위험을 부단히 상기시키고 탈핵의 필요성을 웅변하는 히로시마의 노력이 소중해 보이지만 그것이 가해의 역사를 희석시키는 방편으로 작용해서는 곤란하다는 생각이 중첩되고 아울러 원자력에 매달리고 있는 우리의 답답한 현실도 함께 상기되어 히로시마를 둘러보는 내 마음은 내내 구름장으로 뒤덮여 있었다.

'교육과 아시아의 미래'라는 주제로 히로시마 대학에서 열린 학술 심포지엄에 참석차 히로시마를 찾으면서 나는 애초에 원폭의 도시, 탈핵운동의 중심지로서 히로시마에 대해서는 큰 관심이 없었다. 나에게 히로시마는 원폭의 도시이기 전에 먼저 물산이 풍부한 세토나이카이(瀨戶內海)의 항구 도시, 그래서 그것을 배경으로 지방의 한미한 무사 계급 출신으로 헤이안 시대에 중앙정부의 권력자로 부상한 다이라노 기요모리(平淸盛)를 상기시키는 곳이었다. 무엇보다 그가 중흥시킨 이쓰쿠시마 신사(嚴島神社)를 가보고 싶었다. 히로시마에서 뱃길로 10분 거리에 있는 이쓰쿠시마 신사는 아스카 시대인 593년에 창건된 후 헤이안 시대에 와서 기요모리에 의해 중건된 옛 모습을 오늘날까지 간직하고 있는데, 1996년 유네스코 세계문화유산으로 지정되었다. 일본 3경으로 꼽힐 만큼 아름다운 풍광을 배경으로 바다 위에 세워진 이쓰쿠시마 신사는 장엄하면서도 화려한 건축미를 자랑하는 역사적 유산이다. 이쓰쿠시마 신사에 대한 소개 글을 읽으면서 나는 그 역사성이나 신성한 장소로 숭앙되어온 종교적 견지에서 프랑스 노르망디 해안의 몽생미셸 수도원을 떠올렸었다. 연전에 마침 몽생미셸을 찾아본 적이 있어서 종교적 아우라로 감싸인 두 건물을 견주어보고 싶은 욕심으로 이쓰쿠시

이쓰쿠시마 신사의 도리이

마 신사를 구경할 기회를 벼르고 있던 참이었다.

히로시마로 떠나기 전 나는 일본 NHK에서 제작한 대하드라마 「타이라노 키요모리」를 시청하고, 기요모리와 그 가문의 흥망성쇠를 그린 역사소설『헤이케 이야기』(平家物語)를 읽었다. 심포지엄이 있기 전전날 히로시마에 도착하여 그 다음날 나는 이쓰쿠시마 신사가 있는 미야지마(宮島) 일대를 걸어 다니며 신사의 건물을 구경하고 그 주변 분위기를 음미하며 오랜 숙원을 풀 수 있었다. 그리고 이틀에 걸친 심포지엄에 참석했다. 심포지엄이 끝난 날 오후의 빈 시간에 히로시마의 또 다른 세계문화유산인 원폭 돔과 평화공원 일대를 돌아보는 기회가 주어졌다. 이 반나절 동안의 탐방으로 역사적 명소로서의 히로시마 대신 원폭 투하와 더불어 시작된 핵이 지배하는 세계에 대한 관문으로서의 히로시마, 70년의 세월이 흘렀지만 그 실체가 여전히 안개에 뒤덮인 것처럼 뿌옇고, 앞으로도 한동안 우리의 미래상이 될 터이지만 대다수의 사람들에게는 깜깜절벽처럼 모호하기 짝이 없는 핵의 세계를 엿보게 해주는 바로미터로서의 히로시마, 그 이미지가 내 머리를 가득 채웠다.

히로시마에 원자탄이 투하된 것은 1945년 8월 6일이다. 뒤이어 8월 9일 나가사키에 두 번째 원폭이 투하되었다. 미국 뉴멕시코 주 사막 지역 앨라모고도에서 원폭 실험이 성공한 것이 7월 16일이니 그로부터 불과 20여일 만이다. 맨해튼 프로젝트에 참여한 과학자들의 대다수는 핵폭탄의 가공할 위력에 대해서 충분히 알고 있었다. 그럼에도 불구하고 그 실험 성공으로부터 20일 남짓 만에 그 여파와 후유증에 대한 별 고려 없이 핵폭탄을 만들어 투하한 것이다. 일부 과학자들의 반대가 없지 않았지만 군부와 해리 트루먼(Harry Truman) 대통령을 포함한 정치지도자들은 이 대량살상무기의 제조가 성공하자 이내 그 사용을 기정사실로 했다. 맨해튼 프로젝트의 총지휘자인 미 육군 공병사령관 레슬리 그로브스(Leslie Groves)는 심지어 핵무기가 완성되어 그것을 사용해 보기도 전에 일본이 항복할 것을 우려했다고 한다. 아무리 적국이지만 무고한 민간인의 대규모 살상이 예상되는데 일말의 주저 없이 핵폭탄을 투하하기로 한 결정을 어떻게 설명해야 할 것인가? 전후에 원폭 투하의 정당성 문제가 제기되자 미국 군부와 정치가들은 일본의 항복을 이끌어내기 위해 본토 침공을 했을 경우 미군 약 100만 명이 희생될 것으로 예측했는데, 이 막대한 희생을 줄이기 위한 불가피한 선택이었다고 변명했다. 당시의 상황을 고려한다면 이런 변명이 전적으로 부당한 것이라고 말할 수는 없다. 그러나 당시 일본에 원폭 제조 능력이 없었다는 점, 그리고 1945년 5월 7일 독일 항복 이후 일본 본토의 수많은 도시들이 미군의 공습으로 파괴되어 패색이 짙어가고 있었던 정황을 고려한다면, 원폭 투하가 성급했다는 비판은 피할 길이 없어 보인다.

인구 35만 명이 살고 있던 대도시를 초토화시켜버린 원폭 투하는 과학기술의 사회성 문제를 새삼 다시 생각하게 만든다. 과학기술의 발명과 탐구는 순수한 진리 탐구로 간주되어 흔히 가치중립적인 것으로 여겨왔다. 그러나 미지의 것을 밝히고자 하는 순수한 지적 호기심으로만 그치는 과학적 탐구란 거의 없다. 과학은 언제나 기술 응용화의 욕구와 접목되어 인간 사회에 큰 영향을 미치는 결과로 이어진다. 과학기술이 특히 정치, 군사, 경제적 목적과 접합될 때 종종 인간이 통제하기 어려운 결과를 낳는 수가 허다했다.

히로시마 원폭 투하도 정치적 고려가 우선된 결정이라 말하지 않을 수 없다. 맨해튼 프로젝트를 진행해온 군 당국으로서는 막대한 예산을 투입한 사업의 가시적 결과를 의회에 보여주어야 할 필요에 시달리고 있었다. 또 일본의 무조건 항복을 유도하기 위해 소련의 참전이 예정된 가운데 전후의 미소관계에서 미국이 주도권을 잡기 위해 무력을 과시하고자 원폭을 사용했다는 설도 있다. 1986년 1월 28일 미국의 우주왕복선인 챌린저호가 발사된 지 13초 만에 폭발하여 7명의 승무원이 사망하는 참사를 빚었는데, 이 또한 사고를 미연에 방지할 수도 있었는데 정치적 고려가 앞선 탓에 일어난 것이라는 지적이 제기되기도 했다. 진상조사단에 따르면 사고의 원인은 주엔진에 부착된 두 개의 로켓 부스터를 조립하기 위해 끼워 넣은 오-링(O-ring)에 있었는데, 발사 당일처럼 온도가 낮으면 이 링이 유연성을 잃어 문제가 야기될 수 있다고 과학자들이 발사 연기를 제안했음에도 불구하고, 그날 저녁 로널드 레이건 대통령이 의회에서 시정연설이 예정되어 있어서 발사를 강행하는 쪽으로 결론이 났다는 것이다.

또 링의 제작을 담당한 회사가 자사의 제작 장비가 결함이 있다는 것이 드러나는 것을 꺼려 발사를 고수했다는 지적도 있었다. 경제적 동기가 과학기술의 무분별한 사용을 부추긴 사례는 헤아릴 수 없이 많다. DDT를 비롯한 화공약품의 남용이 좋은 예이다. 레이첼 카슨(Rachel Carson)은『침묵의 봄』에서 화공약품의 과도한 사용은 화공약품회사, 정부, 연구기관이 담합의 연결 고리를 이루고 있기 때문이라고 폭로한 바 있다. 2011년 후쿠시마 원전 사고로 그 위험성이 비로소 널리 체감되게 된 원자력발전의 경우도 마찬가지이다. 원자력발전은 핵에너지의 평화적 이용이라는 명목으로 1950년대 이후 지속적으로 확산되었다. 그러나 원자력발전은 고도의 기술력에도 불구하고 운용 과정에서 방사능 유출 위험이 상존할 뿐만 아니라 발전 후 남는 핵폐기물의 안전한 처리 방안이 마땅치 않기 때문에 미래 세대에까지 커다란 위험을 초래할 수 있다. 원전을 포기하고 다른 에너지원으로 전환해야 할 궁극적인 이유가 여기에 있다.



1945년의 피폭에 뒤이어 1954년 태평양의 마셜제도 비키니 환초에서 미국의 수소폭탄 실험에 일본 어선이 피폭된 사건이 발생하면서 일본의 반핵정서는 고조되었지만, '원자력에 의한 산업혁명'은 일본 열도에서 멈추지 않았다. 그 중요한 원인은 군사강국의 부활을 꿈꿔온 우익 정치가들과 원전을 중요한 산업 동력으로 삼아 그 기술을 전 세계에 수출하여 경제 부흥의 기회로 삼고자 한 일본 재계가 공조하여 원전 건설을 지속적으로 지원하고 옹호했기 때문이다. 일본은 특히 1967년 동력로·핵연료 개발 사업단을 창설한 이후 핵폐기물을 재처리해 사용하는 이른바 핵연료사이클(nuclear fuel cycle)의 완성을 위해 박차를 가해왔다. 이는 핵 발전의 지속적인 유지에 긴요할 뿐만 아니라 그 재처리 과정에서 생산되는 플루토늄을 이용하여 언제라도 핵무기를 만들 수 있는 정치적·군사적 이유 때문에도 중시되었다. 후쿠시마 원전 사고 이후에 반핵운동이 가열되고 있음에도 불구하고 일본이 원전을 포기하는 길로 나서지 못하는 데에는 원전산업이 경제의 큰 비중을 차지하고 있는 사정과 더불어 핵무장을 통한 군사 대국화의 꿈이 자리 잡고 있는 것이다.

핵무기와 원자력은 이렇게 기술민족주의를 등에 업고 확산되었다. 획기적인 과학기술은 종종 그 사회적 여파와 상관없이 국가적 자긍심의 원천으로 활용되어왔다. 유전자 조작기술이나 줄기세포 연구와 같은 첨단 과학기술의 장려와 고취에 어김없이 국가주의적 수사가 동원되고 있는 오늘의 현실 또한 그 증거이다. 히로시마와 나가사키에서 피폭된 수많은 피해자들의 참담한 삶을 직접 목격해온 전후의 일본사회에서조차도 원폭은 여전히 대량살상무기로서보다 국력의 표상으로 여겨져왔다. 원자력과 관련된 많은 이슈에 이와 같은 원자력에 대한 사회적 태도의 이중성 문제가 도사리고 있다고 해도 과언이 아니다.



히로시마 원폭 피해는 미증유의 것이다. 35만 명의 인구 중 피폭 당일 사망자는 약 7만, 그해 12월 말까지 14만 명이 사망한 것으로 추산된다. 피폭심 반경 1.6km 이내의 건물은 거의 모두 파괴되었고, 부분적으로 파괴된 것까지 합한다면 도시 전체로 약 92%의 건물이 피해를 입었다. 불에 타서 너덜너덜해진 옷, 열신에 의해 화상을 입고 머리가 온통 빠지고 일그러진 참혹한 모습, 검게 그을린 도시락통 등 원폭기념자료관의 피해 전시물들은 당시의 참혹상을 말해준다. 사람들을 더욱 당혹하게 만든 것은 외관상으로 아무런 상처도 없는 사람들이 나른한 피곤기를 느끼다가 갑자기 코피가 나오거나 혈변을 보고, 여저기서 피하출혈반이 나오다가 죽어간다는 점이었다. 원폭이 투하된 뒤 3주 후에야 비로소 도쿄에서 파견된 과학자들에 의해 우라늄 핵폭탄의 실체가 밝혀지기는 했으나, 피폭 후유증, 특히 방사선 노출에 의한 인체의 피해에 대해서는 아무런 지식이 없었다. 맨해튼 프로젝트에 참여한 과학자들도 방사선이 인체에 문제를 일으킬 수 있다고 막연히 알고 있었을 뿐 단기적으로 혹은 장기적으로 그 피해가 어떤 양태인지에 대해서 구체적 정보가 없었던 것은 마찬가지였다. 1945년 가을 미군 쪽 원폭재해조사단이 "원자폭탄 방사능의 영향으로 죽은 사람들은 이미 다 죽었고, 잔존 방사능에 의한 생리적 영향은 인정되지 않는다"라는 성명을 발표한 것도 이런 무지의 소산이라고 볼 수밖에 없다.

요컨대 수많은 사람들이 부상으로 고통스러워하고 매일같이 사람들이 죽어갔지만 어떻게 치료해야 하는지 알 수가 없는 상황이 한동안 지속되었던 것이다. 죽음을 면하고 생존한 히로시마의 의사들은 이 절망적인 상황과 싸워야 했다. 『히로시마 원폭의료사』(廣島原爆醫療史)에 따르면 당시 히로시마 시내에는 298명의 의사가 있었다. 1937년 제정된 방공법에 따라 의사, 약사, 간호사들은 시 바깥으로 나가는 것이 금지되어 있었다. 그렇기 때문에 이들 의료진의 희생이 컸다. 의사들 중 약 60명이 원폭으로 사망했고 그 밖의 대

히로시마 원폭돔

다수가 부상을 당했고, 건강한 상태로 구조 활동에 나설 수 있었던 의사는 전체의 10%에 불과했다. 이들은 거리에 산재해 있는 주검들에 둘러싸인 채 10만이 넘는 부상자들을 치료하고 간단한 외과적 수술을 시행했다. 부상을 당한 상당수의 의사들이 주변의 고통받는 부상자들을 외면할 수 없어서 고통스러운 몸을 이끌고 치료 활동에 나서기도 했다. 1960년대 전반 히로시마를 몇 차례 방문하고 생존한 피폭자들의 삶과 죽음을 관찰하고 쓴 『히로시마 노트』에서 노벨 문학상 수상자인 소설가 오에 겐자부로(大江健三郎)는 의사들의 이 희생적인 노력이야말로 절망의 구렁텅이에 빠져 있던 히로시마에서 사람들이 찾은 희망의 첫 징후였다고 적고 있다. 윌리엄 제임스(William James) 역시 1906년 대지진으로 초토화된 샌프란시스코 폐허의 현장에서 시민들 사이에서 이런 연대 의식이 피어나는 것을 보고 깊은 감명을 받았다. 그는 당시 재직하고 있던 하버드 대학을 잠시 떠나 스탠포드 대학에 초빙되어 심리학 강의를 하고 있었는데, 지진이라는 재난이 오히려 사람들의 내면에 잠재해 있는 이타적 휴머니즘 정신을 이끌어내는 것을 목격하고 보통 사람의 인간성 속에 이런 시민적 자질이 내재되어 있음에 고무되었음을 토로한 바 있다.

원폭 이후 히로시마 땅에는 75년 동안 풀 한 포기 나지 않을 것이라고 예측한 사람도 있었다. 그러나 그 예언은 이내 근거 없는 것으로 드러났다. 늦여름에 비가 내리자 폐허가 된 땅에서 금세 새싹들이 돋아난 것이었다. 눈앞의 초토화된 땅에서 식물이 파랗게 싹이트는 것을 보고 사람들의 절망도 누그러졌다. 사람들은 자연의 강인한 복원력을 보면서 절망의 상황이지만 이를 넘어서기 위한 노력을 차근차근 해나간다면 언젠가는 그로부터 벗어날 수 있다는 가느다란 희망의 끈을 거기서 본 것이다. 피폭 직후 히로시마 원폭의 현장을 돌아보고 쓴『히로시마』(1946)에서 존 허시(John Hersey)는 피폭 생존자 도시코 사사키의 눈에 비친 자연의 힘찬 생명력을 이렇게 전하고 있다.

> 도시의 잔해를 뚫고, 도랑에서, 깨진 기왓장과 지붕의 함석이 뒤엉킨 강둑을 따라서, 까맣게 탄 나무줄기를 타고서 신선하고, 생생하고, 무성하고, 희망찬 초록의 생명이 솟아오르고 있었다. 심지어 무너진 집의 기초에서도 푸른 녹색이 솟아났다. 잡초들은 벌써 까만 재를 뒤덮고 있고, 야생화가 도시의 골조에서 활짝 피어났다. 폭탄은 지하로 뻗은 식물의 기관은 어쩌지 못했다. 아니 그것이 식물의 생명력을 더욱 강하게 자극한 것 같았다.

히로시마 성 입구에서 1945년에 피폭되었으나 살아남은 두 그루의 거대한 고목을 보면서 나는 이 대목을 문득 떠올렸다. 생각해 보라. 외형으로는 멀쩡한데도 며칠 사이에 힘없이 죽어가는 사람이 속출하던 시절, 원폭 후유증에 대한 지식이 전무하여 사람들이 불안과 공포에 떨었던 당시에, 폐허의 잔해 속에서 풀들이 파랗게 싹터 나오는 것을 보았을 때, 사람들이 느꼈을 그 안도감과 감격을! "신선하고, 생생하고, 무성하고, 희망찬 초록의 생명", 곧 자연은 하나의 희망의 끈이었던 것이다.

원폭이 떨어진 당시의 정황을 머리에 떠올리면서 이처럼 원폭 투하 결정의 신속함, 폐허가 된 현장에서 의사들의 헌신적인 노력과 공동체 정신, 그리고 절망에 젖어 있던 사람들에게 희망의 빛이 되어주었을 풀이 돋아나고 꽃이 피어난 자연 정경이 내게는 특별히 더 주목되었다. 아울러 피폭 후 수년이 지난 후에도 피폭의 상처가 치유되지 않는 사람들이 부지기수이고, 백혈병, 암, 백내장, 탈모와 같은 여러 가지 질병이 빈발하며 사람들이 속절없이 죽어갔는데도 피폭과 이런 질병들과의 연관성에 대한 공론화가 금지되는 상황이 지속되었다고 하니 답답한 마음이 더욱 무거워졌다. 피폭 생존자들 중 많은 사람들이 백혈구가 감소하는 증상으로 죽어갔지만 1952년에 가서야 비로소 피폭과 백혈병 발병의 인과성을 처음으로 밝힌 논문이 발표되었다. 야마와키 다쿠조(山脇卓壯)라는 히로시마의 젊은 의사가 1952년 일본 혈액학회에서 발표한 「히로시마 원폭피해자의 백혈병 발병률 및 그 일부의 임상적 관찰에 대하여」가 그것인데, 구체적인 자료 앞에서도 사람들은 여전히 반신반의했다고 한다. 놀라운 것은 방사능 노출의 후유증에 대한 불확실성과 예측의 어려움이 원폭 투하 70년이 지난 오늘날에도 여전하다는 것을 후쿠시마 원전 사고를 통해 재확인했다는 점이다.

히로시마에서 제1회 원수폭금지세계대회가 열린 것은 1955년 8월이다. 피폭된 지 10년 만이다. 원폭이나 방사능에 대한 공식적 언급이 통제되었던 10년의 침묵을 깨고 피폭의 고통과 공포가 반핵운동의 에너지로 전환된 것이다. 그 기폭제가 된 것은 그 전해에 비키니 섬에서 행해진 미국의 수폭 실험에 일본 참치잡이 어선이 피폭된 사건이었다. 승무원 23명이 피폭되고 한 명이 결국 사망한 이 사건은 히로시마, 나가사키에 이은 세 번째 피폭으로 간주되고 일본인은 '원폭희생민족'으로 형용되어 일본의 여론을 자극했다. 이를 계기로 원수폭금지일본협의회가 결성되어 반핵운동은 대중운동으로 널리 확산되고 그동안 외면되고 기피의 대상이 되었던 이른바 '히바쿠샤'(被爆者)의 고통스러운 삶의 실상이 일본사회에 보다 널리 알려지게 되었다. 1957년에는 원폭의료법이 제정되어 이들에 대한 정부차원의 치료와 구호가 시작되었다. 그 이후 원폭일을 전후하여 매년 원수폭금지대회가 개최되면서 히로시마는 반핵평화의 세계적 성지로 자리 잡아갔다.

그러나 유념해야 할 것은 반핵운동이 대중화된 1955년은 원자력기본법이 일본의회를 통과하여 피폭국가인 일본이 원자력시대를 본격적으로 열어간 해이기도 하다는 점이다. 1956년에는 총리실 내에 원자력위원회가 설립되고, 같은 해 피폭도시인 히로시마에서 평화를 위한 원자력전시회가 열리면서 원자력의 평화적 이용의 필요성이 고취되었다. 1957년에는 과학기술청을 세워 원전기술의 산업화를 정부에서 관장하는 기틀을 마련하고, 1960년도에 이르러 미국형 경수로를 일본 원자로의 모델로 채택하여 원선의 방향을 정하고, 그런 일련의 노력은 1966년에 이르러 일본 최초의 원전인 도카

이무라(東海村) 발전소가 가동을 시작하는 결실을 맺는다. 이렇게 일본사회는 한편으로 반핵 혹은 탈핵을 부르짖으면서 다른 한편으로는 원자력을 적극 활용하여 부국강병의 길을 열어나가는 이중성을 보여왔다.

양면성은 반핵평화운동에서도 감지된다. 원래 원폭 투하와 같은 비인도적인 사건이 다시는 일어나서는 안 된다는 전제에서 핵병기를 금지하고 영구평화를 이루자는 취지의 반핵평화운동은 시간이 흐르면서 일본을 피폭이라는 비극의 희생자로만 부각시키고 전쟁의 가해자로서의 이미지를 지우는 방편으로 흘러갔기 때문이다. 1950년대 후반에 이르러 경제부흥의 기틀을 마련하자 일본사회는 태평양 전쟁 당시 공습을 받았던 도시의 곳곳에 '평화' 기념 시설들을 조성하여 피해자로서의 이미지를 부각시키는 한편 태평양 전쟁의 동기를 서양 제국주의의 침탈로부터 아시아를 구하기 위한 것으로 미화하고 그런 고귀한 노력의 대가로 일본은 히로시마와 나가사키에 피폭을 당하는 '희생'을 치르게 되었다는 논리를 확산시키기에 이른다. 히로시마를 민족적 순교의 상징으로 강조하고 아우슈비츠와 비교하는 시각도 이런 논리의 연장선상에 있다.[1] 이는 원폭 투



---

1) 프로이트에 따르면 집단의 외상적 체험은 종종 그 정체성의 원천으로 전용되어 집단을 결속시키고 집단적 자아의 방어 기제를 더욱 공고히 하는 방편이 되기도 한다(『토템과 터부』 참조). 1948년 이스라엘의 건국 이후 민족주의 시오니스트들은 아우슈비츠로 표상되는 종족의 수난을

하는 사악한 군사적 실험이자 냉전의 전초전이라거나 백인 우월주의자들에 의해 계획된 일종의 인종 학살이었다는 주장으로 변주되기도 한다. 이런 극단적인 시각을 비판하는 일본인이 없는 것은 아니지만 아무튼 히로시마를 종교적 성지로 꾸미고 인근의 도시 구레에 아우슈비츠 기념비를 건립하는 시안을 낸 일본 주류사회의 의식 밑바닥에 이런 생각이 흐르고 있음을 부정할 수 없다.

---

팔레스타인 지역에서 이스라엘의 지배권 확대를 정당화하는 정치적·도덕적 알리바이로 삼아왔다. 일본의 우익 진영이 피폭을 내세워 과거사를 망각하고 희생자연하는 집단적 최면에 빠져든 것이나 역사의 외상을 '정착 식민주의'(settlement colonialism)의 이데올로기로 변질시킨 유대 시오니스트의 심리는 유사하다. 다시 말해 히로시마와 아우슈비츠의 대비는 일본을 전쟁의 희생자로 부각시키고자 하는 의도와 달리 아우슈비츠에 의탁해 히로시마를 정치적으로 이용하는 일본 우익의 정치 게임의 실상을 더욱 뚜렷이 드러나게 해준다. 일본의 정체성 문제와 관련하여 프로이트의 또 다른 글 『집단 심리와 자아의 분석』도 흥미를 끈다. 이 글에서 프로이트는 집단의 구성원들을 하나로 묶어주는 것은 카리스마적인 지도자와의 동일시인데, 이때 집단이 따르고 숭배하는 지도자는 말하자면 자아 이상(ego ideal)에 해당한다고 주장한다. 수직적인 동일시가 수평적 결속의 원천이기 때문에 지도자와의 동일시가 멈추게 되면 구성원들의 결속력도 급속히 약화된다. 전전의 일본사회가 만세일계(萬世一系)라는 천황가를 신적 존재로 받들고 동일시함으로써 사회적 결속을 다지고 거기에서 국가적 정체성을 찾았다면, 전후에 천황이 정치적으로 무력화되고 상징적 차원으로만 남게 되자, 이번에는 피폭이라는 희생자 의식으로 사회적 결속을 도모하고 국민적 정체성의 원천을 길어내고 있다고 볼 수 있다.

이런 입장에서는 히로시마가 원폭 투하지가 된 것이 전략적 고려의 결과라는 점은 종종 간과된다. 당시 히로시마는 일본 열도의 남쪽 방어를 지휘하는 제2군 사령부와 군수물자를 조달하는 병참기지가 산재해 있었고 육군유년학교가 자리 잡고 있는 중요한 군사 도시였다. 그보다 앞서 19세기 말 청일전쟁 당시에는 전쟁을 총괄하는 대본영이 설치된 곳이고 그 후 대륙 침략의 선봉이었던 5사단 사령부가 들어서서 대륙침략의 전진 기지가 되었던 곳이 히로시마이다. 종전 후 복원된 천수각 바로 옆, 대본영 유적지가 지금도 관광객의 눈길을 끈다. 이곳에서 출병한 군대가 일본 대륙 침략의 첨병으로 우리의 을미사변, 만주 침략, 난징 대학살과 같은 만행을 저질렀던 것이니 피폭에 앞서서 군사요충지로서의 히로시마의 전사(前史)가 있는 것이다. 그러나 오늘날 평화의 메카로서 히로시마는 근대 일본의 중요한 군사적 거점 도시로서의 그 전사를 망각의 늪에 매몰시켜 버리고 그 과거에 대해서는 별로 언급하지 않는다.

세계 평화의 메카라는 히로시마의 이미지에는 이처럼 역사 왜곡의 그림자가 어른거리고 있다. 히로시마를 둘러보면서 마음이 편치 않았던 것도 바로 이 점이다. 평화는 단순히 전쟁의 부재만을 의미하는 것이 아니다. 노르웨이의 평화학자 요한 갈퉁(Johan Galtung)은 물리적 폭력의 부재로 정의되는 소극적 평화 못지않게 억압적 사회구조와 그것을 정당화하는 문화적 폭력을 제거하고 구성원들이 공정하고 평등한 삶을 영위할 수 있게 해주는 적극적 평화의 성취를 강조한 바 있다. 핵병기의 제거와 군축만으로 평화가 보장되는 것은 아니다. 진정한 평화는 '나' 아닌 '타'(他)에 대한 참된 이해와 그것을 바탕으로 한 선린우호관계를 유지할 때 가능할 것이다. 평화공원의 전시물이나 전반적 분위기에서 원폭 희생을 경험한 일본만이 평화를 논할 수 있다는 식의 어떤 독선적인 느낌마저 들었다. 난징 학살이나 위안부 문제를 역사의 날조라고 강변하는 사고가 지배적인 사회에서 아무리 평화를 고창하더라도 그것은 정략적인 구호 이상의 의미를 띠기 어렵다고 할 것이다.

일본이 전쟁 책임을 도외시하고 피폭의 희생만을 내세우게 된 데에는 전후 처리의 문제와 무관하지 않다. 연합군은 전후의 전범 처리에서 일본군 지휘부 몇 명만을 처단하고 침략 행위의 궁극적 수장인 천황을 전범 재판에 회부하지 않았을 뿐만 아니라 제위를 유지하게 해주었다. 천황은 군부의 폭거를 몰랐다는 것이다. 그의 무죄는 곧 일본 국민의 무죄를 뜻했다. 요컨대 일본 국민은 천황과 마찬가지로 군국주의자들에게 기만당했을 뿐이라는 것이다.[2] 이뿐만이 아



2) 주지하듯 일본의 정치학자인 마루야마 마사오(丸山眞男)는 「근세 일본정치사상에서 '자연'과 '작위'」(『일본정치사상연구』 수록) 및 전후에 쓰인 「초국가주의의 논리와 심리」(『현대정치의 사상과 행동』 수록)라는 논문에서 전전의 일본 군국주의 체제를 한마디로 책임 주체가 없는 자연의 세계라고 주장했다. 일본의 전쟁책임자들은 전쟁을 자신의 의지로 한 것이 아니라 명령에 따랐을 뿐이라고 하고, 명령의 최후 주체인 천황은 단지 이용만 당했을 뿐이라는 식이어서 어디에도 확실한 주체, 책임은 주체가 없는 상황이라는 것이다. 그는 전쟁 행위가 있었으면서도 그 작위의 주체가 부재하는, 그래서 모든 것이 '저절로' 그렇게 되어갔다는 식의

니다. 전범으로 기소된 상당수의 사람들이 무죄 방면되었고 이들이 전후 일본의 지도자로 재등장했다. 예컨대 전전에 상공대신이자 군수차관이었던 기시 노부스케(岸信介)는 1945년 A급 전범으로 체포되었지만 1948년 석방되어 정치활동을 재개했고 1957년에 총리가 되었다. 그는 1960년 전후의 평화헌법을 무력화시키는 시발점이 된 미일안보조약의 비준을 강행하고 여론의 질타에 못 이겨 사임했다. 이 사람이 바로 평화헌법의 수정을 통해 군국주의 부활을 주요 정책으로 삼고 있는 현 아베 신조(安倍晋三) 총리의 외조부이다.

도쿄의 전범재판은 독일 뉘른베르크의 나치 전범재판을 모델로 했지만 반인도적 범죄 행위를 전쟁 범죄와 분리하지 않은 채 심리가 진행되었다. 전쟁 범죄는 사실 승자의 한풀이라는 비판에서 자유롭지 못하다. 피소자들이 지목된 전범 행위를 전쟁의 일환으로 혹은 명령 수행으로 정당화하면서 '너, 또한'(tu quoque)의 논리로 항변하면 대응이 궁색해질 수밖에 없기 때문이다. 독일의 전범재판에서 결국 전쟁 행위와 무관하다고 말할 수 있는 유태인 학살과 같은 반인도적 행위가 전면에 대두되게 된 것도 이런 이유에서이다. 하지



---

무책임의 상황을 '자연'(じねん; 대상으로서의 자연을 뜻하는 'しぜん'이 아니라) 이라는 말로 형용하고 있다. 교토학파의 철학자 니시다 기타로(西田幾多郎) 또한 이른바 '무의 장소'라는 철학 개념을 원용하여 일본 역사에서 천황은 '무의 존재'였다고 주장한 바 있다(『일본문화의 문제』; 이에 대한 비판은 가라타니 고진(柄谷行人)의 『일본정신의 기원』(日本精神分析), 116쪽 참조).

만 도쿄의 전범재판에서는 이마저도 고려되지 않았다. 가령 잔혹한 생체실험을 자행한 만주의 731부대의 반인도적 범죄 행위는 확인되었으면서도 단죄되지 않았다. 미군 당국은 인체냉동실험, 병원체 주입실험, 생체해부 등에 관한 실험 데이터를 넘겨받는 대가로 일본인 관련자들을 석방했고, 이들 중 상당수가 전후 일본 의학계의 지도자가 되었다. 이런 전후 처리 과정이 일본군이 저지른 필리핀의 바탄 학살이나 난징 학살과 같은 반인도적 범죄를 전쟁 작전의 일환이었다고 강변할 수 있는 여지를 제공하게 되었다고 말할 수 있다. 결과적으로 일본사회에 전쟁 범죄나 전쟁의 책임 문제가 심각하게 의식되지 않게 된 것이다.

과거사에 대한 독일과 일본의 차이를 말하면서 흔히 루스 베니딕트(Ruth Benedict)가 『국화와 칼』(*The Chrysanthemum And the Sword*)에서 말한 죄의 문화와 수치의 문화 개념이 거론되기도 한다. 독일 사람들은 도덕의 절대적 기준이 있어서 다른 사람이 자신이 범한 죄를 모른다고 해도 죄책감을 느끼고 속죄를 통해 그 부담에서 벗어나고자 하는 죄의 문화에 속한다는 것이다.[3)]



---

3) 칼 야스퍼스(Karl Jaspers)가 거론한 네 가지의 죄 개념도 전쟁 범죄에 대한 전후 독일사회의 입장과 그 심적 태도의 한 자락을 가늠해 볼 수 있는 것으로 주목할 만하다. 종전 직후에 행해진 「독일인의 죄의 문제」라는 강연에서 야스퍼스는 법률을 위반한 범죄적 죄, 범죄적인 정치 체제를 용인한 정치적 죄, 범죄 행위에 관여한 도덕적 죄, 인간의 도를 유지하는 데 인간으로서 책임을 다하지 못한 형이상학적 죄를 구별하고, 잔혹

그 반면 죄가 드러날 때 비로소 수치감을 느끼는 수치의 문화에서는 죄가 세상에 알려지지 않는 한 괴로워하지 않는다. 그렇기 때문에 수치의 문화에서 주형된 일본인들은 자신의 죄에 대해 침묵을 지키고 그것을 덮어두려 한다는 것이다. 이런 시각이 나름의 타당성을 갖지만 양자의 차이가 문화적 전통의 상이성만으로 모두 설명될 수 있는 것은 아니다. 그보다는 앞서 말한 전후 처리 과정에서 일본의 과거청산이 제대로 이루어지지 않은 점이나 미국의 점령 정책에 큰 책임이 있다고 보아야 할 것이다.

1988년 12월 침략 전쟁의 주역 히로히토(裕仁) 천황이 사망하기 직전 원폭 도시 나가사키의 시장 모토시마 히토시(本島等)는 시의회에서 천황에게 결국 전쟁 책임이 있다는 요지의 발언을 한 적이 있다. 그러자 극우 단체가 수십 대의 트럭을 타고 나가사키로 몰려들어 신의 징벌로서 모토시마 시장의 죽음을 요구하는 시위를 벌였고 이듬해 1월 천황이 사망한 직후 모토시마는 한 극우주의자의 총에 피격되어 목숨을 잃을 뻔했다. 천황제에서 일본의 정체성을 찾고자 하는 시각은 오늘날 더 심화되고 있는 인상이다. 예컨대 소설가이자 일본 우익을 대변하는 정치인인 이시하라 신타로(石原愼太郎)는 천황과 일본 민족 사이의 관계는 한 나라의 수장과 그 국민 사이의 관계를 초월하는 것이고 바로 여기에 일본과 일본 민족의 유일무

---

한 전쟁 범죄를 저지르지 않았다 할지라도 독일인들은 정치적, 도덕적, 형이상학적 죄로부터 자유롭지 못하다고 말했다.

이성이 있다고 천황제를 선양하고 있다. 전후 70년의 세월이 흘렀지만 일본사회는 적어도 이념 면에서는 천황숭배를 근간으로 한 전전의 군국주의 체제와 별로 달라진 게 없다는 진단을 내려도 지나치다고 말할 수 없다. 천황을 위해 싸우다 죽은 희생자들을 군신으로 받드는 야스쿠니 신사의 참배를 대다수의 일본 정치인들이 고집하고 있는 데에서도 그 점이 확인된다. 천황 숭배나 신사 참배는 사실 지엽적인 문제일 수 있다. 중요한 것은 일본사회가 희생자의 신화와 기억상실증에서 벗어나 과거의 침략행위를 인정하고 그 침탈에 대한 정치적 책임을 자임하는 길로 나아가는 것이다. 그럴 때 비로소 히로시마도 반핵평화운동의 명실상부한 메카로서 역할을 다할 수 있을 것이고 동아시아에 진정한 의미의 평화 체제가 형성될 수 있을 것이다. (2015)

## ❖ 하트포드의 '시인의 길'

목하 걷기 열풍이다. 도시 근교의 웬만한 등산로나 천변 길은 으레 가벼운 차림의 걷는 사람들로 북적인다. 이제 걷기는 단순한 건강 운동을 넘어서서 일종의 사회체육 운동으로 자리 잡은 듯하다. 인터넷을 뒤적여보니 곳곳에 걷기 모임과 유관 단체가 있고 크고 작은 규모의 걷기 대회도 여럿이다. 이런 걷기 붐에 부응하여 지자체마다 길을 정비하고 더러는 새롭게 길을 만들어 그럴듯한 명칭을 붙여 홍보하기에 바쁘다. 제주올레길이나 지리산둘레길은 이미 전국적으로 알려져 수많은 사람들이 찾는 관광명소가 되었다. 서울시도 근래에 이른바 서울두드림길이라는 명칭 하에 서울둘레길, 한양도성길, 근교산자락길, 생태문화길, 한강지천길로 세분하여 많은 길을 정비하고 지정하여 걷기의 길로 많은 사람들을 끌어들이고 있다.

걷기에 대한 관심은 해외에서도 못지않은 것 같다. 얼마 전 미국 동부의 코네티컷 주에 잠시 체재할 기회가 있었는데 주도인 하트포드에 '시인의 길'(Poet's Walk)이 조성되어 있다는 것을 알게 되었다. 프로스트와 더불어 20세기 미국 현대시를 대표하는 스티븐스를 기념하는 길이었다. 걷는 김에 생전에 시인이 자주 걸었던 길을 따라 걸어보라는 취지로 지정된 길일 터이다. 스티븐스는 퓰리처상을 수상한 뛰어난 시인이면서 동시에 75세로 사망할 때까지 하트포드의 유수한 보험회사의 부사장으로 재직했었다. 그는 자동차를 운전할 줄 몰라서 매일 집과 도심에 있는 보험회사 사무실을 걸어서 출퇴근했는데, 2008년 스티븐스기념사업회(Friends and Enemies of Wallace Stevens)에서 약 2.4마일에 이르는 이 길에 13개의 화강암 표석을 세우고 그것을 '시인의 길'이라고 명명했다. 13개의 표석에는 「지빠귀를 보는 열세 가지 방식」("Thirteen Ways of Looking at a Blackbird")이라는 스티븐스의 초기 시의 각 연이 새겨져 있다.

어떤 분위기의 길인지 궁금하고 그 분위기를 느껴보고 싶기도 해서 나는 잠시 짬을 내 하트포드를 찾았다. 스티븐스의 시세계를 기웃거리게 만든 「눈사람」을 처음 읽었을 때의 신선한 감동이 내 기억의 한구석에 남아 그런 생각을 충동질한 것 같다. 하트포드는 코네티컷의 주도이지만 인구가 12만 정도인 크지 않은 도시이다. 보스턴과 뉴욕의 중간 지점에 위치해 있어서 뉴잉글랜드와 뉴욕을 이어주는 가교로서의 이점과 더불어 서쪽 내륙으로 통하는 편리를 겸비한 곳이기도 하다. 교통의 요지로서의 이런 입지 때문인지 하트포드는 미국의 유수한 대형 보험회사들의 본사가 소재하고 있는 "보험의 수도"이기도 하다. 물론 교통의 편의성만으로 하트포드가 보험산업의 세계적 중심지가 된 것은 아니다. 하트포드는 남북전쟁 직후 한때 미국에서 가장 부유한 도시였다. 콜트 총의 개발자인 새뮤얼 콜트(Samuel Colt)가 이곳에 공장을 세우면서 총기산업의 중심지로서 하트포드는 미국 경제를 좌지우지했고 뒤이어 재봉틀, 자전거

산업을 선도하는 공업도시로 각광을 받았다. 미국 최초의 공공 미술관인 왜즈워스 미술관(Wadsworth Atheneum), 공립 공원으로서는 미국에서 처음이라고 하는 부쉬넬 공원의 조성도 이런 경제력의 바탕이 있었기에 가능한 일이었을 것이다.

'시인의 길'은 스티븐스가 근무했던 하트포드 보험회사에서부터 시작된다. 얼핏 그리스 신전을 연상시키는 장중한 보험회사 건물은 시내 중심지 인근, 대로변의 작은 언덕바지에 서 있었다. 회사의 사옥이라기보다는 관공서라는 느낌을 주는 건물이다. 건물 전체가 회백색의 대리석인 데다가 전면의 포티코를 육중한 주랑이 떠받들고 있어서 그런 인상을 부채질한다. 공식 명칭이 '하트포드 사고 및 배상 보험 회사'(The Hartford Accident and Indemnity Company)인 이곳에서 스티븐스는 1916년부터 1955년 사망할 때까지 39년을 근무했다. 75년 생애의 반 이상을 이 회사에서 보증보험 일을 하며 보낸 것이다. 보증보험은 약정된 일을 계약 당사자가 이행하지 못했을 경우 발생할 수 있는 손해를 대비해서 드는 보험이다. 그러기에 그것은 계약 쌍방의 현황과 조직 및 재정 상황을 면밀히 살피고 적정한 보험액을 산출하지 않으면 안 되는 까다로운 일이다. 이렇게 꼼꼼하게 사정을 하더라도 예상치 못한 일들이 약정 기간 중에 발생하는 경우가 많아서 보험회사로서는 늘 손해의 위험을 안고 해야 하는 일이기도 하다. 스티븐스는 이 까다로운 일을 주도면밀하고 능숙하게 처리하여 보증보험 분야의 최고의 전문가로 통했다. 그와 함께 일했던 사람들은 그가 계약에 따르는 위험을 줄타기하듯 즐기는 인상을 받았다고까지 증언하고 있다. 늦어도 70세면 은퇴하는 것이 회사의 관례인데 그가 75세 사망할 때까지 일을 할 수 있었던 것은 이처럼 일처리가 능수능란하여 회사에 손해를 끼치는 경우가 드물었기 때문이었을 것이라 짐작된다.

만년에 이르러 경제적으로 풍족하고 시인으로서 명성이 드높아졌는데도 그가 보험 일을 손에서 놓지 않은 것을 그의 지인들은, 특히 그와 교분을 나눠온 시인들은, 의아해하기도 했다. 사망하기 1년 전인 1954년 스티븐스는 모교 하버드 대학으로부터 찰스 엘리엇 노턴(Charles Eliot Norton) 강좌 석좌교수로 초빙받았으나 그 일로 장시간 회사를 비우면 퇴직을 강요당하지 않을까 우려되어 그것을 거절했다. T. S. 엘리엇, 프로스트, 손턴 와일더(Thornton Wilder)와 같은 대가들이나 초빙받을 수 있는 강좌이다. 이런 명예로운 자리를 거절한 것이 놀랍고, 그것이 74세까지 지켜온 일자리에 대한 미련 때문이었다고 하니 더더욱 놀라울 뿐이다. 이를 어떻게 이해해야 할 것인가? 그는 "돈도 일종의 시다"라고 말한 적이 있다. 보험회사 부사장으로서의 비즈니스와 시인으로서의 시 쓰기는 스티븐스의 삶에서 어떤 의미를 지닌 것이었을까? 이 두 가지 일은 그에게 '이중의 삶'(double life)을 강요한 것이었을까, 아니면 내밀한 연관성이 있는 것이었을까?

스티븐스는 사망한 해인 1955년, 그 전해에 출간된 『시선집』(*Colleoted Poems*)으로 퓰리처상과 선미노서상을 수상했다. 아울러 예일대로부터 명예문학박사 학위도 받았다. 이보다 앞서 1951년에도 전미도서상을 받았다. 모두 70대에 들어선 만년의 영광이다. 말년에 찾아온 이런 영예에도 불구하고 시인으로서 그의 삶은 굴곡진 것이었다. 1900년에 하버드 대학을 마치고 뉴욕으로 진출하여 기자로 잠시 일한 후 뉴욕 법대를 졸업하고 변호사로, 뒤이어 보험회사 직원으로 생활하다가 그가 공식적으로 시인으로서 데뷔한 것은 1914년 해리엇 먼로(Harriet Monroe)가 편집하고 있던 『시』지에 4편의 시를 발표하면서이다. 그의 나이 35세 때였다. 스티븐스의 첫 시집 『하모니엄』(*Harmonium*)이 출판된 것이 1923년인데 이때 그는 44세였다. 그 뒤로 약 10년간은 시다운 시를 내놓지 못했다. 그가 다시 시를 쓰기 시작한 것은 하트포드 보험회사의 부사장으로 승진한 1934년 무렵부터이다. 이렇게 늦깎이로 출발했고 게다가 보험회사 일과 병행하여 틈틈이 시를 썼는데 만년에 대시인으로 인정받았다는 것은 실로 흔치 않은 사례이다. 그의 개인사가 유독 궁금해진 까닭도 여기에 있다.



오래전 그의 전기를 뒤적이다가 눈에 띈 다음의 구절을 나는 아직 기억하고 있다. 그가 72세 때인 1951년에 아일랜드의 한 지인에게 보낸 편지의 일절이다.

> 베토벤이 자신이 성취한 것을 되돌아보면서 그것이 자신이 이룩하길 희망했던 것과 비교할 때 빵부스러기를 끌어 모은 것에 불과하다고 말했다면, 나 역시 한때 이루기를 희망했던 것과 내가 이룬 보잘것 없는 것을 견주어보면서 이보다 더 적절한 수사를 찾을 수 없을 것 같다. 지금까지 나는 행복하고 유족한 생활을 해왔다. 하지만 생

계를 위해 대부분의 깨어 있는 시간을 바쳐온 대신 생각하고 시 쓰는 일에 헌신했더라면 내가 어쩌면 도달했을지도 모르는 세계, 그 세계들의 세계에도 아직 들어서지 못한 상태라고 생각한다. 자신에게 최선인 삶의 방식에 삶의 전 시간을 바쳐야 한다는 것은 고래의 진리이다. 그러나 나의 경우는 그렇지 못했다. 하지만 내가 좀 더 확고한 입장에 서서 시 쓰기에 전념했더라면, 나는 어쩌면 단순한 회한 정도가 아니라 참담한 파멸적 심경으로 내 삶을 되돌아보게 되었을지도 모른다. 나는 내가 시 쓰는 일에 시간을 더 들였더라면 어떻게 되었을지 모른다고 말할 수 있는 여유를 즐기는 행복한 처지에 있다. 이는 삶의 온 시간을 바쳤으나 종국에는 자신이 그 일을 감당할 만한 자질이 없었다는 것을 발견하게 된 것보다는 훨씬 낫다.



시인이라면 자신이 쓴 시 한 행이, 더 나아가 한 편의 시가 하나의 세계를 담길 바랄 것이다. 인간이라면 누구나 또한 자신의 생애가 하나의 완결된 세계를 이루기를 원할 것이다. 그러나 그런 바람대로 "세계들의 세계"를 이룬 삶을 산 사람이 얼마나 될 것인가. 시업에 생애를 걸었다가 세인의 인정을 받지 못하거나 혹은 자신의 재주가 부족하다는 것을 자인해야 할 처지에 이르렀을 때의 참담함이 두려워 시 쓰기에만 전념하지 않았다고 스티븐스는 말하고 있다. 그가 다룬 보증보험 업무는 예상치 못한 요인으로 손해의 위험이 늘 따르는 일이다. 시 쓰기에 아무리 전심전력을 기울였더라도 그 산물에 대한 평가는 녹자의 몫이니 세속적 인정을 얻는 것에 목적을 두었다면 그것이야말로 결과를 장담할 수 없는, 다시 말해 '예상치 못한 위험'이 내재해 있는 일이다. 보험 일로 그 손해의 쓰라림을 잘 알고 있었던 그였기에 사업의 실패에 대한 두려움이 남달리 컸던 것일까? 스티븐스의 보험 일에 대한 집착에는 자수성가의 성공담이 사회적 신화를 이루고 있는 미국사회에서 미국 중산층 남성들을 사로잡고 있는 성공에 대한 강박관념의 편린이 엿보이기도 한다.

스티븐스가 뉴욕에서 신문기자로 일하다가 변호사가 되기로 결심한 데에는 생활이 어려워 아버지에게 경제적 도움을 요청했으나 거절당한 일도 작용했다. 펜실베이니아의 레딩에서 변호사이자 사업가로 성공한 그의 아버지는 하버드에 재학하고 있던 아들에게 보낸 편지에서 미국의 젊은이는 빈손으로 시작하여 가정을 부양하고 자식을 대학에 보낼 수 있을 정도의 경제력을 갖출 책무가 있다는 것을 강조한 바 있다. 스티븐스는 이제껏 누려왔던 편안한 중산층 생활을 향유하기 위해서는 일주일 중 엿새를 아침부터 저녁까지 열심히 일해야 한다는 사실을 뉴욕에서 뼈저리게 느꼈다. 고등학교를 중퇴한 빈한한 집안 출신의 여자와의 결혼을 아버지는 극력 반대했고, 5년여의 기다림 끝에 그가 결혼을 강행하자 아버지는 아들과의 관계를 끊었고 그 단절은 아버지가 죽을 때까지 계속되었다. 이런 상황이었으니 생활비가 많이 드는 뉴욕에서 경제적으로 안정된 가정을 꾸려야 한다는 생각이 그를 짓눌렀을 것이라는 것은 쉬이 짐작할 수 있는 일이다. 대학 시절에 학교신문인 『하버드 대변자』(*The Harvard Advocate*)의 편집장을 지내면서 여기에 수십 편의 시와 소설을 발표한 적이 있었던 스티븐스는 뉴욕에서 변호사로 일하면서 저녁이면 틈나는 대로 시를 썼고 시에 대한 은밀한 열정을 아내 엘지 케이첼(Elsie Kachel)에게 토로하기도 했다. 그러나 중산층의 생활을 이어가기 위해 안간힘을 써야 했던 뉴욕에서 그 열정을 현실화할 기회는 좀처럼 주어지지 않았다. 1916년 하트포드로 직장을 옮기고 다소 여유가 생기면서 비로소 그는 시작 활동을 본격화할 수 있었다.

시인의 길의 출발 기점이 되는 첫 번째 표석은 하트포드 보험회사 건물 왼편 잔디밭 아래쪽 대로변에 서 있다. 「지빠귀를 보는 열세 가지 방식」의 첫 연이 새겨진 아담한 화강암 표석이다. 그 아래에는 스티븐스의 이력에 대한 간단한 설명과 13개의 표석을 표시한 지도가 새겨진 동판이 부착되어 있다.



스무 개의 눈 덮인 산 사이
유일하게 움직이는 것은
지빠귀의 눈뿐이었다.

첫 연은 시적 상황 혹은 그 맥락의 설정이라고 말할 수 있다. 눈 덮인 적막한 산들 그리고 그것을 바라보고 있는 지빠귀. 유일하게 움직이는 것은 지빠귀의 눈이라는 진술은 산과 지빠귀, 이 두 존재를 주체와 객체, 곧 대상과 그것을 보고, 느끼고, 생각하는 인식 주체로 치환시켜 생각하게 만든다. 그 생각은 또한 지빠귀는 시인의 관찰 대상, 곧 객체적 존재이면서 동시에 대상을 관조하는 시적 자아를 상징하는 것일 수 있다는 추론으로 곧바로 이어진다. 서정시가

시인의 길의 출발 기점이 되는 첫 번째 표석과 시인의 길 안내도

대체로 대상을 관찰하며 느낀 감정의 파동을 펼치는 형식이라는 장르 일반론의 견지에서도 그렇고 스티븐스의 시 대다수가 시적 자아가 대상을 관찰하는 행위 그 자체, 곧 시적 인식의 문제를 주관심사로 하고 있기 때문이다. 다시 말해 눈에 파묻힌 산 속, 나무 위에 앉아 고개를 주억거리며 주위를 두리번거리고 있는 지빠귀의 모습을 바라보면서 시인은 그 정황을 세계를 관찰 대상으로 삼고 있는 시인 자신의 경우와 겹쳐 보고 있는 것이다.

시인의 길은 첫 번째 표석에서 서쪽으로 '어사일럼 가'(Asylum Avenue)를 따라서 이어진다. 인근 어딘가에 예전부터 아픈 사람들을 위한 병원이 있어서 이런 가로 이름이 붙여진 모양이다. 어사일럼 가는 왕복 2차선 도로인데 차들의 내왕이 끊이지 않는 꽤 분주한 길이다. 길 양편으로는 오래된 공공건물과 주택 그리고 주차 공간 등이 계속 이어져 있다. 스티븐스가 이 길을 걸어 다녔을 무렵에는 아마 교통량이 그다지 많지는 않았을 것이다. 그는 시상에 잠겨 이 길을 걸었고, 도중에 떠오른 시구를 적어두었다가 한 편의 시로 완성하곤 했다. 만년에 그는 이렇게 회고한 바 있다.

> 내 시의 대다수가 밖에서 걸으면서 쓰인 것이다. 걷기는 집중에 도움을 준다. 내 자신의 걷는 움직임이 얼마간 시의 움직임에 스며들곤 했다고 생각한다.

걷기가 시상을 얻고 숙고하는 데 요구되는 정신 집중에 도움이 되었다니 스티븐스 또한 아리스토텔레스가 일군 소요학파의 리스트에 이름을 올릴 자격이 충분하다. 게다가 시의 운율이나 리듬과 같은 형식적 요소에 발걸음이 알게 모르게 영향을 미쳤다니 걷기는 시 쓰기의 예행연습인 셈이다.

한 걸음 더 나가 걷기는 그에게 햇살과 바람과 맑은 공기를 맛보고 삶을 향유하는 행위라고 말해도 되리라. 한 블록을 건너서 얼마쯤 걸으니 진갈색 벽돌로 된 교회가 보인다. 인근의 언덕 이름을 딴 어사일럼 힐 회중교회이다. 스티븐스의 부인인 엘지가 가끔 다니던 교회이다. 두 번째 표석은 교회의 왼편 잔디밭, 쇠창살 울타리 너머에 자리하고 있다.

나는 세 가지 마음,
세 마리의 지빠귀를 품은
나무처럼.



그렇다. 앞서 시사한 대로 시인은 대상을 바라보면서 이내 시적 자아로 회귀한다. 그는 나무 위에 앉아 주위를 두리번거리는 세 마리의 지빠귀를 보면서 자신의 내면을 스치고 지나가는 마음의 풍경을 떠올린다. 그들은 거의 동일한 대상이지만 각각 서로 다른 이미지로 마음속에 각인된 것이리라. 아니 똑같은 대상이었다 하더라도 순간마다 느끼는 인상은 다를 것이다. 시인은 마음의 풍경을 세 가지로 적시하고 있으나 그것은 운율을 고려한 선택일 수 있다(three-tree). 그러니 반드시 셋일 필요는 없다. 여기서 말하는 마음이 감각에 자극받은 의식을 가리키는 것인지 단순한 감각적 경험을 의미하는 것인지는 분명치 않으나 어느 쪽이든 그것은 무한대로 열려 있다.

다시 길을 따라 걷는다. 횡단로를 건너니 빨간 벽돌에 가장자리를 흰색으로 두른 3층 건물이 보인다. 입구에 하트포드 예술학교라는 안내판이 보인다. 세 번째 표석은 그 건물 앞에 있었다.

가을바람을 타고 지빠귀가 맴돌았다.
그것은 무언극의 한 작은 부분.

시는 다시 지빠귀가 나는 풍경을 묘사하고 있다. 시는 이렇게 안과 밖, 사색과 관찰, 시적 자아와 풍경 사이를 오간다. 가을바람을 타고 새가 선회했다니 시상을 얻은 것이 눈 내리는 늦가을 무렵이었던 듯하다. 시의 시제가 과거형이니 시인은 이때의 풍경을 기억 속에 간직했다가 나중에 시로 만들었음이 분명하다. 두 번째 행의 무언극이란 무엇을 말하는 것인가. 바람을 타고 날아오르는 지빠귀를 바라보며 시인이 느끼는 감회가 한 편의 드라마처럼 언어로 결구되기에 그렇게 말하는 것인가. 어원적으로도 무언극은 감각한 바 일체를 모방하는 것(panto+mime=all+imitation)이니, 그것을 언어로 모방하는 시작 행위 그 자체를 가리킨다고 보아도 무리가 없을 것이다.

다시 수백 미터를 걸으니 네 번째 표석이 잔디밭 위에 보인다. 바로 옆에 커다란 성 프란체스코 병원이 있다. 이곳을 드나드는 사람들 탓인지 교통량이 더 많아진 듯하다.

남자와 여자는
하나

남자와 여자와 지빠귀는
하나

수수께끼 같은 구절이다. 남자와 여자는 이분법적 분할의 표상인가? 이분법적으로 나뉘어 있는 모든 것들의 통합 혹은 하나 됨에 대한 바람을 말하고자 하는 것인가. 그 다음 행에 이르러 나눠 있는 대상은 지빠귀까지 포함하여 셋으로 늘어나고 그러면서 또한 삼위일체를 표명하고 있다. 내게 이 구절은 스티븐스의 불행한 결혼생활을 떠올리게 만든다. 부모의 극력 반대를 무릅쓰고 한 결혼이었으나 아내 엘지와의 사이는 시간이 흐를수록 틈이 벌어지고 만년에는 서로 친밀감을 느끼지 못하는 냉랭한 관계가 되었다.

스티븐스의 시는 여태껏 주로 실재와 상상력의 문제를 다루는 시론의 시 혹은 메타시로 읽혀왔으나 근래에 그의 개인사와 관련하여 읽을 필요성도 제기되고 있다. 가령 하버드 대학의 스티븐스 연구자 헬렌 벤들러(Helen Vendler)는 2009년 그의 선집 출판에 즈음하여 『뉴욕 타임스』에 쓴 서평에서 스티븐스 초기 시의 수작으로 종종 거론되는 「눈사람」을 실재의 인식 문제를 제기한 시로만 읽어온 점을 비판하고 그것을 소통이 안 되는 부인과의 불행한 결혼생활을 견뎌낸 견인주의에 대한 우회적 표현으로 읽힌다는 파격적인 주장을 편 바 있다.

이런 견지에서 “남자와 여자는/하나”라는 구절은 남녀가 서로 완벽한 교감을 갈망하지만 결코 메울 수 없는 간극이 있을 수밖에 없는 사정을 역설적으로 토로한 것으로 읽히기도 한다. 스티븐스는 “시인이 세계를 바라보는 것은 남성이 여성을 바라보는 것과 다소 흡사하다”고 쓴 적이 있다. 이제 이 말은 스티븐스 시학의 요체가 무엇인지를 시사해준다. 시인은 관찰 대상과 완벽한 합치 혹은 동일시를 갈망하나 대개는 양자 사이에 간극이 엄존함을 확인할 뿐이다. 스티븐스의 시세계는 이 간극을 응시하며 그것을 어떻게 극복할 것인가라는 문제로 수렴된다고 해도 과언이 아니다. 그 핵심적 관심사인 실재와 시적 상상력의 관계도 이 물음의 일환이라고 볼 수 있다.

다섯 번째 표석은 성 프란체스코 병원 앞에 서 있다. 스티븐스는 1955년 봄에 이 병원에서 위암 진단을 받은 후 수술을 받고 회복되는 듯하다가 병세가 악화되어 결국 8월 2일 이곳에서 사망했다.



어느 편이 더 좋은가,
소리의 아름다움인가
암시의 아름다움인가,
지빠귀의 지저귐인가
지저귐이 끝난 뒤의 여운인가.

언어인가 메시지인가, 소리와 리듬인가 아니면 인식과 상징인가. 시적 화자는 지빠귀가 지저귀는 소리를 들으면서 아니면 그 소리를 상상하면서 다시 내적 사색에 빠진다. 그것은 자신이 향후에 쓸 시의 방향성에 관한 고민이라고 말할 수 있다. 스티븐스 시는 후기에 이를수록 미학적 완결성보다는 시적 상상력을 탐구하는 철학적인 시로 변모해갔다는 것이 일반적 평가이다. 그러나 1917년에 발표된 이 시가 보여주듯이 그는 초창기부터 시의 형식과 전언의 균형 문제를 고심했고, 그것은 일생 동안 시종 변함없는 관심사였다. 이 시도 그렇지만 그의 초기 시는 이미지즘의 영향이 뚜렷했다. 그러나 사물에 대한 관념이 아닌 사물 그 자체를 지향하면서도 그는 시가 단순한 감각적 현상인지 아니면 정신활동인지를 늘 자문했다. 1942년 발표한 『최상의 허구를 위한 노트』(*Notes Toward a Supreme Fiction*)를 기점으로 그는 장시의 형식을 빌려 시적 상상력과 사물 인식의 문제를 깊이 천착하기 시작하지만 그것이 초기의 관심사와 질적으로 달라진 것인지는 의문이다.



제법 넓은 교차 도로인 우드랜드 가를 지나면서부터 어사일럼 가는 왕복 1차선으로 좁아진다. 도심을 벗어나 이제 교외의 주택가로 들어선 것 같다. 길을 건너자 곧바로 하트포드 고전학교(Hartford Classical Magnet School) 건물이 보인다. 여섯 번째 표석은 학교 구내의 커다란 나무 아래에 서 있다.

고드름이 기다란 유리창을
야생의 유리로 뒤덮었다.
지빠귀의 그림자가
유리창을 이리저리 가로질렀다.
그 분위기에 젖어

그림자 속에서
해독할 수 없는 원인을 더듬었다.

시적 화자는 이제 실내에서 유리창을 통해 지빠귀를 바라본다. 유리창에는 또한 "야생의 유리", 고드름이 끼어 있다. 그리하여 지빠귀는 불투명한 그림자로 그의 시야에 들어온다. 우리는 사물을 있는 그대로, 그 순수태로, 가장 객관적인 양태로 인식하고자 하나, 거기에 다른 훼방꾼들이 끼어든다. 보다 정확히 말해서 그것들이 끼어든다기보다는 인식 주체가 그들을 홀연 의식하게 된다. 그들은 문명적인 것(유리)일 수도 있고 자연적인 것(고드름)일 수도 있다. 문명과 자연이 교직하며 존재자의 본모습에 온갖 상상과 허구와 편견의 피막을 덧씌워왔기 때문에 그것을 헤쳐 나가야만 실재에 도달할 수 있다. 이를 알아차리더라도 그 피막이 인식 주체의 눈에 들씌워진 것인지 아니면 존재의 표면에 그것이 덕지덕지 눌러 붙어 있는지 헤아리기가 쉽지 않다. 그것은 "해독할 수 없는 원인"으로 비친다. 후기에 이를수록 스티븐스는 이 피막을 걷어내 실재에 이르는 길의 모색에 한층 더 매달렸고 그런 일련의 노력의 수행 주체를 상상력이라 지칭했다.

고등학교 건물을 뒤로 하자 커다란 공공건물이 사라지고 도로 양편으로 고급 주택가가 이어진다. 얼마 가지 않아 학교로 들어가는 또 다른 입구 근처에 서 있는 일곱 번째 표석이 보인다. 그 뒤로 커다란 마로니에 나무가 표석을 옹위하듯 서 있다.

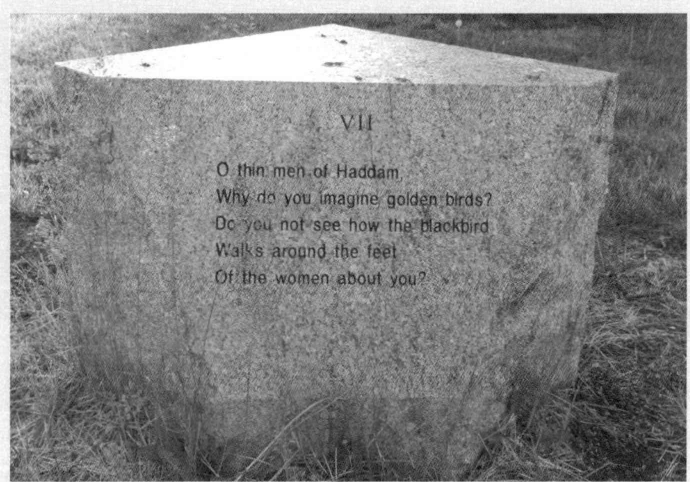


시인의 길의 여섯 번째 표석과 일곱 번째 표석

오, 해덤의 경박한 사내들이여,
왜 황금의 새를 마음에 그리는가?
그대들에겐 보이지 않는가,
그대들 주변 여인들의 발치를
지빠귀들이 맴돌고 있음을.

해덤은 코네티컷 남쪽의 작은 도시이다. 이 지명을 왜 끌어들였는지는 분명치 않다. 이 역시 운율을 고려한 선택일 수 있고 해덤의 사내들이 하는 양태를 인간의 근원적인 한 양태로 규정짓고자 하는 의도에서 유사음인 아담을 연상시키고자 하는 시적 전략의 소산일 수 있다. 아무튼 해덤의 사내들은 욕망의 대상으로 응시해 마지않는 여인들의 주변에 살아 있는 지빠귀가 맴돌고 있음에도 불구하고 그것을 제대로 보려 하지 않고 관념화된 황금의 새만을 떠올린다(여기에 윌리엄 예이츠(William Yeats)가 「비잔티움으로의 항해」에서 언급한 황금 새의 이미지가 겹치고 있음이 물론이다). 황금 새는 아무리 금빛 찬란하게 치장되어 있다 하더라도 실제의 새는 아니다. 아담이 그러했듯이 대다수의 사람들은 현란한 수사 혹은 화려한 이미지에 현혹되어 실재의 세계로부터 필경 유리되고 만다. 스티븐스는 「불행의 미학」이라는 시에서 "가장 큰 빈곤은/물리적 세계에서 살지 않는 것이다"라고 썼다. 세계는 풍요 속의 빈곤에 허덕이고 있는 것이다.

어사일럼 가는 이제 약간 북쪽으로 꺾어지면서 오르막길이 된다. 길은 작은 샛강을 건너면서 그것을 경계로 도심의 훤소를 뒤로 하고 나무들이 조화를 이룬 전원풍의 주택가로 접어든다. 여덟 번째 표석은 이 주택가의 한 고풍스런 집으로 들어가는 길목의 안쪽에 세워져 있다.

나는 알지, 고결한 억양과
명료하고 피할 수 없는 운율을,
하지만 나는 또 안다,
내가 아는 것에
지빠귀도 내포되어 있음을.

이 구절은 5연의 생각을 다시 불러들이면서 동시에 앞 연의 메시지를 재확인하고 있다. 존재에 대한 인식 그리고 그것의 언어화는 존재 대상과 일치하고자 하는 의지가 강렬할수록 자칫 그것으로부터 유리될 수 있다. 주객 합일에의 열망은 필경 그 불가능성의 확인으로 귀결되기 십상이고 그와 동시에 실재는 인식 주체의 상상적 구성물일 뿐이라는 생각이 밀고 들어올 수 있다. 존재는 인식 불가능한 대상, 말하자면 칸트적 의미의 '물자체'로 소외되게 되고, 이 소외는 역설적으로 시적 상상력을 정당화하는 에너지로 전용된다. 그 결과 존재 인식은 상상력에 의한 허구 창조라는 궤적에 진입하게 된다. "억양"과 "운율"로 이루어진 시, 혹은 스티븐스가 다른 맥락에서 말한 이미지와 음악성으로 결구되는 '순수시'에의 유혹은 이런 정황에서 잉태될 수 있다. 그러나 스티븐스는 이 유혹에 저항한다. 그는 의미를 사상한 순수한 묘사 혹은 낭랑한 음악성을 전경화하는 시를 장식적인 것으로 규정하고 이를 지양하는 시학을 모색해갔다.

스티븐스는 물론 상상력의 창조성을 부인하지 않는다. 그러나 그것이 대상을 변용하거나 거기에 정신의 형상을 투사하는 방식으로서가 아니라 대상에 덧씌워져 있는 겹겹의 피막, 낡은 수사의 옷을 벗겨내고 대상의 시원적 모습을 드러내는 힘으로 작용해야 한다고 그는 믿는다.『최상의 허구를 위한 노트』에 최상의 허구 창조를 위한 조건으로 '추상화해야 한다', '변화해야 한다', '기쁨을 주어야 한다'는 세 가지 명제가 제시되어 있는데, 이 중 추상화한다는 것의 참뜻도 이것이다. 스티븐스에게 추상화는 구체적이고 감각적인 것으로부터 벗어나 일반적이고 관념적인 것을 지향한다는 관습적 의미가 아니라 오히려 그 어원적인 의미 그대로 대상으로부터 인습적인 것을 떨어낸다(abstrahere = to draw away)는 뜻이다. 상상력이 이처럼 실재에 투영되었던 왜곡과 굳어진 시각을 벗겨내고 그것을 있는 그대로 지각하도록 이끄는 힘이라면 실재는 인식하고 포착되는 대상이라기보다는 순간순간의 경험 그 자체의 지칭으로 다가온다. 하이데거적인 어법으로 다시 말한다면, 시적 자아가 실재를 순수하게 지각하고자 응시할 때 그것은 어느 순간 그 존재성을 문득 드러낸다. 드러남의 순간에 시적 자아 또한 그것에 참여함으로써 스스로를 일깨우며 새롭게 정립된다. 따라서 스티븐스의 시학에서 자아는 실재에 선행하는 고정된 실체가 아니라 실재의 현전에 참여하며 부단히 변모하는 유동체이다.

아홉 번째 표석은 꽤 멀리 떨어져 있다. 한참을 걸어도 보이지 않는다. 거리의 건너편으로 널찍한 풀밭이 보인다. 스티븐스가 자주 갔던 그래서 그의 시에 가끔 등장하는 엘리자베스 공원의 일부이다. 횡단로가 나타나서 건너자 주랑이 전면에 늘어서 있는 거대한 맨션이 보이고 표석은 그 집으로 들어가는 길목에 서 있다.

지빠귀가 날아 시야에서 사라지면서,
많은 원 중 하나의 끝자락에
자국을 남겼다.

인식 행위를 통한 자아의 정립 혹은 자아 만들기는 미국문학에서 종종 원형의 이미지로 제시되어왔다. 에머슨(Ralph W. Emerson)은 「원」("Circles")이라는 글에서 "눈이 첫 번째 원이다. 두 번째는 그것이 형성하는 지평선이다"고 말한 적이 있다. 인식의 지평이 곧 자아의 가두리를 형성한다는 말이다(눈 'eye'와 대문자 'I'가 동음이의어임을 상기하라). 에머슨은 이 원형적 형상이 자연 속에서 끝없이 반복된다고 적었다. 스티븐스적 자아가 순간순간 자신을 정립해가는 유동체라면 지빠귀와의 만남으로 쇄신된 자아를 표상하는 원은 수많은 원들 중의 하나인 것이 당연하다. 지빠귀는 시적 화자의 삶 속에 그 기억을 남기고 어디론가 사라졌다. 그 빈자리는 또 다른 만남을 기약하고 기대하게 하는 기표이기도 하다.

길은 이제 어사일럼 가와 교차하는 테리 로드로 바뀐다. 오른편으로 꺾어 테리 로드를 따라가자 또 다른 거대한 주택이 보이고 열 번째 표석이 그 경사면에 서 있다.

녹색의 빛 한가운데를 날아가는
지빠귀들을 보면,
말소리 낭랑한 창녀들조차
날카로운 탄성을 지르리.

다시 지빠귀들의 비상하는 모습을 포착하고 있다. 아닌 게 아니라 이 근처에 이르니 새가 자주 눈에 띈다. 지빠귀처럼 보이는 검은 새도 보인다. 녹색은 전통적으로 생명 혹은 생기의 표상이다. 지빠귀 무리들이 녹색의 빛을 타고, 곧 생명의 기운을 뻗치며 하늘을 난다. 그것은 존재의 과시요 그 함성이다. 이 눈부신 정경은 "말소리 낭랑한 창녀들"까지 탄성을 자아내기에 족하다. 여기 "창녀들"이 운율과 리듬에만 탐닉하는 어설픈 시인들의 은유라면, 이 구절은 인간을 둘러싼 자연 존재는 종종 어설픈 삼류 시인의 시심마저도 자극하는 강렬한 체험을 제공한다고 되새길 수 있다. 그러나 그런 황홀경이 존재의 변모를 끌어내는 경우는 드물다. 많은 경우 그것은 그냥 헛되이 낭비되어버린다.

테리 로드를 따라 수백 미터를 가다가 시인의 길은 마침내 스티븐스의 집이 있는 거리, 웨스털리 테라스로 꺾어진다. 웨스털리 테라스는 약간 오르막길이다. 열한 번째 표석은 두 길의 교차점에서 얼마 떨어지지 않은 곳에 있다.

그는 유리마차를 타고
코네티컷 너머로 달려갔다.

일순 공포가 그를 꿰뚫었다.

마차 그림자를

지빠귀로

잘못 보았던 것이기에,

유리마차를 타고 코네티컷 너머로 달려가는 '그'는 누구인가. 시적 화자인가? 왜 코네티컷의 경계를 넘어서 달려가는가? 날아가는 지빠귀를 좇아서? 무미한 일상에 인식의 충격을 주고 날아간 지빠귀를 자신의 삶의 일부로, 존재의 원환 속에 거두어 두기 위해서 화자가 유리마차를 타고 그 뒤를 좇아가는 것이라면, 화자를 실은 유리마차는 그의 상상력의 은유로 보아도 무방할 것이다. 따라서 코네티컷 너머로 달려가는 유리마차는 화자의 인식의 지평의 확대이자 존재의 팽창이라는 함의를 지닌다. 그러나 과도한 비상은 존재 그 자체를 삼켜버리는 수가 있다. 지빠귀에 대한 열망이 지나친 나머지 화자의 상상력은 과도하게 증폭하여 제 장단에 춤을 추면서 자신의 그림자를 지빠귀로 착각할 수 있다. 그것을 자각하는 순간 공포심이 엄습하여 존재를 꿰뚫었다고 시인은 쓰고 있다. 인간의 상상력은, 그 나래에 실린 언어는, 기실 실재에 이르지 못하고 제 흥에 겨워 춤을 추는 것이 다반사이다. 그 흔한 감상의 과잉을 몸서리쳐지는 공포로 받아들인 데 스티븐스의 스티븐스다움이 있다. 전후기를 막론하고 그의 시적 상상력에는 청교도적 절제와 염결성의 저류가 흐르고 있다는 것이 새삼 상기된다.

웨스털리 테라스는 일방통행이지만 길은 넓은 이차선이고 가운데에 잔디가 심어져 있는 분리 공간이 있다. 고풍스러우면서 고즈넉하고 풍유한 분위기가 물씬 풍기는 거리이다. 길을 얼마쯤 따라가니 중앙의 분리 공간의 경사면에 열두 번째 표석이 보인다.

강물이 흐른다.
지빠귀도 분명 날고 있겠지.

우리의 눈은 인식의 대상을 클로즈업시키고 우리의 상상력은 풍경을 언어의 화폭에 붙잡는다. 그러나 그 순간에도 세계는 운행을 멈추지 않는다. 이 중단 없는 흐름으로부터 유예된 존재자는 없다. 인식 주체도 그 대상도 멈추지 않는 변화의 흐름 속에 있다. 존재의 드러남과 자아의 드러냄이 합치되는 순간을 언어로 현전화하고자 하는 스티븐스의 시학에 이 헤라클레이토스적 삶의 조건은 커다란 도전으로 다가온다. 매 순간 새롭게 드러나는 존재와의 만남, 그 현전의 경험을 언어화하는 순간 그 존재성은 고착되어 결국 과거 속에 은폐되고 마는 것이기 때문이다. 그러나 이 엇나감이 반드시 부정적인 것만은 아니다. 성공이자 실패인 그 근원적 모순이 또 다른 만남을 위한 시도를 끊임없이 자극하는 원동력이기 때문이다.

이제 드디어 여정의 종착지에 이르렀다. 얼마쯤 더 걸으니 마지막 표석이 눈에 들어온다. 웨스털리 테라스 118번지, 스티븐스의 집에서 조금 못 미친 지점이다.

오후 내내 저녁이었다.
눈이 내리고 있었고,

계속 내릴 참이었다.
지빠귀는 앉아 있었다
삼나무 가지 위에.

마지막 연은 우리를 다시 원점으로 데려간다. 그것은 첫 연의 광경을 조금 더 부연했을 뿐 별반 다를 게 없는 상황이다. 이렇게 시의 시종이 거의 동일하기 때문에, 지금까지 보아온 나머지 11개의 연은 지빠귀에 대한 파노라마적 풍경이라기보다는 지빠귀에 의해서 순간적으로 자극된 시적 화자의 마음의 풍경이라고 말하는 것이 보다 정확할는지도 모른다. 다시 말해 그것은 인지한 풍경이 아니라 인지된 풍경이다. 이제 걷기를 마무리하고자 하니 비슷한 시기에 쓰인 「훈 궁성에서의 차」의 마지막 구절이 떠오른다.



나는 내가 걸었던 세계 그것이다. 내가 본 것,
들은 것, 느낀 것은 내 자신 이외의 다른 것으로부터 나오지 않았다.
그리고 거기서 나는 더 진실하고 더 낯선 내 자신을 발견했다.

걸으며 보고, 듣고, 느낀 것이 곧 시인의 존재를 구성한다. 그러나 그 모든 인상은 관찰 대상이 자극했을 뿐 결국 그 내면으로부터 비롯된 것이다. 그러기에 세계와의 이 지속적 교감을 통해서 시인의 자아는 그때마다 새로운 존재로 거듭난다. 「지빠귀를 보는 열세 가지 방식」은 시인의 걷기가 이 '판토마임'이 펼쳐지는 효과적인 무대라는 것을, 또 그것의 세부 장경이 어떤 것인지를 구체적으로 보여주고 있다.

하트포드, 스티븐스의 집



스티븐스의 집은 전면으로는 2층이지만 실제로는 3층 집이다. 콜로니얼 스타일의 집은 이 고급주택가 이웃의 다른 큰 저택들에 비하면 소박한 편이다. 자신을 드러내길 꺼렸던 시인의 성정에 부합되는 모양새이다. 1932년 이 집을 사서 정착하기 전에 스티븐스는 이웃한 파밍턴 가에서 살았다. 하트포드로 이주해온 1916년부터 1924년까지는 210번지에서, 그리고 이후 1932년까지는 같은 거리의 735번지에서 살았다. 파밍턴 가는 트웨인이 『톰 소여의 모험』과 『허클베리 핀의 모험』을 쓴 집과 『톰 아저씨의 오두막』의 작가 헤리엇 비처 스토(Harriet Beecher Stowe) 부인의 집이 나란히 보존되어 있는 가로이기도 하다. 이렇게 하트포드와 인연을 맺은 세 명의 걸출한 작가가 시간을 달리하긴 했지만 같은 거리에서 살며 창작의 불꽃을 피웠다는 것도 특기할 만한 일이다.

문이 잠겨 집의 실내를 구경할 수 없는 것이 아쉽다. 넓지 않은 앞마당 잔디밭에 부동산업자의 팻말이 꽂혀 있다. 팔려고 내놓은 것이다. 스티븐스가 사망한 후 이 집은 하트포드의 한 성당에 소유권이 넘어가서 오랫동안 목사관으로 쓰이다가 최근에 매물로 나와 있다고 한다. 한때 스티븐스기념사업회에서 집을 사들여 기념관으로 꾸밀 생각을 하기도 했으나 모금 활동이 지지부진하여 포기한 상태라고 한다. 나중에 확인해 보니 매가가 50만 달러가 채 안 된다. 미국과 같은 나라에서 이런 정도의 액수를 모금하지 못해 뛰어난 시인의 기념관을 만들고 있지 못하다니 뜻밖이다. 20세기 미국현대시를 대표하는 거장에 대한 대중의 무관심이 놀랍기만 하다. 프로스트의 대중적인 인기와는 사뭇 대조적이다. 난해하기 짝이 없는 그의 시에 대한 대중의 몰이해도 한 원인일 것이다. 활자문화의 종언, 문학의 위기를 말해온 지 오래이다. 누구보다도 심혈을 기울여 인쇄문화의 총아인 시의 본질과 시적 상상력의 의미를 탐구했던 시인에 대한 이 무관심과 홀대는 이제 사그라져가는 그 시대의 막바지에 도달했다는 느낌을 지울 수 없게 한다. (2015)

## ❖ 사랑과 권력

### 비비하눔 모스크

사마르칸트의 하늘은 맑고 푸르렀다. '하늘의 도시'라는 별칭은 결코 허명이 아니었다. 건조한 고도(古都)의 7월 햇살은 그렇게 눈부시면서도 적요한 분위기를 연출했다. 길가의 나무도, 거대한 사원도, 심지어 허름한 집조차도 모두 윤곽이 뚜렷하고 음영이 분명했다. 오랜 역사의 길을 따라 이곳을 찾아온 과객은 누구라도 찬란한 햇살에 잠시 눈을 떴다가 그 정적에 취해 이내 잠이 들 것만 같았다. 도처에 산재해 있는 청자 빛 돔을 얹은 사원과 영묘, 녹황색 타일의 성채와 벽, 하늘 높이 솟은 미나렛 유적들이 도시의 유구한 역사를 말해주었지만 내게는 언제나 이렇게 한결같았을 푸른 하늘과 투명한 햇살이 오히려 도시의 예스러움과 독특한 풍정, 그리고 그 영속성을 느끼게 해주었다.

2001년 유네스코 세계문화유산에 등록된 사마르칸트는 14세기 중앙아시아의 풍운아 아미르 티무르(Amir Timur)가 세운 거대한 제국의 수도가 되면서 역사의 전면에 등장한다. 그러나 건조한 사막 지역에서 물길을 끼고 있던 이곳은 그보다 훨씬 오래전부터 사람과 물자가 모이는 교역의 중심시였다. '사람들이 모이는 곳'이란 의미의 도시 이름도 그래서 붙여진 것이리라. 기원전 500년경 페르시아의 다리우스 1세 황제에게 정복되고 이어 기원전 329년에 알렉산더 대왕에게 복속되었다는 기록이 말해주듯 사마르칸트는 2,500년 이상의 역사를 간직하고 있는 고도이다. 도시의 외곽에 자리한 아프라시압 언덕의 유적지에서 출토된 유물들이 이 장구한 역사를 입증해 주고 있다. 특히 이곳에서 발굴된 벽화에는 조우관(鳥羽冠)을 쓴 고구려 사신으로 알려진 인물이 포함되어 있어서 7세기경에 이미 이곳 중앙아시아와 한반도 사이에 교류가 있었음을 알 수 있다.

2012년 7월 카자흐스탄 알마티에서 열린 고려인 강제 이주 75주년 기념 서울-실크로드 국제문학인대회에 참석한 길에 나는 우즈베키스탄의 수도 타시켄트를 거쳐서 실크로드의 중요한 거점 도시였던 서쪽의 고도 부하라를 찾아보고 이어서 사마르칸트에 들렀었다. 티무르의 석관이 안치되어 있는 거대한 영묘 구르 에미르, 실크로드가 지나는 길목의 요충지로서 사마르칸트의 번성을 말해주는 레기스탄 광장, 그리고 아프라시압 언덕 인근의 유적 박물관을 둘러보며 사마르칸트의 옛 영화를 실감할 수 있었다. 그러나 가장 인상적인 것은 비비하눔 모스크였다. 레기스탄 광장에서 동쪽으로 걸어서 10여 분 거리에 위치한 비비하눔 모스크는 한때 중앙아시아에서 제일 큰 이슬람 사원이었다.

원래 차가타이한국의 투르크계 부족 출신인 티무르는 인도에서부터 터키 아나톨리아 지방에 이르는 중앙아시아 전역을 포괄하는 대제국을 건설하고 스스로 칭기즈 칸의 후예로 자처하면서 거대한 사원과 영묘의 건축을 통해 자신의 위력을 과시함으로써 강력한 군주로서의 권위를 공고히 하고자 했다. 1398년에 착공된 비비하눔 모스크도 그런 정치적 정통성을 확고하게 다지기 위한 대표적인 건축 사례라고 할 수 있다. 이 대사원은 길이가 167미터, 폭이 109미터에 이르는 넓은 경내에 동쪽 입구를 제외한 나머지 세 방향에 40m 높이의 세 개의 돔이 서로 이웃하고 있다. 거기에 사방 모서리에 세운 50m에 이르는 네 개의 미나렛이 하늘을 향해 치솟아 오르는 위용을 자랑한다. 경내에는 몽골 대리석으로 만든 거대한 설교대가 설치되어 있었다. 여기에 길이가 1m가 넘는 대형 코란이 놓여 있었다고 한다. 원래는 모스크 안에 있었던 것인데 모스크의 붕괴를 염려하여 소련 당국이 복원 사업을 하면서 밖으로 옮겨놓은 것이다. 아무튼 이 거대한 사원은 제국의 각지에서 차출된 수백 명의 기술자와 수만 명의 노동자 그리고 100여 마리의 코끼리가 동원되어 5년 만인 1404년에 완공된 것이다.



티무르 시대의 기록에 따르면 완공된 사원의 정문의 높이가 성이 차지 않았던지 티무르는 정문을 허물고 더 높이 지으라고 명령했다고 한다. 티무르가 사망한 1405년까지 정문 공사가 마무리되었는지는 확실하지 않다. 아무튼 이 거대한 사원은 단기간에 무리하게 공사를 한 탓인지 티무르 사후 이내 붕괴되기 시작했고, 그렇게 허물어진 상태로 수 세기 동안 방치되어오다가 1897년 지진으로 골조만 일부 남고 폐허로 변하고 말았다. 그로부터 거의 한 세기만인 1974년 당시 소련연방 치하에 있던 우즈베키스탄 정부는 사원을 되살리기로 결정하여 복원 공사에 들어갔고 연방으로부터 독립한 후에도

사마르칸트의 비비하눔 모스크

공사가 계속되어 오늘날과 같은 모습을 갖추게 되었다. 복원되었다고는 하나 사원의 푸른 돔에는 잡풀들이 듬성듬성 보이고 건물의 벽체 여기저기에 타일이 떨어져 나갔고 벽돌이 파여 있기도 하고 금이 간 곳도 여기저기 눈에 띄었다. 관리 부실의 흔적이 드러나 있음에도 불구하고 복원된 비비하눔 모스크는 찬란했을 옛 위용을 짐작하기에 부족함이 없었다.

내가 비비하눔 모스크에 정작 이끌린 것은 이런 공식적인 기록이 증언하는 사원의 웅장한 규모가 아니라 건축에 얽혀 있는 흥미로운 야사 때문이었다. 전해 내려오는 이야기에 따르면 티무르에게는 8명의 왕비가 있었는데 그중 그가 제일 총애한 왕비가 몽골 출신의 비비하눔(Bibi-Khanum)이었다. 티무르는 그녀에 대한 사랑의 기념으로 이 거대한 사원을 기획했다고 한다. 건축이 시작된 후 티무르는 직접 공사장에 나와서 인부들을 독려하고 공사에 필요한 자재와 인부들이 먹을 음식을 직접 챙길 정도로 공사에 공을 들였다. 그러나 티무르는 건축이 완성되는 것을 보지 못하고 중간에 인도 정벌의 원정에 오르게 되었다. 출정하는 남편에게 왕비 비비하눔은 승리를 기원하면서 한 가지 약조를 했다. 곧 남편이 인도 정벌을 마치고 승전고를 울리며 귀국할 때까지는 사원을 완공시켜 전승 기념으로 바치겠다는 것이었다. 일설에는 사원이 티무르의 주도로 세워진 것이 아니라 왕비 비비하눔이 인도 원정에서 승리하고 돌아오는 남편을 위해서 건립을 기획한 것으로 되어 있기도 하다. 아무튼 티무르의 출정과 함께 사원 공사는 왕비의 감독으로 진행되었다. 그녀는 전국에서 유능한 석공과 건축기사를 뽑아오고 건축 자재가 원활하게 공급되도록 만전을 기하면서 공사를 독려했다. 건축은 순조롭게 진행되었다.

그런데 건물의 완공을 눈앞에 둔 마무리 단계에서 어쩐 일인지 공정이 지지부진하기만 했다. 게다가 티무르 왕이 인도 정벌에서 큰 승리를 거두고 귀국길에 올랐다는 전갈이 전해진 마당이었다. 초조해진 왕비는 공사감독을 맡은 페르시아 출신의 도목수를 불러서 공사 지연의 이유를 물었다. 도목수의 반응이 뜻밖이었다. 도목수는 자신이 왕비를 오랫동안 사모해왔다고 고백하면서 왕비가 자신의 키스를 한 번만 허락해준다면 공사를 신속하게 마무리 짓겠다는 것이었다. 도목수의 사랑 고백과 이 당돌한 요구에 왕비는 적잖이 놀랐다. 왕비는 도목수의 요구를 거절하고 공사를 즉각 마무리 지으라고 명했으나 도목수는 요지부동이었다.

고심 끝에 왕비는 서로 다른 색깔의 달걀 세 개를 준비하고 도목수를 불렀다. 왕비는 달려온 도목수에게 달걀을 깨보라고 했다. 도목수가 달걀을 깨뜨리자 왕비는 이렇게 말했다.

"자 보시오. 달걀이 겉은 달라도 속은 똑같소. 여자도 마찬가지요. 내가 왕비라고 하나 나 역시 다른 여자와 다를 게 없소. 그러니 나에 대한 집착을 거두고 공사를 속히 완공시켜주시오. 도목수가 원한다면 나 대신 다른 아리따운 시녀를 취할 수 있도록 해주겠소."

왕비의 말에 묵묵부답으로 물러났던 도목수는 며칠 후 공사장에 나온 왕비를 만나자 맑은 물 두 잔을 보이면서 왕비에게 마시기를 청했다. 두 잔 모두 맑은 물처럼 보이지만 하나는 맹물이고 다른 하나는 백포도주가 채워져 있었다. 백포도주를 마신 왕비의 얼굴에 홍조가 돌자 도목수가 말했다.

"겉이 같다고 속이 같은 것은 아닙니다. 저의 사랑 또한 이와 같아서 다른 여자에게는 관심이 없습니다."

도목수의 재치 있는 응수에 마음이 움직인 왕비는 그의 요구를 결국 받아들였다. 아뿔싸! 도목수의 키스가 얼마나 열정적이었던지 왕비의 볼에는 붉은 키스 자국이 선연히 남아 아무리 해도 지워지지 않았다.

인도에서 돌아온 티무르 왕은 대사원이 완공된 것을 보고 흡족했으나 왕비의 볼에 남아 있는 붉은 자국을 보고 연유를 캐물었다. 왕비는 왕의 추궁에 사실대로 말할 수밖에 없었다. 격분한 왕은 두 사람을 사원의 미나렛 꼭대기로 끌고 가서 떨어뜨리라고 명했다. 미나렛은 사람들에게 기도 시간을 알려주고 나라의 중요 시책을 공지하는 곳으로 자주 이용되었지만 이렇게 범법자를 공개적으로 처형하는 곳으로도 쓰였다. 왕비는 미나렛에 서기 전에 마지막 소원으로 궁에 들어온 뒤 왕으로부터 하사받은 모든 옷을 입고 죽게 해달라고 간청했다. 40벌의 옷을 껴입고 미나렛에서 떨어진 왕비는 옷이 쿠션 역할을 한 덕분에 목숨을 구할 수가 있었다고 한다. 일설에는 두 사람이 미나렛에서 뛰어내리는 순간 갑자기 어깨에 날개가 돋아나 멀리 하늘로 날아 올라가 어디론가 사라졌다고 한다. 무슬림 여자들이 얼굴에 베일을 쓰게 된 것도 이 일이 있은 뒤 여자들을 남자의 유혹의 시선으로부터 아예 떼어놓아야겠다고 작정한 티무르 왕의 조치로 말미암은 것이라는 후일담이 전해온다.

미적 희원의 한가운데에 스며 있는 이 비련의 이야기를 어떻게 설명해야 하는가. 이 문화적 기억을 어떻게 해석할 수 있을까. 벤야민은 기념비적 유적이 감추고 있는 문명의 야만성과 그 배리를 환기시킨 바 있다. 중국의 만리장성 축조에 얽힌 맹강녀의 전설, 에밀레종의 인신공양설, 석가탑에 얽힌 아사달과 아사녀의 애달픈 이야기와 마찬가지로 이 야사 또한 문명의 어두운 이면을 고발하고 있다. 다른 점이 있다면 기념비적 문명을 축조한 거대 권력의 폭력성이 노역에 동원된 양민과 포로로 끌려온 이방인들뿐만 아니라 권력의 핵심까지도 그 제물로 삼았다는 점이다. 어쩌면 그것은 끊임없이 지속되어온 전쟁에 대한 사람들의 불만과 사회적 동요를 선무하기 위한 고도의 정치적 계산의 산물인지도 모른다. 이 거대한 모스크의 완공을 위하여 하층민들만 피땀 어린 노역을 바친 것이 아니라 사회 최상층인 왕비도 결국 희생된 것임을, 다시 말해 관민이 합심해서 이룩된 것임을 천명하고자 하는 바람이 지어낸 이야기라고 말할 수도 있을 듯하다.

사랑을 권력욕의 제물로 삼은 것이라는 이 같은 추정은 한편으로 미국의 시인 에드거 앨런 포(Edgar Allan Poe)가 쓴 「티무르」(“Tamerlane”)라는 시를 떠올리게 만든다. 1822년 포의 고향, 리치먼드에서 공연된 「타르타르인, 티무르」라는 연극에서 영감을 받아 쓴 것으로 알려진 이 시에서 포는 죽음을 앞에 둔 티무르가 지나온 삶을 되돌아보고 느끼는 상실감과 회한의 감정을 다루고 있다. 사제에게 고해성사하는 형식을 취하고 있는 이 시에서 티무르는 어린 시절에 사랑에 빠졌던 소녀를 버리고 권력과 영광을 좇으며 보낸 세월에 대해 한탄한다. 권좌에 오른 뒤 그는 사랑이 싹텄던 고향의 옛집을 찾았으나 소녀는 이미 저세상으로 간 지 오래고 그녀가 키웠던 아름다운 꽃들에 대한 기억만 풍문으로 남아 있었다. 임종을 맞아 그 상실감을 새삼 떠올리며 티무르 왕은 시의 말미에서 이렇게 울부짖는다.

> 이제 나에게 남아 있는 것은 무엇인가? 절망–
> 상처받은 가슴과 맞바꾼 왕국뿐이로구나.

> What was there left me now? despair–
> A kingdom for a broken-heart.



권력에 대한 탐욕과 그 야수성이 결국 지순한 사랑을 그 제물로 삼켰다는 티무르 왕의 통한은 죽음 앞에 홀로 서서 권력의 덧없음을 뼈저리게 느낀 감상의 발로일 것이다.

포의 시는 그리하여 사랑의 소중함과 그 영속성을 새롭게 환기시키며, 비비하눔 모스크를 축성시킨 그 정념의 역사를 다시금 돌아보게 만든다. 사원은 본래 총비 비비하눔에 대한 왕의 지극한 사랑으로 기획되었다. 이집트의 람세스 2세가 왕비 네페르타리를 기리기 위해 세운 아부심벨 소 신전, 인도 무굴 제국의 황제 샤자한이 뭄타

즈 마할 왕비를 애도하기 위해 건설한 타지마할과 더불어 비비하눔 모스크도 본래 숭고한 에로스의 징표로 착수된 것이었다. 다만 비비하눔의 경우 군주인 남편의 사랑에 보답하기 위한 노력을 기울이다가 예기치 않은 또 다른 정념의 덫에 걸려서 그 사랑이 결실을 거두지 못했을 뿐이다. 지아비를 위한 사랑이 곧 그녀의 비극적 죽음으로 귀결되었지만 달리 생각하면 그것은 또 다른 사랑을 맛본 대가인 셈이다.

두 사람을 죽음의 나락으로 몰고 간 왕비에 대한 도목수의 사랑은 신분을 뛰어넘는 지극한 연모의 정이다. 그것은 군주의 부인을 사모한 중세 기사들의 '궁정식 사랑'(amour courtois)을 연상시킨다. 중세의 기사 로맨스, 무훈시, 그리고 트루바두르의 영창시에 전범적으로 표명되어 있는 궁정식 사랑은 궁정의 무사 집단인 기사들이 영주의 부인에게 절대적 사랑과 헌신을 맹세하는 독특한 사랑의 형식이다. 그 사랑은 격정적인 욕망의 표출보다는 이른바 '정련된 사랑'을 통해 더 용맹스럽고 덕성스러운 존재로의 고양을 지향한다. 그것은 애욕에 몸부림치는 사랑이라기보다는 숭고한 '사랑의 종교'인 것이다.

사랑의 대상이 사회적 타자로 간주되는 여성이긴 하지만 어쨌든 군주의 부인이기 때문에 그것은 영주와 봉신을 특징짓는 주종관계의 한 변주처럼 보이기도 한다. 그러나 가령 아서 왕 전설의 중심 무대를 차지하고 있는 왕비 귀네비어에 대한 기사 란슬롯의 사랑처럼 궁정식 사랑도 그 과도한 열정이 불륜으로 치달아 용납될 수 없는 반역적인 지경에 이르는 수도 있었다. 아무튼 사랑의 열정을 불태우면서 동시에 그 순치를 지속가능한 조건으로 내세우고 철저한 남성중심적이었던 사회에서 여성을 숭앙의 존재로 선양하는 이 반시대적인 기묘한 사랑의 형태를 근래의 문화사가들은 혈기왕성한 기사 집단을 상비군으로 거느려야 했던 당시 봉건 체제의 특수성과 연관시키기도 한다. 다시 말해 궁정식 사랑은 가정의 안락으로부터 소외된 채 오직 군무에의 헌신만이 강조되었던 기사 집단과 봉건 군주 사이에 배태되기 마련인 긴장 관계를 완화시키고 혈기방장한 기사들을 교화하고 계도하고자 하는 정치적 필요성이 만들어낸 이데올로기 기제라는 것이다.

궁정식 사랑의 심리와 그 특수한 역사적 상황에 대한 이해의 바탕 위에서 도목수의 사랑을 되짚어본다면 그것이 언뜻 보이듯 유별난 것만은 아니라는 생각이 든다. 페르시아 출신인 도목수의 처지가 중세 봉건체제를 떠받쳤던 기사 집단의 그것과 크게 다르지 않아 보이기 때문이다. 제국에 복속된 패망국 신민의 신분으로 이국땅에 끌려와 제국의 위용을 드높이는 기념물의 건축에 시달려야 했던 도목수를 비롯한 다른 노역자들의 장인적 기술은 사회적 기능에서 중세 봉건체제의 수호에 동원된 편력 기사들의 무예와 흡사한 것이라고 말해도 지나치지 않다. 마찬가지로 폐쇄적이고 불안정한 나날의 삶에서 도목수는 억압된 심적 에너지를 발산할 대상을 갈구했을 것이다. 사원 공사를 독려하기 위해 이따금 공사장에 나타나는 왕비의 아리따운 모습은 이내 그 배출구로 다가온 것이리라. 더구나 왕비 또한 자신과 마찬가지로 이방인 출신이라고 하지 않는가! 그리하여 동변상련의 감정에 자극된 도목수의 마음속에 아리따운 왕비의 모습은 걷잡을 수 없는 사모의 정을 불러일으킨 것이리라. 어쩌면 그는 어여쁜 이방 출신의 왕비에게서 고국에 두고 온 자신의 연인을 보았는지도 모른다. 그 사랑이 결코 이루어질 수 없는 것임에도 불구하고 그는 자신의 전부를 걸고 불가능한 사랑의 확인을 추구했다. 성적 대상을 구하는 것이라면 여성은 신분에 상관없이 모두 다를 게 없다는 왕비의 말에 그는 자신의 사랑은 한층 고차적인 것임을 주장한다. 재치 있는 말솜씨와 대담성은 그가 기사도적 사랑을 특징짓는 코르테지아(cortezia)의 덕목을 갖춘 인물임을 드러낸다. 그렇기 때문에 그의 비련은 더한층 비극적인 모습으로 다가온다.



우리에게도 비슷한 설화가 있다. 선덕여왕을 사모한 신라의 젊은이 지귀(志鬼)의 심화요탑(心火繞塔) 설화이다. 『수이전』이 전하는 이야기의 줄거리는 다음과 같다. 어느 날 지귀는 서라벌 저잣거리에 나왔다가 행차 중인 선덕여왕을 우연히 보고, 그 아름다운 모습에 반해 그녀를 사모하게 되었다. 여왕이 어느 해에 영묘사에 불공을 드리러 가는 중에 지귀는 길을 가로막고 알현을 청하는 소동을 벌였다. 지귀가 자신을 연모한 나머지 미치광이처럼 거리를 떠돌아다닌다는 이야기를 듣고 여왕은 그에게 행렬을 따르라고 명하고 절에 당도하여 불공을 드렸다. 영묘사의 불탑 옆에서 여왕의 불공이 끝나기를 기다리던 지귀는 그만 깜박 잠이 들었는데, 불공을 마치고 나오던 여왕이 그 모습을 보고 끼고 있던 금팔찌를 빼서 그의 가슴에 놓은 다음 발길을 옮겼다. 잠이 깬 지귀는 가슴 위에 놓인 여왕의 금팔찌에 감격하여 그것을 가슴에 꼭 껴안고 기뻐서 어찌할 바를 몰랐다. 그러자 가슴 속에 타오르던 뜨거운 사모의 정이 밖으로 번지면서 지귀의 온몸이 불덩어리처럼 타올랐다. 지귀가 그 열화에 못 이겨 탑을 잡고 일어서려고 하자 불길이 탑으로 옮겨 붙어 이내 탑도 불기둥에 휩싸였고, 그 불길은 온 거리로 번져나갔다. 지귀는 마침내 불귀신이 되어 온 세상을 떠돌아 다녔고, 그 후로 사람들은 그의 화상을 대문에 붙여 화마의 예방을 도모했다고 전해진다.

비비하눔 모스크에 얽힌 비련의 이야기는 사랑의 열화가 미적 희원의 한 충동임을 새삼 시사한다. 철학자 모리스 메를로-퐁티(Maurice Merleau-Ponty)는 기하학적으로 질서 지어진 형상의 이면에는 원초적인 비전, 체험적인 비전이 숨겨져 있기 마련이고 그것의 발견이 심미적 감수성의 몫이라고 말한 적이 있다. 왕비가 에로스를 자극하는 아름다움의 현신이라면, 그녀가 세우고자 한 모스크는 기하학적 아름다움의 표상이라 할 만하다. 도목수는 장려한 아름다움을 추구하면서 그 숭엄미를 물리적 형상으로서가 아니라 지극한 심리적 욕망으로 체험하고 싶었던 것이라고도 말할 수 있다. 동양식으로 말한다면 율려(律呂)의 미학이다. '율'이 질서와 조화를 말한다면 '려'는 이를 깨뜨리고자 하는 무질서의 욕망, 곧 카오스적 정열이다. 율이 려를 전적으로 지배한다면 그것은 활기 없는 매너리즘의 세계이다. 참다운 예술은 려가 경직된 율을 파괴하면서 새로운 율을 세우려는 노력 속에서 태동한다. 예술은 려와 율이 이처럼 엇

조제프 브누아 쉬베, 「드로잉의 기원」, 1791

갈리면서 지속적으로 변증적 운동을 하는 가운데에서 그 생동적 에너지를 얻는다. 왕비에 대한 도목수의 뜨거운 열정은 말하자면 틀에 갇힌 장인적 기예의 세계를 뛰어넘고자 하는 예술적 충동의 변주라고도 말할 수 있다. 사랑의 정열만큼 조화를 갈망하면서도 그것을 파괴하는 혼돈의 충동에 휘말린 정서가 달리 또 있겠는가.

그리하여 비비하늄 모스크는 사랑의 정념이 예술의 원초적 비전을 구성하는 중요한 요소라는 것을 다시금 일깨운다. 원초적 정념은 종종 통제할 수 없는 폭풍우처럼 인간의 의식을 엄습하기도 하고 그 덧없음에 대한 자각에서 그 감미로움을 오래 기억하고 보존하고자 하는 충동을 낳기도 한다. 후자는 특히 회화의 기원과 연관되어 있다. 잘 알려진 대로 갈망의 대상을 오래 소유하고자 하는 욕망이 회화적 이미지가 시작된 동인의 하나이다. 로마의 플리니우스(Gaius Plinius Secundus)는 『박물지』(*Historia Naturalis*)에서 그리스 코린트 지방의 시키온에 살았던 한 여성의 이야기를 전하고 있다. 시키온의 도공 부타데스의 딸은 연인이 전쟁터에 나가게 되자 슬픔에 잠겨 있었다. 아버지는 딸에게 벽에 비치는 남자의 그림자를 따라 그의 윤곽을 그려보라고 권했다. 딸은 촛불에 비치는 연인의 실루엣을 숯으로 그렸다. 사랑하는 연인과 이별한 딸에게 그 이미지는 그의 분신이나 다름없었다. 남자가 전쟁터에서 죽은 후 부타데스는 그 실루엣 이미지에 흙을 발라서 부조를 만들고 그것을 다른 도기와 함께 구워내었다. 딸에게 그 형상은 사랑하는 연인의 환생이자 열화와 같은 사랑을 영원히 소유할 수 있는 방편이었다. 회화적 이미지는 이렇게 사랑하는 사람과 떨어져 있지 않으려는 욕구, 이별과 죽음을 부정하고자 하는 욕망, 사랑을 영원히 소유하고자 하는 희원에서 출발했다.

그림이 대상의 재현을 지향하더라도 그 원동력은 마음속의 매혹이자 충동이다. 시카고 대학의 문화연구자 미첼(W. J. T. Mitchell)이 환기시키고 있는 것처럼, 그리기(drawing)라는 낱말은 선을 그리거나 새기는 행위를 뜻하면서 또한 마음을 끌고, 잡아당기고, 매혹하는 행위를 의미한다. 그리하여 미첼이 말하는 '그리기로서의 욕망'(desire-as-drawing)의 개념은 욕망의 영원한 현재성에 대한 갈구와 더불어 그 충일성을 오히려 영속적인 이미지에서 구하고자 하는 전도된 욕망의 심리를 함축한다. 현실의 사랑은 제아무리 뜨거운 격정으로 불타오르더라도 필경 덧없는 일상으로 수렴되거나 변전의 숙명을 피할 길이 없다. 사랑의 이런 유한성은 그 열정의 자취로 남아 있는 연인의 이미지 혹은 형상을 오히려 존재의 완전성, 충일성의 표상으로 선호하고 집착하는 또 다른 열정을 낳는다. 곧 이미지가 영혼을 훔치는 것이다.

자신의 사랑에 대한 화답으로 사원의 마무리를 서두르다가 본의 아닌 일탈을 범한 비비하눔 왕비를 티무르가 가혹하게 처형한 것은 부정의 응징이면서 또한 변전되기 마련인 사랑의 원상 자체를 제거함으로써 역설적으로 그 영원성을 간직하고자 하는 욕망의 표출로도 읽을 수 있다. 지귀는 선덕여왕으로부터 금팔찌를 받고서 여왕에 대한 사모의 정이 절정에 이르는 순간 그 열화로 불타올라서 스스로를 소멸시키고 만다. 덕분에 그의 지순한 사랑은 금팔찌와 그 원형의 형상이 표상하는 불멸의 영원성, 시간을 초월한 그 영속적인 소용돌이 속에 설화로 남아 오늘날까지 전승되어온 것이다. 현실의 사랑은 덧없지만 그것을 영원히 간직하고자 하는 욕망은 예술의 형식을 통해 그 덧없음을 이처럼 넘어서는 것이다. (2012)

Cabin

# 제4부 문학의 창가에서

## ❖ 백지의 시학

먼 임지에 나가 있는 남편으로부터 편지가 왔다기에 급히 뜯어보니 봉함 안에는 다만 한 장의 백지가 들어 있을 뿐이다. 아내는 백지를 물끄러미 바라보다가 이렇게 답서를 써 보냈다.

푸른 창 아래서 봉함 편지를 열어보니
처음부터 끝까지 텅 빈 백지뿐이네요.
이는 아마 님께서 이별의 정한에 겨워
말없이 그리운 마음 담아 전하신 것이 아닌지요.

碧沙窓下啓緘封 尺紙終頭徹尾空
應是仙郎懷別恨 憶人全在不言中

청나라 때 문인 원매(袁枚)의 『수원시화』(隋園詩話)에 나오는 곽휘원(郭暉遠)과 그의 아내의 이야기이다. 외지의 남편은 필시 아내에게 보낼 편지를 써놓고 실수로 백지를 넣은 것이리라. 그러나 아내는 그렇게 생각하지 않은 듯하다. 그녀는 남편이 편지를 썼으나 글이 자신에 대한 절절한 그리움을 제대로 담아내지 못한다고 생각한 나머지 편지를 찢어버리고 그냥 백지를 넣어서 보낸 것이라고 헤아리고 있다. 아내에게 백지는 실수로 보이지 않는다. 오히려 표현할 길이 없는 지극한 애모의 정을 표상한다. 오늘의 시각으로 말하면 곽휘원은 언어의 한계를 절감하고 그것을 넘어서기 위해 차라리 침묵을, 곧 묵언의 언어를 구사한 것이고 아내는 이심전심으로 그 묵언에 화답한 것이다. 경위야 어쨌든 실로 가슴 뭉클한 백지의 대화이다.

여기에서 백지는 언어를 초월한 언어요, 마음을 전하는 불립문자이다. 백지는 공(空)이면서 모든 것을 포회할 수 있는 잠재적 충만이기도 하다. 백지는 비어 있으나 이미 상상의 화면인 것이다. 불가의 표현을 빌면 진공묘유(眞空妙有)이다. 백자 항아리가 왜 사람의 마음을 끄는 것인가? 내부의 허허로움이 밖으로 표현되어 있으면서 동시에 그것을 채우고자 하는 욕망을 자극하기 때문이 아닐까. 텅 비어 있는 항아리는 이미 충만의 예감으로 가득 차 있는데 흰색 표면은 비어 있음과 충만이라는 이 양면성을 시각적으로 표현하고 있다. 파스칼(Blaise Pascal)이 말한 '무한한 공간의 영원한 침묵'도 마찬가지이다. 그 침묵은 신의 벽력 같은 음성을 내포하고 있는 하얀 적묵(寂默)이기에 두려운 것이다. 동양화에서 강조하는 의재필선(意在筆先)의 정신도 백지를 공/충만이라는 변증적 시각으로 보아온 전통과 무관하지 않으리라.

백지의 양의성은 결국 백색의 다의적 상징성에서 비롯된다. 멜빌이 쓴 『모비딕』은 백색의 상징성에 대한 탁월한 성찰을 보여준다. 괴력의 흰 고래 모비딕이 불러일으키는 복합적인 감정이 바로 흔치 않은 백색의 외양으로 말미암는다고 생각한 소설가는 흰색이 자극하는 다양한 심리 현상을 거론한 후 마지막에 이르러 이렇게 쓰고 있다.

> 흰색은 본질적으로 색깔이라기보다 색깔의 가시적 부재인 동시에 모든 색깔이 응집된 상태가 아닐까? 넓은 설경이 아무것도 없는 공백이지만 그렇게 의미로 가득 차 있는 것은 이런 이유 때문일까? 무색이면서도 모든 색깔이 함축된 무신론 같아서 우리를 움츠러들게 하는 것일까?

요컨대 백색은 색깔의 부재 상태이면서 동시에 모든 색깔의 응집이라는 것이다. 백색광에 대해서도 두 가지 시각이 있어 왔다. 뉴턴은 모든 빛깔의 혼합이 백색광이라고 주장한 반면 후대의 괴테는 백색광은 어떤 색의 빛도 포함하지 않은 단순광이라는 시각을 보였다. 백색이 내포하는 이 같은 양의성이 바로 백지의 시학을 말해 볼 수 있는 근거이다.

우리 문단에도 백지에 매료된 시인들이 있었다. 우리 시사에서 이른바 백지시를 처음 선보인 사람은 광주의 무등산 시인 범대순이다. 그는 1974년 『현대시학』 10월호에 발표한 13편의 시 가운데 하나로 백지를 끼워 넣고 그것이 표현으로서 한 편의 시이고 자신의 창작임을 선언했다. 범대순은 이후 『기계와 백지시』라는 시론서에서 보다 자세하게 백지시의 의의를 밝히며 백지의 시학을 정립하고자 했다. 시인 스스로 밝힌 바에 따르면 백지시를 쓰도록 충동한 것은 자기 파괴 혹은 자기 부정의 욕망이다. 그는 자신을 둘러싼 세계와 자신의 존재양태를 재검토하고 지금까지와는 완전히 다른 새로운 삶의 길을 구축하고자 하는 결의로서 백지시를 하나의 공안으로 꺼내든 것이다.

다시 말해 백지는 이전의 모든 것을 회칠하고 그 위에 새로운 상상의 세계를 정립하고자 하는 의지의 표현이다. 그는 그것이 개인으로서 실존적 위기의 소산일 뿐만 아니라 시인으로서 시적 쇄신에 대한 열망의 발현임을 표명하고 있다. 더불어 그는 자기 부정의 정신이 예술의 본질임을 환기시킨다. 그러기에 거기에 언어의 한계를 의식하고 그것을 넘어서고자 하는 의지가 함께하지만 그 쇄신의 결의는 언어의 타락을 부채질하는 시대에 대한 분노로부터 촉발된 것이기도 하다. 그는 오늘의 시대를 산문시대, 더 구체적으로 말해서 "잡문 속물시대"로 규정하고, 이러한 세태에 대한 "강력한 저주로서 강력한 도전으로서" 백지시를 생각한 것이라고 밝힌다. 다시 말해 백지시는 참된 시심의 회복을 요구하는 무언의 함성이다. 그것은 또한 표현에 앞서서 시 정신 그 자체를 더 중시하는 동양 시문학의 일반 전통으로의 복귀를 의미하는 것이기도 하다.

범대순에게 백지시는 현재적 삶에 대한 부정이면서 동시에 무한한 가능성으로 열려 있는 계시의 장이기도 하다. 그의 말을 직접 들어보자.

> 절대적 힘을 가지고 잘못된 것을 부정 정리하는 힘, 모든 것의 부정, 그 위에 건립할 옳고 바르고 의로운 가치 즉 이데아와 같은 그런 절내석 가지의 통찰, 생명력과 같은 것, 자유와 같은 것, 진리와 같은 것, 그런 것들이 살 수 있는 계시의 장인 것입니다.

—『범대순 전집』 8권 19쪽

그가 훗날 스스로 절구(絕句)라고 명명한 엄격히 정형화된 시세계를 열어간 것은 이 계시의 약속을 지킨 것이라 할 수 있다. 범대순의 이른바 '말년의 양식'이라고 부를 수 있는, 8행 8음보 20음절의 이 특이한 절구 형식의 시들로만 엮어진 『아름다운 가난』과 『세기말 길들이기』를 들여다보면 그의 자기 쇄신이 결국 서구적 감수성에서 동양적 정신으로 회귀를 뜻하는 것으로 짐작된다.

범대순의 뒤를 이어 순수시의 주창자 김춘수 또한 만년에 백지시를 실험했다. 그는 2004년에 발간된 유고시집 『달개비꽃』의 두 면을 묵언의 백지로 채우고 면의 끝에 다음의 주석을 부기하고 있다.



> 말라르메는 백지의 공포라고 했다. 백지 한 장에 완벽한 세계를 그려 넣어야 한다는 그 강박감을 말한 것이리라, 나의 백지는 말라르메와는 다르다. 언어로부터의 해방, 의식으로부터의 해방이다. 해방(백지)이 주는 불안을 독자도 나와 함께 느낄 수 있을까?

주지하듯 말라르메(Stéphane Mallarmé)를 비롯한 모더니스트 시인들은 감각과 형식이 합치되는 '충일한 언어'(la parole pleine)를 지향해왔다. 말라르메를 사로잡은 백지의 공포는 김춘수가 이해한 대로 자기충족적인 언어에 대한 희구와 그 도달불가능성의 낙차에서 비롯되는 불안감이라고 말할 수 있다. 다시 말해 말라르메에게 백지는 완벽한 그림을 그려 넣으라는 무언의 압력으로 다가온다. 그러나 대여(大餘) 김춘수에게 그것은 언어와 의식의 지평을 벗어난 공(空)의 표상이다. 그것은 언어의 감옥으로부터 해방된 세계이다. 시인은 그러나 그 세계가 유토피아적 피안, 곧 환상일 뿐이라는 것을 알고 있기에 해방감과 동시에 불안감을 느낀다. 이름을 불러주기 전에, 곧 언어로 명명되기 전에, 사물은 존재하지 않는 것이나 다름없다고 선언했던 시인이 죽음을 앞둔 말년에 이르러 언어의 세계로부터 벗어나길 꿈꾸며 무언의 백지를 최상의 시로 간주했다는 것이 놀라울 뿐이다. 김춘수의 백지시는 범대순의 그것처럼 새로운 언어적 계시의 가능성이라기보다는 언어를 탁마하는 시업의 길이 얼마나 고통스러운 것인가를 상기시키면서 언어의 감옥을 넘어선 불립문자의 세계로의 비상을 꿈꾸는 디딤돌로 비친다. 그가 써온 순수시 혹은 무의미시가 친숙한 의미 체계를 교란시키고 상식의 허를 찌르는 선시적 요소가 다분했던 것을 생각하면 그가 만년에 언어도단의 백지시에 이끌린 것은 어쩌면 자연스러운 일이다.

두 시인의 백지시는 새삼 예술에서 여백의 의미를 되새기게 만든다. 백지시에 대한 두 시인의 의도가 무엇이든, 그것은 그들의 작품 세계 전체에서 동양화의 여백과 같은 것이라 말할 수 있다. 동양화에서 여백은 그냥 비어 있는 공간이 아니라 형상을 자리 잡아주고 그림 전체에 조화와 깊이를 부여하는 핵심적인 역할을 한다. 동양화에서 화가는 여백을 음미하기 위해 형상을 그린다고까지 말할 수 있다. 서예에서 강조하는 지백수흑(知白守黑)의 원리도 마찬가지이다. 흰 여백의 공간을 잘 헤아리고 검은 먹의 경계를 적절히 지킬 때

글씨는 생기가 넘치면서도 깊이와 여운을 지니는 것이다. 이런 의미에서 두 시인에게 백지시는 그것으로 그들이 이룩한 시세계 전체를 가늠하고 다시 생각해 보게 하는 여운이자 여백과 같은 것이다.

상허 이태준 또한 백지의 시학을 거론하면서 떠오르는 인물이다. 백지를 한 편의 작품으로 내세우지는 않았지만 상허는 백지와 같은 흰 벽면에 매혹된 작가였다. 그가 남긴 수필집 『무서록』은 "물속처럼 고요한 벽면"에 대한 그의 남다른 애착을 토로하는 「벽」이라는 수필로 시작된다. 그는 누구의 집이든 "넓고 멀찍하고 광선이 간접으로 어리는" 벽면을 가진 방을 보면 탐이 난다고 썼다. 그는 그런 벽면을 "좋은" 벽면이라고 형용한다. 상허가 말하는 좋은 벽면은 필시 거기에 아무 것도 걸려 있지 않은, 그러면서 은은하게 빛이 반사되는 흰 벽면일 것이다. 그는 입원한 화가 "K군"을 병문안 가서도 "여백인 채 사막처럼 비어" 있는 흰 벽면에 눈이 먼저 간다. 그는 이런 벽면에 "낡은 그림 한 폭 걸어 놓고 혼자 바라보"거나 "더러는 좋은 친구와 함께 바라보며 화제 없는 이야기로 날 어둡는 줄 모르"게 즐기기를 소망한다. 고담한 상허의 수필은 한 편 한 편이 이처럼 고요하고 은은한 흰 벽면에 걸려 있는 낡은 그림을 즐기는 마음으로 쓰인 것이리라.

상허는 또한 "불 없는 캄캄한 밤"을 좋아했다. 일본으로부터 귀국길에 부산에서 기차를 타고 오다가 더러 고장이 나서 야밤에 깜깜한 곳에 기차가 불시 정차라도 하면 그 어둠의 공간이 마치 고향처럼 아늑하게 느껴지곤 했다고 그는 술회한다. 그런 어둠이 좋아서 동경 유학시절에 친구들과 "불 없이 노는 회(會)"를 만들어 즐겼다고 「밤」이라는 수필에서 적고 있다. 그가 어둠을 좋아한 것은 흰 벽면과 마찬가지로 그것이 만공(滿空)의 상상력을 자극하기 때문이리라. "벽에 걸린 사진에서 어머님 얼굴을 데려가 버리고" 책상 위에 놓인 "눈을 크게 뜨던 꽃송이도 감겨 버리는" 어둠은 모든 것을 무화시킨다. 그는 이 부재의 공간을 채워 넣는 상상의 유희를 즐겼다. 모든 것이 적멸하는 어둠 속에서 그는 자신이 마치 "심산에 옮겨"진 것처럼 느끼면서 "찾아올 꿈"을 기다리곤 한다고 쓰고 있다. 흰 벽면이든 캄캄한 어둠의 공간이든 상허에게 그것은 비어 있으면서 또한 무엇인가로 채워지길 기다리는 매혹의 공간인 것이다.

가득 찬 그릇은 더 이상 담을 수가 없다. 새로운 것을 담으려면 비워야 한다. 사설이 넘치는 시가 감동을 주는 경우는 많지 않다. 암시와 여운이 풍부한 시일수록 마음을 울리고 새로운 통찰을 자극할 수 있다. 예술은 완벽을 추구한다. 그러나 아무리 빈틈없는 형식미를 갖추더라도 마음을 울리지 못한다면 예술은 의미 없는 제스처에 불과하다. 빈자리가 있어 여운이 느껴질 때 예술은 감동의 메아리를 불러올 수 있는 법이다. 이것이 어찌 예술에만 해당되는 것이랴. 우리 삶의 경우도 어떤 때는 단호한 결단과 거침없는 행동이 요구되지만 때로 물러서서 침잠하고 정관하는 여백의 마음가짐도 중요하다.

백지의 시학이 새삼 우리의 관심을 끄는 것은 우리 시대가 모든 것이 차고 넘치는 과잉의 시대이기 때문이기도 하다. 사방에 정보가 넘치고 오감을 자극하는 유혹의 미끼가 널려 있다. 우리의 일상은

밀려드는 정보와 데이터와 이미지의 홍수에 빠져 허우적거리고 있다. 우리는 나날의 삶을 정신없이 바쁘게 만드는 디지털 접속의 세계로부터 잠시 물러서서 실제적으로 또 정신적으로 삶의 여백을 갖는 것이 절실히 요구되는 시대를 살고 있다. 백지의 시학은 디지털 미디어에 사로잡혀 있는 우리의 삶을 어떻게 영위하는 것이 바람직한 것인지에 대해서도 중요한 시사점을 던져준다. (2015)

## ❖ 어두운 내면 심리의 탐구자

### 에드거 앨런 포 탄생 200주년에 부쳐

금년은 에드거 앨런 포(Edgar Allan Poe, 1809~1849) 탄생 200주년이 되는 해이다. 탐정소설과 심리적 공포소설의 창시자이자 언어의 형식미를 추구한 뛰어난 시인이요 단편소설을 독자적인 문학 장르로 정립시킨 문학이론가로 시대와 국적을 뛰어넘어 세계문학에 유례없이 깊은 족적을 남긴 그의 문학세계를 조감해 본다.

포의 진정한 문학적 삶은 볼티모어의 한 병원에서 비참하게 객사한 1849년 이후부터 시작된다고 해도 지나치지 않는다. 시, 소설, 서평, 비평 에세이 등 장르를 가리지 않는 전방위적 문학 활동을 펼쳤지만 40세로 마감된 그의 짧은 삶은 고독과 궁핍, 갈등과 좌절의 연속이었다. 생전에 그의 특이한 문재(文才)는 오히려 퇴폐적이고 미숙한 정신의 소산으로 폄하되곤 했다. 생활고와 세상의 몰이해를 그는 술로 달랬는데 그의 알코올 중독 또한 이런 세평을 부채질했다. 오늘날 그가 누리는 문학적 명성은 사후에 찾아온 것이다. 그것도 자기 조국의 사람들이 아니라 프랑스를 비롯한 유럽 문인들의 지속적인 소개와 번역을 통해서였다. 보들레르(Charles Baudelaire)를 비롯한 프랑스 상징주의 시인들이 포를 그들 문학 신전의 사제로 떠받들고 뒤이어 도스토옙스키(Fyodor Dostoevsky), 쇼(George

Bernard Shaw)를 비롯한 유럽의 문호들이 그의 뛰어난 문학적 상상력을 찬미했지만 정작 그를 배출한 미국문학계는 20세기 중엽까지도 그의 문학을 대수롭지 않은 것으로 외면했었다.

일찍이 엘리엇은 포 문학의 이런 상반된 수용 양상을 '수수께끼'(enigma)라고 일컬으며 그 해명을 위해 보들레르에서 말라르메를 거쳐 폴 발레리(Paul Valéry)에 이르는 프랑스 상징주의 시 전통에 끼친 포의 영향을 세 가지로 요약한 바 있다. 언어에 대한 예리한 자의식, 시를 자목적적인 언어체로 보는 시각, 그리고 과학적 엄밀성에 입각한 시 작술의 가능성을 열어 보인 점이 바로 그것이다. 이처럼 프랑스 상징주의자들에 의하여 선양된 이른바 '프랑스적 포'(French Poe)는 속물적 부르주아 문화와 투쟁하는 예술가의 전범이요 언어의 형식미와 자율성에 관심을 기울이는 언어의 사제였다. 자크 라캉(Jacques Lacan)이나 자크 데리다(Jacques Derrida)와 같은 주체와 진리, 언어와 글쓰기와 같은 의미 체계에 대한 관심에서 포에게 다가간 1980년대의 후기구조주의자들이 그린 그의 초상 역시 이런 이미지와 그다지 멀지 않다고 말할 수 있을 것이다.

이에 반해 그를 양육한 미국문학계에서는 그의 문학을 유아적이고 퇴영적인 상상력의 소산인 것으로 폄하해왔다. 그러나 미국의 사회문화적 현실과 동떨어진 것으로 여겨져 관심 밖에 머물렀던 그의 문학세계에 대한 미국 쪽 시각도 근래에 이르러 달라지고 있다. 포를 미국문학의 주류에 편입시키고자 하는 최근의 연구자들은 그의 독특한 고딕적 상상력이 오히려 노예제를 근간으로 한 미국 남부사회의 귀족문화에서 배양된 것임을 강조하고 있다. 그러나 어느 쪽이든 그것만의 일방적 강조는 일면적임을 면치 못할 것이다. 포의 진정한 초상은 그동안 대립적으로 여겨왔던 '미국적 포'와 '프랑스적 포'를 변증적으로 통합한 시각에서 그려질 때 얻어질 수 있다고 보아야 한다.

포는 1809년 보스턴에서 출생했다. 부모는 뉴욕에서 무대생활을 하는 가난한 배우였다. 포가 두 살 되던 해 가족의 부양을 힘겨워 하던 아버지가 가정을 버리고 떠난 후 혼자 삼남매를 키우던 어머니마저 이듬해 폐결핵으로 사망한다. 그 후 포는 버지니아 주, 리치먼드의 무역상인 존 앨런 부부에게 입양되어 자랐으나 양부와의 불화로 청년기의 삶 또한 불안정한 것이었다. 그는 버지니아 대학에 다니다가 음주와 도박이 문제가 되어 1년 만에 중퇴하고 그 뒤 웨스트포인트에 입학했으나 역시 1년도 안 되어 퇴교 처분을 받았다. 스무 살 되던 해에 늘 병약했던 양모마저 세상을 떠나자 포는 양부와 결별하고 집을 떠난다. 그의 문학세계가 특징적으로 드러내는 상실에 대한 공포와 죽음에 대한 병적 집착은 성장기에 겪은 이 모성의 상실과 무관하지 않을 것이다. 포의 주인공들은 사랑하는 사람들에게 드리운 잔혹한 시간의 그림자를 늘 의식하며 괴로워한다. 그들은 병들거나 어디론가 떠나거나 아니면 죽음의 문턱에 서 있기 일쑤이다. 이 같은 그의 문학의 중심 모티프는 그의 짧은 생애 내내 그의 의식을 지배한 상실의 트라우마에서 비롯된 것이다. 이런 의미에서 그의 문학은 그 자신에게 일종의 애도의 형식이라고 해도 과언이 아니다.

포는 본래 시인으로서 문필 활동을 시작했다. 18세가 되던 1827년에 그는 첫 시집 『티무르와 기타 시들』(*Tamerlane and Other Poems*)을 펴내고 이어 2년 간격으로 이를 증보한 『알 아라아프, 티무르와 단시들』(*Al Aaraaf, Tamerlane and Minor Poems*, 1829), 『시선집』(1831)을 간행한다. 시인으로서 포는 「애너벨 리」나 「갈가마귀」처럼 인구에 회자되는 주옥같은 시를 남겼지만 문학 활동의 절정기에 그가 주력한 것은 주로 단편 소설과 서평이었다. 그는 70여 편의 단편을 남겼고 잡지의 편집자로 일하면서 실로 수많은 서평을 썼다. 그가 시에서 산문으로 방향 전환을 한 중요한 이유는 글쓰기로 생계를 유지해야 했던 절박한 사정 때문이었다. 경제적 동기에서 비롯된 일이었지만 그는 소설 쓰기를 거듭하면서 그 나름의 창작 미학을 정립해간다. 훗날 「창작의 철학」이란 비평 에세이로 정리된 그 미학의 핵심은 작품을 읽으며 얻어지는 인상이 일관된 전체상을 형성하면서 어떻게 강렬한 효과를 자아낼 수 있는 것인가의 문제였다. 이처럼 인상의 총체성(totality of impression) 혹은 단일한 효과(the unity of effect or impression)를 얻기 위해서는 작품의 길이가 길어서는 안 된다는 것이 포의 지론이다. "반 시간에서 한두 시간 정도의 앉은 자리에서" 읽어낼 수 있는 단편소설이 문학의 본령이어야 한다는 그의 유명한 주장은 그 귀결이다. 마찬가지 이유로 그는 작품의 전체적 구도에 기여함이 없이 무용하게 쓰인 단 하나의 단어도 용납되어서는 안 된다는 엄정한 장인정신을 강조했는데, 이런 포의

버지니아 리치먼드에 있는 포 기념관

일련의 주장들은 그대로 단편소설의 장르적 규약으로 자리 잡게 되었다.

'아름다운 여인의 죽음이야말로 가장 시적인 것이다'는 포의 문학세계를 떠받치고 있는 또 다른 명제이다. '천상의 아름다움'을 간직한 사랑하는 여인의 죽음은 포 문학의 가장 중요한 모티프를 이루고 있다. 「애너벨 리」나 「갈가마귀」와 같은 시는 물론 「베레니스」, 「리지아」, 「어셔 가의 몰락」과 같은 널리 알려진 단편들의 주제도 이것이다. 사랑하는 사람의 죽음은 그 자체로 영혼을 동요시키는 강렬한 체험이다. 이런 작품을 읽는 독자들 또한 주인공과 마찬가지로 강렬한 감정을 추체험하기 마련이다. 다시 말해 그것은 단일한 효과를 자아낼 개연성이 높은 주제이다. 포는 그 개연성을 극대화하기 위해 상실의 아픔을 단순한 슬픔의 차원을 넘어서서 극단적인 공포감을 불러일으키는 방식으로 제시하곤 한다. 「어셔 가의 몰락」이 예시하듯 생매장과 그렇게 매장된 시신의 귀환 그리고 그것을 바라보는 주인공의 내적 공포와 착란에 대한 세세한 묘사가 바로 그것이다.

사건의 무대가 으레 외딴 성이나 퇴락한 집 혹은 지하실과 같은 폐쇄된 공간으로 설정되어 있다는 점에서 포의 심리적 공포소설은 18세기에 널리 유행한 고딕소설의 변주라고 할 수 있다. 포는 고딕소설가들과 마찬가지로 이런 장소가 상징하는 인간 정신의 어두운 심연을 응시하면서도 이들에 비해 그 시선이 훨씬 지적이고 분석적이다. 포의 추리소설과 탐정소설은 이처럼 인간의 내면 심리를 예리하게 탐구하는 분석적 지성의 소산이다. 「모르그가의 살인」, 「마리 로제의 비밀」, 「도둑맞은 편지」에 등장하는 탐정 오귀스트 뒤팽(Auguste Dupin)은 포가 창조해낸 가장 유명한 캐릭터이다. 날카로운 관찰력, 명민한 지성과 상상력, 직관, 투시력, 논리적 추리로 문제를 풀어내는 뒤팽은 셜록 홈스에서 페리 메이슨, 콜롬보, 제시카 플레처, 그리고 포와로에 이르기까지 대중문화의 아이콘이 되어온 명탐정의 원형인 것이다.

포 문학의 한 경이는 그 놀라운 다면성이다. 그는 시인이자 소설가였고, 평론가이자 철학적 에세이스트였으며, 심령술과 암호해독의 대가였다. 게다가 그는 선택한 장르가 무엇이든 그 형식을 극단적으로 실험해 보임으로써 그 분야의 문학적 가능성의 문을 후세를 위해 열어두었다. 그렇기에 그가 남긴 문학적 유산은 심원하다. 프랑스 상징주의자들은 물론 앨저넌 스윈번(Algernon Swinburne), 단테 로세티(Dante Rossetti), 오브리 비어즐리(Aubrey Beardsley)를 비롯한 영국의 라파엘 전파 문인들, 그리고 영미 모더니스트들에게 그는 지대한 영향을 끼쳤다. 로버트 스티븐슨(Robert Stevenson)의 『지킬 박사와 하이드씨』, 도스토옙스키의 『지하생활자의 수기』에도 포의 그림자가 어른거린다. 20세기 후반의 호르헤 보르헤스(Jorge Borges), 스티븐 킹(Stephen King), 『양들의 침묵』의 작가 토머스 해리스(Thomas Harris)에게도 포는 영감의 원천이었다. 그뿐만 아니라 세르게이 라흐마니노프(Sergei Rakhmaninov)는 포의 시를 소재로 합창 교향곡 한 편을 작곡했고 클로드 드뷔시(Claude Debussy)는 포의 소설에서 영감을 얻어 미완이긴 하지만 두 편의 오페라를 썼다. 고흐와 르네 마그리트(René Magritte)도 포의 팬이었다. 대중문화 속의 포의 족적 또한 뚜렷하다. 히치콕의 심리 스릴러물, 할리우드의 B급 공포영화, 그리고 오늘날 청소년을 사로잡고 있는 수많은 만화와 비디오 게임에서도 우리는 포의 자취를 쉬이 찾을 수 있다. (2009)

## ❖ 시대적 표현으로서의 삶

탄생 100주년을 맞아 다시 돌아본 헤밍웨이의 문학

1961년 7월의 어느 화사한 일요일 아침, 소설가 어니스트 헤밍웨이(Ernest Hemingway)는 쌍발식 엽총으로 스스로 목숨을 끊었다. 혈색증과 고혈압 그리고 신경 쇠약으로 2년여 동안 병원을 들락거린 끝이었다. 이 자살행위를 어떻게 받아들여야 하는가? 절박한 상황에서도 의연하길 주문했던 그의 평소의 모토에 반하는 나겁한 행동인가, 아니면 삶의 숙명적인 조건에 도전한 영웅적인 선택인가? 생전에 그의 삶을 휘감았던 이른바 '헤밍웨이 신화'의 베일을 조금만 들추면 우리는 곧바로 이런 양면적 정황에 직면하게 된다. 한편에 수식어가 철저하게 배제된 그의 특징적인 '비정의 문체'를 영어 산문의 흐름을 바꾸어 놓은 언어 혁명이라는 상찬이 있는가 하면, 다른 편에는 그것을 저널리즘적 매너리즘에 불과한 것이라는 혹평도 있다. 그의 주인공들을 삶의 유한한 조건에 맞서서 인간다움을 잃지 않는 휴머니스트로 추켜세우는 목소리가 있는가 하면, 그들을 아무런 도덕적, 정치적, 사회적 비전도 갖지 못한 치기 어린 모험꾼에 불과하다는 비난의 소리도 있다.

헤밍웨이가 미국 문단의 총아로서 군림했던 1940년대부터 1950년대 말까지 후자와 같은 비판의 소리는 열광적인 상찬에 파묻혀 잘

들리지 않았었다. 기실 헤밍웨이의 삶은 한 시대의 문화적 우상으로 신화화되기에 족할 만큼 드라마틱한 것이었다. 그는 적십자사 앰뷸런스 운전사로서 1차 세계대전에 참전하여 부상을 당하고, 뒤이어 망명자 그룹의 일원으로서 파리에서 문학 수업을 하며 모더니즘 문학 운동의 주역이었던 에즈라 파운드, 엘리엇, 거트루드 스타인, 제임스 조이스 등과 교유했고, 종군 기자로 스페인 내전을 취재했고, 2차 세계대전에는 자신의 요트로 독일 잠수함 수색에 참여했는가 하면 프랑스 레지스탕스 운동을 지원하기도 하는 등 행동주의 문학의 기수로서 활약했고, 종전 후에는 사냥과 낚시를 즐기면서 그것을 소재로 한 소설을 써서 마침내 노벨 문학상을 수상했다.

헤밍웨이는 1899년 일리노이 주의 오크파크에서 의사인 아버지와 성악에 재능이 있었던 어머니 사이의 여섯 아이들 중 둘째로 태어났다. 시카고 북동쪽 교외에 위치해 있지만 오크파크는 대도시 시카고의 떠들썩한 분위기와는 딴판으로 조용하고 보수적이며 신앙심이 깊은 중산층 사람들이 많이 사는 작은 도시였다. 20세기 초 오크파크를 방문한 한 여행자는 도시의 경계에 들어서면서 술집이 사라지고 교회의 십자가들이 유난히 눈에 많이 띄는 점을 특기하고 있다. 빅토리아조적 윤리의식과 점잖은 전통(genteel tradition) 그리고 종교적 엄숙주의가 지배하는 이곳에서 청소년기를 보낸 헤밍웨이는 훗날 자신의 고향을 "잔디밭은 넓지만 마음은 좁은" 곳이라고 묘사하기도 했다. 헤밍웨이의 아버지가 아들의 첫 소설집 『우리 시대에』(*In Our Time*)를 받고서 그 적나라한 리얼리즘의 세계에 충격을 받아 책을 출판사로 돌려보낸 일화를 통해서도 그 사회적 분위기가 짐작된다.

생전의 헤밍웨이는 '미국적 마초'의 표상으로 여겨졌다. 그의 소설 무대는 대부분 전쟁, 사냥, 낚시, 권투, 투우와 같은 남성적 세계이다. 그뿐만 아니라 그것은 종종 죽음을 담보로 하는 극한적 정황으로 설정된다. 헤밍웨이는 이런 정황에 처한 그의 주인공들에게 극기적 의연함과 용기 그리고 감정의 절제를 요구한다. 비평가들은 이런 절박한 상황에서도 '의연함을 지키는'(grace under pressure) 그의 주인공들을 '규범 인물'(code hero)이라고 불러왔다. 이런 시각에서 그의 소설은 예기치 못한 위험, 폭력, 죽음이 산재하고 있는 현대 세계를 살아가는 전범적 남성상을 추구하는 것으로 평가되어왔다. 그러나 최근에는 그의 정신세계의 심층에 눈을 돌려 그의 마초이즘의 현시와 자기파괴적 집착 그리고 남성다움을 신앙의 이름으로 짓눌러 온 오크파크의 경건주의에 대한 반항의 제스처로 읽는 시각도 있다. 그의 아버지가 체벌도 서슴지 않을 정도로 가정교육에 엄격했다는 점이나 그의 어머니가 유치원에 들어갈 때까지 그에게 여자 옷을 입히고 한 살 위인 누이와 쌍둥이처럼 그를 키웠다는 사실도 그것을 뒷받침한다. 눈을 돌려 그의 소설세계를 다시 보면 규범으로 무장한 인물들의 상당수가 밤에는 잠을 이루지 못하고 여성들 앞에서 어쩔 줄 모르는 가녀린 신경의 소유자임이 드러난다.

그의 탄생 100주년과 더불어 한 세기를 마감하는 오늘의 시점에서 돌이켜보면, 헤밍웨이의 신화적 삶은 20세기 문화의 한 징후적 표현이었음이 분명해진다. 1952년도 9월호『라이프』 지의 표지 인물로 등장한 데서 알 수 있듯이 그는 미국사회에서 작가도 대중적 영웅이 될 수 있음을 보여준 최초의 사례였다. 그는 생전에 이미 애거사 크리스티(Agatha Christie)를 제외하고는 영미권 작가 가운데에서 다른 언어로 가장 많이 번역된 인기 작가였다. 그의 문학적 성공은『라이프』나『타임』 지와 같은 시사 저널리즘의 발흥과 무관하지 않다. 전쟁, 섹스, 술, 사냥, 낚시질, 권투, 투우 등과 같은 그의 주요한 문학적 소재는 센세이셔널리즘과 시사성을 좇는 대중 저널리즘의 관심사이기도 했다. 삶의 직접적 체험을 특별히 강조한 그의 소설 미학도 근본적으로 경험의 현장성을 생명으로 하는 저널리즘적 감수성으로 무장된 것이다. 대중적 저널리즘이라는 토양에서 성장한 그의 문학은 그러므로 20세기가 대중문화의 시대였음을 새삼 환기시킨다.

시대의 아이콘으로서 헤밍웨이의 문학은 또한 금세기가 폭력과 전쟁으로 얼룩진 시대였음을 고통스럽게 일깨운다. 첫 작품집인『우리 시대에』를 필두로『해는 또다시 떠오른다』,『무기여 잘 있거라』,『누구를 위하여 종은 울리나』등 그의 대표작은 모두 전쟁을 배경으로 한 것이다. 그는 1922년 먼로의『시』 지에 타이프라이터를 기관단총에 비유한 시 한 편을 기고한 적도 있었다. 그의 문학의 궁극적 호소력은 상당 부분 전쟁이라는 극한 상황 혹은 그 상흔을 공감할 수 있었던 시대적 정황에서 비롯된 것이다. 죽음을 삶의 한 의식으로 변주시키고자 했던 그의 독특한 죽음의 미학도 전장을 통해

1952년도 9월호 「라이프」 지의
표지 인물, 헤밍웨이



죽음을 비속한 일상으로 체험한 데서 비롯된 심리적 집착의 소산으로 보인다.

커다란 몸집에 흰 수염을 기른 만년의 헤밍웨이는 흔히 "파파"라는 별칭으로 불렸다. 이 가부장적 별칭은 '헤밍웨이 신화'의 핵심에 미국 남성의 이상적 표상으로서 그의 이미지가 자리하고 있음을 환기시킨다. 그의 전기를 쓴 마이클 레놀즈(Michael Reynolds)는 젊은 시절 헤밍웨이의 우상이 카우보이적 남성주의의 표상으로 여겨졌던 제26대 미국 대통령 시어도어 루스벨트(Theodore Roosevelt)였음을 지적한 적이 있다. 남성중심적 가부장제 사회의 독특한 에토스에서 함양된 것처럼 보이는 헤밍웨이의 문학은 그 질서가 도전받기 시작하는 정황에서 그것을 재확인하고자 한 몸부림처럼 보이기도 한다.

이처럼 헤밍웨이는 자신의 시대를 온몸으로 체험하고 그것을 표현한 시대의 대변자였다. 개인의 삶과 그 삶을 수용한 시대의 일치의 한 증언으로 남아 있는 그의 문학이 그가 사망한 이후 20세기 후반에 이르러 그 호소력을 급격히 상실한 이유도 거기에 있다. 냉전체제가 와해되고 새로운 사회 질서가 모색되는 가운데 여성을 비롯한 타자의 목소리가 고창되는 포스트모더니즘 시대의 패러다임은 그의 소설세계를 진부하고 시대착오적인 것으로 만들어버렸던 것이다. (1999)

## ❖ 『노상에서』의 두루마리 원고

시인 휘트먼은 일생에 걸쳐 증보를 거듭해온 자신의 시집 『풀잎』을 두고 만년에, "이것은 책이 아니다. 이 책을 손에 쥐는 자는 나를 만지는 것이다."라고 썼다. 한 권의 책이 작가의 삶 전체를 응축하고 있다면 그것을 작가의 분신이라 말하더라도 결코 과언은 아닐 것이다. 그러나 이 성찬례의 유비는 멋지게 장정된 책보다도 지우고 고친 자취가 고스란히 남아 있는 육필 원고에서 오히려 더 절실해질 법하다.



작가가 남긴 원고는 무엇보다 작품의 원형적 모습을 엿볼 수 있게 해준다. 그것은 편집자의 손을 거쳐 활자화된 후 미끈하게 장정되어 세상에 모습을 드러내기 이전의 알몸 같은 것이다. 거기에는 글쓰기의 고뇌와 생채기가 문신처럼 새겨 있기 마련이다. 그뿐만 아니라 작가의 내밀한 마음의 움직임, 생각의 변전과 감정의 굴곡을 되짚어볼 수 있기에 원고는 우리의 흥미를 끈다. 원고는 글쓰기의 우여곡절만을 계시해주는 것이 아니다. 작가의 독특한 글씨체, 그 품새에서 우리는 작가의 성격과 인품을 또한 촌탁해 볼 수 있다. 원고지의 빈 칸을 또박또박 메워나간 황순원의 단정한 필체, 격정적이고 스피디한 멜빌의 악필 횡서, 그리고 디자인하듯 펜으로 꾹꾹 눌러 쓴 포크너의 인쇄체 글씨는 모두 작가의 개성적 성격, 더 나아가 그 작품세계의 일면을 암시해준다.

작가의 체취가 뚜렷이 느껴지는 분신 같은 원고로 비트문학 운동의 대변자 잭 케루악(Jack Kerouac)의 『노상에서』의 원고를 꼽는데 나는 주저하지 않는다. 그것은 작가가 직접 쓴 육필 원고가 아니라 타이프라이터로 친 것이지만 내겐 그 어떤 원고보다도 작가의 삶 그 자체를 표상하고 있는 것처럼 보인다. 『노상에서』의 원고는 낱장으로 묶여 있는 것이 아니다. 특이하게도 그것은 마치 동양화의 화첩처럼 두루마리로 되어 있다. 케루악은 이 소설을 쓰면서 타이프라이터에 종이를 갈아 끼우느라 생각의 흐름이 단절되는 것을 염려해 복사지를 이어 붙여 두루마리를 만들었다. 케루악은 무엇보다 순간순간의 진실을 언어로 담아내는 것을 문학적 신념으로 삼았던 사람이다. 그것은 그가 선도한 비트세대의 시대 의식이기도 했다. 이른바 '자발적 글쓰기'(spontaneous writing)이다.

케루악은 폭이 9인치인 제도용 복사지를 테이프로 길게 연결하여 타이프라이터에 걸고 자신의 떠돌이 여행 체험을 기억에서 되살리며 쉴 새 없이 타이핑해갔다. 그는 글쓰기를 멈추지 않기 위해서 커피를 줄곧 마시고 각성제 벤제드린을 복용했다. 1분에 대략 100단어를 타자하는 스피드로 3주 동안 밤낮으로 쉬지 않고 작업한 결과 12만 단어에 이르는 『노상에서』의 원고가 완성되었다. 싱글페이스로 친 원고의 두루마리는 119피트 8인치(약 36.5미터)였다[오늘날 남아 있는 두루마리 원고에는 소설의 결론 부분은 유실되어 빠져 있다. 뉴욕의 케루악 친구인 루시엔 카(Lucien Carr)의 개가 그 부분을 찢어서 삼켜버린 것으로 알려져 있다]. 케루악은 문단 구분조차도 자발적인 사고의 흐름을 끊어 놓는다고 생각해서 처음부터 끝까지 문장을 계속 이어 써갔다. 소설『노상에서』는 적어도 두루마리 원고 상태에서는 12만 단어로 이루어진 한 문단의 글로 이루어진 것이었다.

소설『노상에서』는 작가가 세상을 주유한 체험담이다. 케루악은 1947년에서 1950년 사이에 답답한 삶을 박차고 뛰쳐나와 동부에서 서부로, 그리고 다시 서부에서 동부로 대륙을 횡단하는 떠돌이 여행을 네 차례나 감행했다.『노상에서』는 이때의 체험을 기억의 저장고에서 연상의 흐름으로 끄집어내어 언어화한 결과이다. 그는 무엇보다 기억의 연상이 끊어지지 않고 언어의 물결에 실려 자발적으로 흘러가길 원했다. 따라서 두루마리로 된『노상에서』의 원고는 언어의 훼절을 피해 체험의 실상에 다다르고자 하는 문학의 오랜 꿈을 표상하는 것이기도 하다. 그뿐만 아니라 간단없이 줄곧 이어지는 두루마리 원고는 글쓰기가 정신의 유희일 뿐만 아니라 물리적 노동이라는 것을 환기시킨다.『노상에서』의 두루마리 원고는 작가 케루악이 일물일어를 찾고자 했던 플로베르의 후예이면서 또한 마치 노동하듯이 글을 생산해내는 현대 시장생산 체제의 전업 작가의 선구임을 일깨운다. 거기에 더하여 두루마리 원고는 책이 본래 죽간을 연결한 것이었음을 또한 상기시킨다. 상허 이태준은 그래서 '책'은 '冊'으로 써야 책답다고 쓴 적이 있다.

유례없는 집중의 소산이지만 『노상에서』는 출판되기까지 적지 않은 우여곡절을 겪었다. 케루악이 3주간의 쉼 없는 글쓰기로 두루마리 초고를 완성한 것은 1951년 4월이고 그것이 바이킹 출판사에서 출판된 것은 1957년 9월이다. 무려 6년여의 산통을 겪은 것이다. 그 사이 원고는 11군데의 출판사로부터 퇴짜를 맞았다. '성령'의 명을 받아 쓴 것이라고 호기를 부리며 일체의 수정을 거부하던 케루악이었지만 이런 수모에는 어쩔 도리가 없었다. 그는 두루마리 원고를 수정하여 297쪽 길이의 또 다른 초고(draft)를 만들었고 그것도 여의치 않자 다시 개작에 들어가 347쪽 길이의 세 번째 초고를 마련했다. 이 세 번째 원고가 바이킹의 편집 고문이었던 맬컴 카울리(Malcolm Cowley)의 손에 들어간 것이 1955년 9월 무렵이다.



카울리는 누구인가. '잃어버린 세대'의 연대기 『유랑자의 귀환』(*Exile's Return*)으로 문명을 얻은 후, 헤밍웨이를 스타덤에 올리는 데 앞장섰고, 『포크너 휴대용 선집』을 편집·출판하여 무명의 포크너를 미국 문단에 알리는 데 결정적 역할을 한 인물이다. 평단의 거물 카울리를 알게 된 것은 케루악으로서는 행운이었다. 두루마리와 두 번째 원고도 읽을 기회가 있었지만 모두 탐탁지 않게 여겼던 카울리는 세 번째 원고를 접하고서 비로소 출판을 전제로 한 본격적인 검토에 들어갔다. 카울리가 우려한 것은 크게 두 가지였다. 첫째는 동성애를 비롯한 넘치는 성적 분방함으로 부도덕한 소설로 낙인찍힐 수 있다는 점이고, 둘째는 소설에 등장하는 인물들의 모델인 당사자들로부터 명예훼손죄로 피소되지 않을까 하는 염려였다. 이 우려의 해소를 위해 카울리는 케루악의 동의를 얻어 원고의 상당 부분을 손질하기에 이른다. 그리하여 풍기문란의 소지가 있다고 여겨진 많은 대목들이 삭제되고, 실명 그대로 등장했던 인물들에게 가명이 주어지게 된다. 그러나 기성 문단의 글쓰기 틀로 재단되면서 경험에 밀착된 케루악 산문의 야생적 리듬과 생생한 토운은 상당 부분 훼손되는 대가를 치러야 했다.

1957년 9월 『노상에서』가 마침내 출판되었다. 바이킹에서 출판이 결정되고 검토에 들어간 지 2년여의 세월을 기다린 끝이었다. 독서계의 첫 반응은 신통치 않았다. 그러나 동성애를 찬양한 음란물이라는 이유로 기소되어 재판 중이던 앨런 긴즈버그(Allen Ginsberg)의 시 『울부짖음』에 무죄 평결이 10월에 내려지면서 사정이 달라진다. 비트운동에 대한 사회적 관심이 급속히 확산되면서 『노상에서』는 『울부짖음』과 더불어 비트문학을 대표하는 작품으로 세인의 주목을 끌었고 케루악은 '비트세대의 제왕'으로 불리며 유명세를 타게 된다. 돌이켜보면 『노상에서』는 냉전시대의 억압적인 획일주의와 물질만능주의가 지배하는 전후 미국사회의 풍속과 떼어놓고 생각할 수 없다. 그것은 시대의 풍속을 반영하면서 그것으로부터 벗어나고자 하는 몸부림의 표현이다. 그러나 소설의 호소력을 시대적 맥락으로만 국한시키는 것은 부당한 일이다. 『노상에서』는 길들여진 일상성에 안주하길 거부하고 새로운 삶의 에너지를 찾아 나서는 모든 일탈적 반문화의 교과서로 오늘날까지 계속 읽히고 있기 때문이다.

2007년 바이킹은 『노상에서』 출간 50주년을 기념하여 두루마리 원본을 한 권의 책으로 묶어냈다. 그 뒤 커버가 인상적이다. 이어진 두루마리 원고를 두 손으로 펼쳐 들고 그것을 내려다보고 있는 케루악의 전신상 사진을 거기에서 볼 수 있다. 앳된 반항아의 얼굴도 떠돌이 낭인의 모습도 아닌 머리가 다소 벗겨진 중년 사내의 모습이어서 오히려 낯설게 느껴진다. 사실 케루악 자신은 비트닉의 대변자로 불리는 것을 몹시 부담스러워 했다고 전해진다. 그에게 찾아온 명성이 갑작스러운 것이었으니 자기도 모르게 물살에 떠밀려 시대의 흐름의 한가운데에 서게 된 떨떠름함이 없지 않았을 것이다. 긴 서문에 이어 첫 장을 펼치자 첫 문장이 들여쓰기 없이 곧바로 시작되고 있다.



> 내가 닐을 처음 만난 것은 아버지가 죽은 지 얼마 되지 않은 때였다(I first met met Neal not long after my father died…).

동사 met가 두 번 연속되고 있는 것이 눈에 띈다. 이른바 '자발적인 산문'은 이런 구문상의 일탈도 그대로 수용하는 작가 정신의 산물이라는 선언처럼 읽힌다. 이 첫 문장이 소설 『노상에서』에는 다음과 같이 바뀌어 있다.

> 내가 딘을 처음 만난 것은 아내와 내가 헤어지고 난 지 얼마 되지 않은 때였다(I first met Dean not long after my wife and I split up).

아내와 결별 후 딘 모리아티(닐 캐시디의 모델)와 만나 떠도는 삶을 시작한 것으로 되어 있는 소설은 두루마리 원본과 달리 두 사람의 동성애적 관계를 처음부터 짙게 암시하고 있다. 이런 암시와 복선, 모티프의 울림과 상호호응의 강조는 작품의 유기적 통일성을 강조한 신비평의 유산일 것이다.

그러나 케루악에게는 언어의 형식미보다는 경험적 진실의 포착이 더 절실한 관심사였다. 그가 1959년에 작성한 것으로 알려진 「현대 산문에 대한 믿음과 기교」라는 제목의 글쓰기를 위한 근본적 지침의 두 번째 항목에는 "모든 것에 복종하고, 마음을 열고, 귀를 기울일 것"(Submissive to everything, open, listening)이라는 구절이 보인다. 시인 키츠가 강조한 '소극적 능력'을 연상시키는 이 명제는 감각적 경험의 연속적 흐름에 언어를 최대한 밀착시키고자 했던 케루악 산문의 지향점을 요약하고 있다. 이와 같은 자발적 글쓰기의 선구는 윌리엄 제임스의 의식의 흐름 개념, 그로부터 영향을 받은 모더니즘 문학, 초현실주의의 자동기술, 추상표현주의 미술의 액션 페인팅에서 찾을 수 있으나, 무엇보다 케루악에게 직접적으로 영향을 끼친 것은 재즈, 특히 1940년대에 유행하기 시작한 비밥(bebop)이다. 잘 알려진 대로 재즈는 즉흥 연주를 장르의 가장 중요한 특징으로 삼는다. 재즈에는 엄밀한 의미에서 작곡의 개념이 없다. 재즈는 연주의 수행 그 자체가 곧 작곡 과정이 되는 음악이다. 연주는 물론 쓰인 악보를 전제로 한다. 그러나 재즈의 경우 연주자는 악보 상의 주제 선율과 기본적인 화음 구성은 존중하되 나머지는 상황에 따라 즉흥적으로 변주하여 새로운 곡을 연주할 때마다 창조한다. 무엇보다 경험의 감각적 연속을 언어로 포착하고자 했던 케루악은 정해진 규칙을 따르기보다 즉흥적 리듬과 소리의 조화를 중시하는 재즈 음악으로부터 자신의 새로운 글쓰기의 가능성을 엿본 것이다. 언어의 지속적 흐름, 반복과 변주, 구어체의 리듬, 호흡이 긴 문장으로 특징지어지는 케루악의 문체는 바로 재즈의 음악적 특징을 글쓰기에 원용한 결과이다.

인물들의 실명이 그대로 거론되고 소설 전체가 유례를 찾기 힘든 긴 언어 연속체인 두루마리 원고는 그 물리적 형상 자체가 작가의 인생관과 언어관을 현시하고 있는 셈이다. 길게 이어지는 두루마리 원고는 여정으로서의 삶, 흐름으로서의 삶, 그런 유동적 현실의 순간순간 감득되는 경험적 진실이 바로 삶의 실체라는 케루악의 생각이 투영된 결과이다. 일찍이 루카치(György Lukács)는 『소설의 이론』에서 길이 열리고 소설은 시작된다고 썼다. 널리 회자된 이 말은 인간의 삶은 한 편의 여행 같은 것이고 소설은 바로 그런 여행으로서의 삶의 이야기를 담는 최적의 문학 양식임을 환기시킨다. 케루악 또한 한 자락의 여정일 수밖에 없는 인간의 삶을, 그 여정의 이야기를, 문자 그대로 길바닥 위에 쓰고 싶었던 것이다. 거짓 없는 삶의 길과 그것에 대한 참된 기록은 오직 그런 방식으로만 도달될 수 있다는 듯이.

케루악이 사망한 후 케루악 재단의 소유로 있던 두루마리 원고는 2001년 인디애나폴리스 콜츠 미식축구단 소유주인 짐 어세이(Jim

Irsay)에게 팔렸다. 가격은 무려 243만 달러였다. 20세기 작가가 남긴 원고 중 그때까지의 최고가는 카프카의 『심판』으로 100만 파운드였다. 노상의 삶으로 한 세계를 이룬 케루악의 분신이나 다름없는 그 원고는 이렇게 사후에 그의 성가를 드높이는 유산이 되었다. 이 진귀한 원고를 혼자서만 보는 것을 아깝다고 생각한 소유주는 2004년부터 케루악이 여행했던 길을 따라 미국 전역을 도는 순회 전시회를 열어 대중에게 이를 공람할 기회를 제공했고, 아울러 해외 나들이 전시도 기획하여, 이탈리아, 영국, 아일랜드에서 전시회를 갖기도 했다. (2011)

## ❖ 개인과 사회

『주홍글자』에 대한 한 시각

일찍이 소설가 헨리 제임스(Henry James)는 호손의 『주홍글자』 출간을 미국문학사의 으뜸가는 이정표적 사건으로 간주했다. 독립한 지 한 세기가 가까워지고 있었지만 문화적 식민지 상태에서 아직 벗어나지 못하고 있던 미국이 유럽문학계에 내놓더라도 손색이 없는 뛰어난 소설 작품을 갖게 되었다는 것이 그 이유이다. 제임스는 『주홍글자』가 세계적 걸작이면서 또한 뉴잉글랜드의 감수성이 빚어낸 "절대적으로 미국적인 작품"임을 특별히 강조했다. 미국소설의 전통을 확립한 세계적 걸작이라는 『주홍글자』에 대한 이러한 평가는 출판된 지 한 세기 반에 이르는 오늘날까지 별 이의 없이 받아들여져 왔다. 이런 상찬에 걸맞게 『주홍글자』는 미국문학 시장에서 지금까지 한 번도 절판된 적이 없는 몇 안 되는 작품 중 하나이다.

이 한결같은 문학적 호소력의 원천은 무엇일까? 먼저 주목되는 것은 소설의 무대가 초창기 청교도 사회라는 점이다. 보다 구체적으로 그것은 주인공 헤스터 프린이 사생아를 안고 형대에 선 1642년부터 그 파트너였던 딤즈데일이 숨겨온 죄를 고백하는 1649년까지의 보스턴 사회이다. 이 시기는 영국의 경우 청교도와 왕권의 갈

등이 심화되어 급기야 찰스 1세의 퇴위와 처형을 몰고 온 청교도 혁명의 전야였고, 신대륙의 청교도 사회 또한 본국의 이런 정치적 소용돌이의 파장 속에서 공동체의 이념과 미래상에 대한 내부 진통이 적지 않았던 때였다. 요컨대 『주홍글자』는 200년을 거슬러 올라가 태동기 미국문명의 발상지를 그 소설 무대로 삼고 있는 역사소설이다. 이 역사의 무게 때문에 『주홍글자』를 읽으면서 독자는 미국의 국가적 기원과 그 이념을 한 번쯤 되새기지 않을 수 없다. 개인적으로나 사회 전체로 자기 정체성의 문제에 늘 고심해왔던 미국사회에서 『주홍글자』는 그런 자기 성찰의 계기를 제공하는 국민문학 텍스트인 것이다. 물론 역사의 의미를 묻는 것만으로 걸작이 되지는 않는다. 거기에 덧붙여 삶에 대한 예리한 통찰, 독특한 소설 미학, 그리고 개성적 언어 또한 『주홍글자』를 살아 있는 고전으로 만든 원천이다. 다시 말하거니와 『주홍글자』는 미국문학은 물론 미국문화 일반에 대한 비판적 이해를 자극하는 훌륭한 '입문서'일 뿐만 아니라 우리의 삶을 새롭게 성찰토록 만드는 뛰어난 삶의 길잡이인 것이다.



청교주의는 흔히 미국 정신의 근간이라고 말해진다. 청교주의는 종교개혁 운동의 소산이지만 단순히 종교적 문제로 그친 것은 아니다. 후세의 역사가들이 강조한 것처럼 그것은 신대륙 신앙 공동체의 철학이고 윤리 규범이자 정치적 원리였다. 청교주의에 대한 이 같은 평가가 사회적 통념으로 자리 잡은 것은 호손이 작품 활동을 시작한 1820년대 무렵이다. 독립 50주년이 되는 1826년을 고비로 미국사회에는 국민문화의 창달을 통해 명실상부한 독립국으로 거듭나야 한다는 국가주의 의식이 고조되었고, 그 결과 독립혁명의 역사적 필연성이 더욱 강조되고, 이런 시각에서 독립혁명은 돌발적 사건이 아니라 '약속의 땅'을 신대륙에 건설하고자 영국에서 신대륙으로 건너온 청교도 조상들에게서 이미 싹튼 것이라는 예표론적 사고가 부상했다. 그리하여 독립과 더불어 도외시되었던 식민지 시대에 대한 관심이 되살아나고, 특히 1691년 이전의 청교도 자치 시대의 역사가 미국사의 원류로서 새롭게 주목되기에 이른다. 호손은 자유와 민주적 평등 사회의 실현을 위한 대장정의 시발로서 청교도 시대를 상찬하는 이러한 시대의식을 공유하면서도 그것의 지나친 신화화와 그로 인한 폐해를 경계했다. 뉴잉글랜드 청교도 역사를 소재로 한 호손의 초기 단편들 대다수가 이념의 일방적 선양과 그것이 야기하는 사회적 폐해를 동시에 조명하는 이 같은 양면성을 특징으로 한다. 『주홍글자』는 청교주의와 그 역사 인식의 문제에 대한 호손의 이 같은 오랜 작가적 관심의 집약이자 결정이라고 말할 수 있다.

따라서 장래가 촉망되는 젊은 교구 목사와 그의 사생아를 낳은 한 여인의 기구한 삶의 이야기—이 "인간적 연약함과 슬픔의 이야기"를 읽는 하나의 방법적 전략으로서 청교주의에 대한 작가의 관점과 태도를 세심하게 살펴볼 필요가 있다. 그리고 그 실마리는 소설의 첫머리에 꽤 분명하게 주어져 있다. 결혼한 몸으로 사생아를 낳아 청교도 공동체의 율법을 어긴 여주인공 헤스터 프린을 단죄하는 보스턴 청교도 사회에 대한 화자의 시선이, 소설의 화자에게 일반적으로 기대되는 객관적이고 중립적인 것을 넘어서서 사뭇 비판적이기 때문이다. 그것은 죄인을 형대에 세워 중인환시 속에 수치심을 자극하는 징벌 방식이 잔인하며 비인간적이라는 논평이나 징벌을 주재하는 청교도 지도자들은 물론 그것을 지켜보는 청교도 군중들의 비정하고 경직된 모습에 대한 반복된 묘사에서 뚜렷이 드러난다. 실상 화자는 사건이 펼쳐질 배경 묘사를 하는 첫 장면에서 유토피아의 건설을 표방했던 청교도 사회가 감옥과 묘지를 맨 먼저 필요로 했다는 아이러니를 상기시킴으로써 식민의 대의와 이상이 현실과 부딪치면서 이미 엇나가기 시작했다는 것을 암시하면서 이야기를 시작하고 있다.

이와 대조적으로 헤스터를 보는 화자의 시선은 상당히 온정적이다. 그녀는 억압적인 청교도 사회의 인간성에 반하는 징벌에 맞서서 당당함과 인간적 위엄을 잃지 않는 모습으로 등장한다. 음울한 청교도 군중들과 달리 그녀의 자태에는 아름다움과 우아함 그리고 생명력이 넘친다. 화자는 심지어 사생아를 안고 징벌을 받고 있는 그녀의 모습을 아기 예수를 안은 성모의 이미지에 견주기까지 한다. 화자의 이런 공감어린 시선은 헤스터를 억압적인 사회 질서에 맞서서 개성과 자유 의지를 주장하는 개인주의의 표상, 곧 근대 부르주아 사회의 하나의 사회적 전형이라는 암시에까지 이른다. 이런 까닭으로 『주홍글자』는 개인과 사회의 갈등이라는 근대적 주제를 천착한 소설로 자주 읽혀왔다. 사실 개인주의는 미국 민주주의의 초석으로 여겨왔고 미국사는 종종 개인주의의 역사적 전개로 특징지어져 왔다. 이런 시각으로 본다면, 헤스터의 존재는 미국적 개인주의는 미국사회의 시작과 더불어 싹튼 것이며, 개인과 사회의 적절한 관계 설정은 미국사회가 초창기부터 씨름해온 문제라는 점을 새삼 상기시킨다.

여기에서 우리는 헤스터의 모델인 것으로 알려진 청교도 시대의 실존인물 앤 허친슨(Anne Hutchinson)을 떠올리지 않을 수 없다. 허친슨은 청교도 사회에 이른바 도덕률 폐기론 논쟁을 야기한 인물이다. 1630년대에 보스턴에 이주한 식민자 첫 세대의 일원이었던 허친슨은 마을의 산파 노릇을 하면서 주변 여자들과 모여 대화를 나눌 기회가 많았고 그런 모임에서 그녀는 당시 청교도 지도층이 신도로서의 책무와 공동체의 결속을 지나치게 강조한 나머지 하나님과의 영적 만남이라는 신앙의 근본을 소홀히 하고 있다는 비판을 제기하곤 했다. 요컨대 참된 신앙생활은 도덕성이나 종교적 지식의 함양에 있는 것이 아니라 성령체험 그 자체를 지향해야 한다는 것이다. 그녀의 비판이 많은 사람들의 공감을 얻어 확산되고 그녀가 한 걸음 더 나가 일찍이 루터(Martin Luther)가 종교개혁 운동의 기치로 내건 "신도는 보편적 사제단을 이룬다"는 주장까지 끄집어내자 청교도 지도층은 지도력의 훼손 그리고 그로 인한 사회적 결속이 저해되지 않을까 우려하여 그녀를 추방하는 결정을 내리게 된다. 1637년에 일어나 이 사건은 신학적 시각에서는 은총성약(covenant of grace)과 선행성약(covenant of works) 중 어느 쪽을 신앙의 좌표로 삼아야 하는 것인가를 물으면서 정치적으로는 미국사회에 개인이 우선인가 사회가 먼저인가를 처음으로 제기한 역사적 의의를 지

『주홍글자』(1878)에 실린 삽화,
형대 위에 딸을 안고 선 헤스터 프린

니다. 호손은 허친슨을 상기시키는 헤스터의 행보를 통하여 당대 미국사회에서 특히 후자의 문제는 여전히 중요한 사회적 이슈로서 재검토될 필요가 있다고 문제 제기를 하고 있는 것이다. 개개인은 민주주의 사회에서 어느 정도까지 자신의 자유와 개성을 보장받을 수 있는 것인가? 개성과 자유 의지의 지나친 선양은 사회적 결속을 저하시켜 결국 사회적 아노미 현상을 초래하는 것은 아닌가? 아니면 사회는 개인을 짓누르는 비이성적이고 맹목적인 폭력의 온상인가? 독립과 더불어 민주주의를 채택했지만 그 정치 체제가 아직 정착되지 못한 19세기 중엽의 미국사회에서 이런 원론적인 질문들은 여전히 논의가 절실한 것이었다. 보다 심각했던 문제는 이념과 현실의 간극이다. 호손은 자유와 평등의 이념에 입각한 개인주의를 이념의 차원에서 선양하면서도 그것을 배반하는 현실의 착종과 사회적 긴장 속에서 글을 쓰지 않으면 안 되었다. 사회의 일원으로 참여하길 원하면서 동시에 그 그물망으로부터 도피하고자 하는 욕망에 시달리는 칠링워스와 같은 인물들이 호손의 소설에 유난히 많이 등장하는 것은 그런 사회적 모순에 대한 하나의 징후적 반응이라 말할 수 있다.

청교도 사회와 헤스터에 대한 화자의 상반된 태도가 시종 여일한 것이었다면『주홍글자』의 묘미는 아마 반감되었을 것이다. 화자의 토운은 소설의 또 다른 주인공 딤즈데일이 등장하면서부터 미묘하게 달라지기 시작한다. 딤즈데일은 헤스터와 더불어 내적 열정에 이끌려 잠시 질서 밖으로 일탈했던 인물이다. 그러나 청교도 질서의 수호자인 목사로서 이에 따른 극심한 죄의식, 속죄의 자기학대, 그리고 죄를 숨긴 기만적 삶에 대한 번민으로 소진해가는 딤즈데일의 삶의 여정이 조명되면서 그가 표상하는 청교주의에 대한 애초의 부정적 이미지는 차츰 희석되어간다. 헤스터의 전 남편 칠링워스 또한 이 반전을 거든다. 칠링워스의 냉혹한 복수욕이 그를 압박해 들어가면서 화자는 오히려 칠링워스를 인간 내면의 신성함을 짓밟는 "용서받을 수 없는 죄"를 지은 가해자로 비판하고 딤즈데일은 그 희생자로서 연민과 동정의 눈으로 감싸기 때문이다.

이런 반전은 헤스터에 대한 화자의 태도에서도 나타난다. 화자는 이야기가 진행되어가면서 헤스터가 죄의 표식인 'A'자를 가슴에 달고 청교도 사회가 요구하는 참회의 삶을 사는 듯이 보이지만, 내면적으로는 참회도 징벌에 대해 승복도 하지 않고 오히려 진보적인 사고방식을 흡수하여 과격한 여권론자가 되었음을 보여주고 그런 삶의 위험성을 경계한다. 요컨대 호손은 청교주의가 사회적 질서의 하나로 세속화되면서 인간의 개성과 자유를 억압한 점을 비판하면서도, 억압적인 체제의 전복을 선양하는 과격한 개인주의에 반드시 동의하는 것은 아니다.

호손의 이런 양면성은 인간의 삶은 복잡다단하기 때문에 단선적 시각으로는 그 전모를 결코 파악할 수 없다는 신념의 소산이다. 이 신념은 소설 속의 중요한 사건이나 국면마다 그것을 보는 다양한 시각을 동시에 제공하는 '모호성의 시학'으로 표출된다. 독자의 시선을 시종 사로잡는 주홍글자 'A'는 이 점에서도 전범적이다. 『주홍글자』는 하나의 선명한 이미지, 곧 소설의 제목이 가리키는 주홍글자 'A'를 중심으로 전개된다. 작가가 소설을 쓰게 된 직접적 동인이 된 이 이미지는 소설의 구성적 중심일 뿐만 아니라 독자의 소설 체험을 하나로 수렴하는 원동력이다. 그러나 그 구심성은 스스로를 해체하는 구심성이다. 이야기의 진행과 더불어 그 이미지는 간음을 뜻하는 원래의 의미를 상실하고 여러 가지 다른 복합적 의미를 띠는 개방성을 띠면서 독자의 의미화 욕망을 무너뜨리기 일쑤이기 때문이다. 이 개방적 다양성이야말로 호손이 삶을 보는 근본적 태도이자 호손 소설 미학의 요체이다. 호손은 자신의 소설을 당대 유럽의 사실주의 소설과 구별하여 로맨스라고 불렀다(『주홍글자』는 원래 로맨스라는 부제가 붙어 있었다). 『주홍글자』의 머리글인 「세관」에서 그가 설명하는 대로 로맨스는 삶의 내적 진실을 추구하는데, 그 진실이란 결국 길들여진 일상적 시각에서 벗어나 사물을 새롭게 보는 데서 얻어지는 것이다. 어쩌면 호손의 거의 모든 작품을 특징짓고 있는 이 의미의 개방성이야말로 그가 호소력을 잃지 않는 고전 작가로 남아 있는 비결인지도 모른다. (2005)

## ❖ 흑인문학의 새로운 이정표

그 모든 소리 없는 음성이 밀물져온 것은 그녀가 배나무 그늘에 누워 벌들의 낮은 진동음과 금빛 햇살, 그리고 미풍의 가쁜 숨결에 젖어들고 있을 때였다. 그녀는 보았다. 꽃가루를 몸에 바른 벌이 꽃송이의 깊숙한 방으로 내려가는 것과 수천의 꽃받침들이 몸을 한껏 오므리며 이 사랑의 행위를 감싸는 것을. 그리고 뿌리에서부터 아주 작은 가지까지 행복에 겨운 온몸의 떨림이 모든 꽃송이로 흘러들며 환희에 전율하는 것을.

— 조라 닐 허스턴, 『그들의 눈은 신을 보고 있었다』

이 얼마나 아름다운 문장인가! 열여섯 살의 한 흑인 소녀가 나른한 봄날, 활짝 핀 배꽃을 찾은 벌들이 분주히 꿀을 탐하는 모습을 보면서 사랑의 환희를 헤아려보는 정경의 묘사이다. 왜 아름다운가? 묘사의 주체가 흑인 소녀이기 때문이요, 그것을 쓴 작가가 흑인 여성이기 때문이다. 수백 년 동안 자신들을 억압하고 멸시해온 사람들의 눈을 통해서 자기를 보는 데 익숙해진 사람들이다. 그런 밑바닥 삶을 살아온, 타자 중의 타자인, 흑인 여성에게도 이런 순수한 눈과 뜨거운 열정이 있다는 것을 작가는 소리쳐 외치고 싶은 것이다. 이 아름다운 문장을 쓴 조라 닐 허스턴(Zora Neale Hurston)은 당대의 고명한 인류학자인 프란츠 보아스(Franz Boas) 밑에서 부두교를 공부하다가 메마른 사실만을 추구하는 현장 연구에 싫증이 난 나머지 소설을 쓰기 시작했다.

1937년에 출판된 허스턴의 『그들의 눈은 신을 보고 있었다』(*Their Eyes Were Watching God*)는 흑인문학의 새로운 장을 연 이정표였다는 평가를 넘어서서 이제는 20세기에 쓰인 가장 중요한 미국소설의 하나라는 상찬을 받고 있다. 그러나 이 작품은 발표 당시에는 별다른 주목을 받지 못했다. 할렘 르네상스 운동에 함께 참여했던 동료 흑인 작가들로부터는 백인의 취향에 영합한 삼류 작품이라는 혹평을 받기까지 했다. 1960년 세인의 기억에서 잊힌 채 플로리다의 한 복지원에서 쓸쓸하게 죽은 허스턴이 다시금 주목의 대상이 된 것은 1970년대에 들어서면서부터였다. 페미니즘의 부상과 더불어 여성 작가들이 새롭게 재조명되고 다문화주의 운동으로 그동안 주변화되어왔던 흑인문학의 위상이 제고되면서 허스턴은 흑인 여성문학의 선구자로서 주목되기 시작한 것이다. 1977년 로버트 헤멘웨이(Robert Hemenway)가 쓴 그녀의 첫 전기가 때마침 출판되고, 이듬해에 절판 상태였던 『그들의 눈은 신을 보고 있었다』가 재간되면서 허스턴에 대한 관심은 붐을 이룰 정도로 급속히 확산되었다.

근래의 독자들이 『그들의 눈은 신을 보고 있었다』에서 발견한 흑인문학의 새로운 가능성은 무엇인가. 잡초에 파묻힌 그녀의 무덤을 찾아내 묘비를 세워주고, 그녀의 부활에 선도적 역할을 한 『컬러 퍼플』의 작가 앨리스 워커(Alice Walker)는 무엇보다도 흑인들도 복잡한 내면세계를 지닌 주체적 인간이라는 점을 고취했다는 점을 높이 산다. 그동안 흑인문학은 제도적인 억압과 불평등을 고발하는 저항 문학 일변도였다. 리처드 라이트(Richard Wright), 제임스 볼드윈(James Baldwin), 엘리슨과 같은 흑인 남성 작가가 그린 흑인들은 대부분 백인 주류 문화에 항거하는 데서 존재 의의를 찾는, 말하자면 백인의 대자적 존재였다. 이런 음화로서 흑인상이 아니라 인종적 건강성에 바탕을 둔 새로운 흑인의 정체성을 모색하였다는 것이 바로 허스턴의 새로움이다. 허스턴을 통해서 미국인들은 비로소 검은 피부가 단색이 아니라는 것을 깨달을 수 있게 된 것이다. 그녀 소설의 주인공은 억압적인 사회에 일방적으로 희생당하며 울분을 토로하는 비극적이고 감상적인 인물이 아니라, 삶을 긍정하고 그 내면을 응시하며 자신의 자아를 찾고자 하는 건강한 인물이다.

종래의 흑인문학이 백인 지배 문화의 비판에만 초점을 맞춘 나머지 역설적으로 흑인의 고유한 문화 전통에서 멀어진 것과 달리 허스턴의 문학은 '흑인성'(blackness)의 적극적 탐구를 통하여 인종적 정체성을 확립하고자 한다. 이런 점에서 허스턴은 미국사회에 스며 있는 인종주의를 폭로하면서도 흑인의 토속적인 문화 전통을 되살리고 망실한 흑인 역사의 복원을 통하여 흑인의 자아를 되찾고자 한, 흑인문학의 새루운 길을 열어 보인 것이나. 실로 허스턴의 선구적 노력이 없었더라면 앨리스 워커, 토니 케이드 밤바라(Tony Cade

Bambara), 토니 모리슨(Toni Morrison) 등이 주축이 된 20세기 후반의 찬란한 흑인문학의 개화도 어려웠을 것이다.

흑인문학의 고전적 장르인 자서전 양식을 차용한 『그들의 눈은 신을 보고 있었다』는 무엇보다 한 편의 감동적인 사랑 이야기이다. 아니 우리의 삶이 마땅히 사랑의 축제여야 한다면 이는 그 마땅한 삶의 길을 찾아 헤맨 한 여성의 이야기이다. 여자는 두 번의 결혼 경력이 있는 40대였고, 남자는 25세의 떠돌이였다. 더구나 그들은 극심한 인종적 편견과 차별의 굴레에 허덕이는 미국 남부의 흑인들이었다. 여자의 생명을 구하기 위한 남자의 살신에 가까운 행동이 결국 그의 죽음을 불러와 그들의 충만된 사랑은 일 년 반 만에 마감되고 만다. 사람들은 남자의 갑작스러운 죽음을 주어진 운명을 거역한 여자에게 내린 신의 심판으로 생각하고 싶어 했다. 그러나 여자는 이제 깨닫고 있었다. 그들이 찾는 신의 눈, 언필칭 신의 심판이라는 것이 실상은 인종주의와 성차별주의로 무장한 지배 이데올로기라는 것을. 그렇기에 사랑하던 남자를 장사지낸 후, 그와 함께 보낸 일 년 반의 삶을 되돌아보며 주인공 재니 크로포드는 자신이 추구한 삶이 "수평선으로의 여정"이었고 그녀 자신이 마치 "삶의 거대한 집회에 대표"로 파견되었던 것이 아니었나 하는 꿈같은 느낌에 젖는다.

꽃가루를 몸에 바른 벌이 꽃송이에 파묻히듯 완벽한 화합 속에서 꽃피운 그들의 사랑은 세인의 눈에는 한때의 불장난으로 비쳤을지 모르나, 당사자인 그들로서는 온전한 삶을 찾는 힘겨운 여정이었

2003년 미국 정부에서 발행한 허스턴의 기념우표. 기념우표 속의 배경은 『그들의 눈은 신을 보고 있었다』의 한 장면을 도안한 것이다



다. 그녀에게 온전한 삶은 무엇보다 흑인으로서 혹은 여성으로서 강요당하는 사회적 기대를 탈피하여 자신의 내적 욕구에 충실한 것을 의미한다. 달리 말하여 그것은 타인의 삶을 받아들이면서 동시에 자신의 개성을 찾고 꿈을 실현하는 과정이다. 『그들의 눈은 신을 보고 있었다』는 이처럼 참된 사랑의 성취가 곧 참다운 삶의 길임을 일깨우는 작품이다.

이번에 이 뜻깊은 소설이 드디어 우리 문학계에 소개된 것을 허스턴의 애독자의 한 사람으로서 정말 기쁘게 생각한다. 『그들의 눈은 신을 보고 있었다』의 번역은 이제 이 땅에 흑인 (여성) 문학이 본격적으로 소개·수용되기 시작음을 의미하는 것이기도 하다. 돌이켜보면 지금까지 몇 차례 기획된 세계문학전집 속에 흑인 여성작가의 작품이 포함된 적이 없었다. 이처럼 각별한 의미를 갖는 『그들의 눈은 신을 보고 있었다』가 원문에 충실하면서도 유려한 우리말 번역으로 소개되어 더욱 기쁘다. 더러 오역이 눈에 띄지 않는 것은 아니나, 그것들은 까다로운 흑인의 구어체 표현을 우리말 감각으로 살려내고자 애쓴 역자의 노고에 비한다면 극히 사소한 것이다. (2002)

## ❖ 노아의 눈으로

삶은 사물을 보는 것으로부터 시작된다. 어머니 뱃속에서 나와 처음으로 눈을 떠 세상을 둘러보면서 우리의 인생살이는 출발한다. 영국의 경험론자들은 인간의 의식이란 본래 백판 같은 것이고 감각작용을 통해 지각된 인상들이 그 백판에 새겨지면서 비로소 의식이 형성된다고 주장했다. 보고, 듣고, 만지고, 느끼는 것이 곧 삶의 실체를 이룬다는 말이다. 오감 중에서도 시각은, 특히 근대 이후, 우리 삶에서 주도적 자리를 차지해왔다. 우리의 인식 작용의 대부분이 이른바 시각 체제 속에서 이루어져 왔기 때문이다. 영국 시인 존 던(John Donne)은 "모든 감각이 시각이라 불릴 수 있다"고 말한 적이 있다.



내가 종종 산책을 나가는 집 근처 탄천변의 풍경은 단조로운 편이지만 그 나름의 볼거리가 없지는 않다. 천변을 따라 수양버들을 비롯한 여러 가지 나무들이 줄지어 있고 드문드문 갈대밭이 산재해 있다. 산책로의 언덕에는 개나리, 쑥, 영산홍, 붉은토끼풀 등이 눈에 띈다. 물속에는 팔뚝만 한 붕어들이 헤엄치는 모습이 보이고 그 위를 한가롭게 노니는 오리들과 이따금 날아드는 쇠백로도 눈에 띈다. 저녁 무렵의 산책길에 나는 이들을 자주 본다. 그러나 산책 중의 내가 이들을 진정한 의미에서 보고 있다고 말할 수 있을까? 이들은 다만 나의 시야에 들어와 있을 뿐이라고 말해야 하지 않을까.

본다는 것은 과연 무슨 뜻인가? 상식적으로 눈을 통해 사물을 포착하고, 분별하고, 인지하는 것을 말한다고 할 수 있다. 그러나 그게 그렇게 자명한 것은 아니다. 우리는 사물을 보면서도 실제로는 아무것도 보지 못하는 경우가 허다하다. 많은 경우 사물은 그저 눈을 통해 보여질 뿐이지 새롭게 의식되지는 않는다. 다시 말해 우리는 사물을 길들여진 대로 볼 뿐이다. 길들여진 눈은 사물의 진면목을 본다기보다는 거기에 덧씌워진 상을 보는 데 그치고 만다. 성경은 육신의 정욕뿐만 아니라 안목의 정욕을 경계하라고 가르치는데, 이 또한 우리 눈의 편향성을 시사해주는 것이다. 문학과 예술은 이런 편향적이고 상투적인 시선을 넘어서서 사물의 실체를 열어 보여주는 가장 중요한 매체일 것이다. 파도타기 하듯이 사물의 겉을 스치고 지나는 데 익숙해진 디지털 시대에 문학과 예술의 개안적 기능은 그 어느 때보다도 절실하다고 말할 수 있다.

소설의 문화사적 의미를 다각적으로 살피고 있는 밀란 쿤데라(Milan Kundera)의 산문집 『커튼』(*Curtain*)에는 사물의 실체 인식이 소설의 본령임을 환기시키는 인상적인 에피소드가 소개되어 있다. 『보바리 부인』을 출판한 후 플로베르는 일반 독자는 물론 비평가들로부터 그가 쓴 소설이 부도덕하다는 질타에 시달려야 했다. 당대의 저명한 비평가 생트뵈브(Charles Sainte-Beuve)는 젊은 소설가가 사람들에게 활기를 불러일으키는 장면도, 위안을 줄 선한 인물도 없는 소설을 쓴 것을 아쉽게 생각했다. 스승처럼 의지하고 각별한 교분을 나눠오던 조르주 상드조차도 그의 소설이 독자들에게 고뇌를 안겨주고 있음을 지적하면서 예술은 단지 비판이나 풍자에 그쳐서는 안 되는 것이라고 충고했다.『보바리 부인』에 쏟아진 비판에 대해 침묵으로 일관해오던 플로베르는 상드의 비판에는 입을 열었다. 자신은 비판이나 풍자를 하고자 한 적도 없고 독자에게 자신의 판단을 제시하기 위해 소설을 쓴 것도 아니라는 것이다. 그는 오로지 "사물의 혼"에 이르기 위해 최선을 다해왔을 뿐이라는 것이다. 쿤데라는 플로베르의 이 응답은 소설 장르에 대해 두 사람의 시각차를 드러내면서 소설의 본령이 무엇인지를 극명하게 환기시키고 있다고 적고 있다.



사물의 혼이라는 표현은 조금은 역설적이다. 생명 존재들이야 혼이 있다고 보는 것이 당연하다. 그렇지만 책상이나 의자나 화병과 같은 일상의 소소한 사물들에게도 혼이 있다는 마음가짐이라니! 그것은 주변의 사물들을 당연시하지 않고 그 하나하나를 숙시(熟視)하여 그 고유한 본질을 감득하려 애쓸 때나 이를 수 있는 마음이다. 모든 사물에는 그것에 꼭 맞는 고유한 언어가 있다고 생각한 플로베르이다. 그러니 이 표현은 플로베르 소설 미학의 정곡을 찌르는 말이라 아니할 수 없다. 그가 내세운 이른바 일물일어설도 결국 사물의 혼에 이르고자 하는 노력의 다른 표현인 것이다. 적확한 표현은 정확한 인식을 전제로 하기 때문이다. 플로베르에게 소설가는 현자가 아니라 견자이다. 사물의 핵심을 포착하기 위해서는 오히려 어설픈 교훈이나 도덕률로부터 자유로워져야 하고 소설이란 장르 자체가 그것을 요구한다고 쿤데라는 덧붙인다.

플로베르보다 한 세대 뒤의 소설가 마르셀 프루스트(Marcel Proust) 또한 사물의 본질을 포착하는 데 심혈을 기울인 작가이다. 사물은 부재의 상태에서 마음속으로 그것을 절실하게 그려볼 때 그 전모가 가장 분명하게 인지된다고 프루스트는 생각한다. 그에게 사물 관찰의 수범을 보인 인물은 노아였다. 『즐거움과 나날』(*Les Plaisirs et Les Jours*)이라는 첫 저서에서 프루스트는 노아가 방주에서 40일 동안 갇혀 있을 동안 그 어느 때보다도 더 세계를 명료하게 인식했을 것이라고 적고 있다. 병약하여 자주 아팠던 프루스트는 자신이 '방주' 속에 오래 머물러 있어야 하는 처지가 되면서 그 점을 깨달았다. 하나님이 세상을 물로 쓸어버렸을 때, 노아는 육백 살이었다. 그는 육백 년을 살아오면서 주변의 사물들을 오랫동안 보아왔다. 그러나 사물들은 언제나 거기에 있었고, 언제까지나 거기에 있을 것으로 여겼기 때문에 그들을 보아도 눈에 들어오지 않았었다. 수많은 비둘기가, 벚나무가, 장미꽃이 주변에 늘 있는데 마음의 눈으로 그것들을 하나하나 그려볼 이유가 없었던 것이다. 그러나 방주에 갇혀 물 빠지기만을 고대하면서 대지를 응시하던 노아의 태도는 예전과 같을 수가 없었다. 볼 수 없게 된 사물들을 하나하나 기억에 떠올리면서 그는 비로소 사물들을 정확히 보기 시작한 것이다.

방주에서 물에 잠긴 대지를 응시하는 노아의 눈은 세심한 마음의 눈이다. 그는 마음의 극장에 떠올린 새와 꽃과 나무를 주의 깊게 보

찰스 윌슨 필, 「노아와 방주」, 1819

고 그들 각각의 세부를 유심히 살폈을 것이다. 노아는 마음의 눈으로 이들을 살피면서 비로소 그들 고유의 존재성과 생명의 경이를 느꼈을 것이다. 그는 호기심으로 빛나는 눈동자를 지닌 어린애처럼 생명 존재들을 새롭게 인식하게 된 것이다. 그런 의미에서 그 눈은 순진무구한 눈이기도 하다. 그것은 물론 주어진 천진성이라기보다는 관습에 젖어 있다가 그 베일을 벗겨냄으로써 회복된 그것이다. 낭만주의자들은 시련과 고통을 오래 겪은 후 그 질곡에서 벗어난 정신에게 찾아오는 심오한 단순성이 하나의 축복임을 일깨운 바 있다. 노아의 눈은 그런 순정한 응시 능력을 되찾은 것이다.

어린 아이에게는 모든 것이 다 경이요 찬탄의 대상이다. 아이의 순진한 눈은 사물을 있는 그대로 보고 느낀다. 그러나 나이가 들면서 넘치도록 풍요롭고 다채로운 유년의 감각과 인상은 규격화되고 상투화된 반응으로 대체되어간다. 교육은 이 정형화를 가속시키는 통로이다. 흔히 사회화로 일컬어지는 이 과정은 자발적 감수성의 퇴화라는 값비싼 대가를 치러야 한다. 나날의 경험은 날로 참신성을 잃어가고 설사 그렇지 않더라도 정형화된 틀(schema)로 정제되어 단순화되고 상투화된다. 니체가『차라투스트라는 이렇게 말했다』에서 "한때 정신은 신이었다가, 다음에는 인간이 되었고, 이제는 마침내 천민이 되었다"라고 한탄하는 것도 인간의 사회적 삶이 내포하는 이 같은 도식적 왜소화를 염두에 둔 것일 것이다. 한없이 풍요로웠을 것이 분명한 유년의 경험을 우리는 대부분 기억하지 못한다. 그 또한 생기발랄하고 다채롭던 그 감흥이 성년의 도식화된 틀에 의해 재단되어버리기 때문일 것이다.

플로베르가 말하는 사물의 혼을 포착하기 위해서는 노아의 눈을 되찾아야 한다. 그것은 길들여지고 상투화된 시선을 버리고 본래의 자발적인 시선을 회복하는 것을 의미한다. 창의적이고 비판적인 사고는 그런 눈의 회복을 촉진해줄 수 있다. 교육은 물론 그런 사고를 함양하는 하나의 계기가 된다. 교육은 우선적으로 지배적 관행의 내면화 과정이지만 그러면서도 또한 그것을 넘어설 수 있는 가능성을 열어주는 것이어야 한다. 그러나 오늘의 우리 교육은 지식의 습득이나 정보의 활용에 치중한 나머지 도식화된 세계를 넘어설 수 있는 가능성이 거의 차단된 실정이다. 규범적 도식화를 비껴서면서 구체적 삶의 경험을 환기시켜줄 수 있는 문학과 예술이 중요한 까닭이 여기에 있다. 문학과 예술은 낱낱의 맥락 속의 삶과 사물의 구체적 존재 양태에 주목함으로써 순간의 진실을 현현한다. 문학적 체험이나 예술작품의 감상은 이런 점에서 통념의 커튼을 열어젖히는 계기가 되는 것이고 그러기에 그것은 또한 사물 인식의 한 전범이 되어줄 수 있다.

노아의 눈은 관심과 애정이 깃들인 눈이기도 하다. 그가 홍수에 휩쓸려간 것들을 머릿속에 떠올리는 절절한 마음이나 물이 빠졌는지 확인하기 위해 날려 보낸 비둘기의 안위를 걱정하는 마음은 서로 다르지 않다. 사물을 세세한 부분까지 놓치지 않고 응시하고, 그렇게 관찰한 것을 마음속으로 곱씹어 숙려(熟慮)하고, 그것을 또한 적확한 언어로 표현하기 위해서는 대상에 대한 관심과 애착심이 전제되어야 한다. 사물을 쓸모와 기능의 차원으로만 생각하는 도구주의적 사고가 지배할 때 노아의 눈은 기대하기 어렵다. 그러나 우리는 안타깝게도 노아의 눈이 점점 희귀해지는 시대에 살고 있다. 더 중요한 것은 노아의 눈이 밖의 사물만을 대상으로 삼는 것이 아니라는 점이다. 나의 내면에 대한 깊은 통찰이 없다면 그것을 기대하는 것 또한 난망한 것이기 때문이다. 내 마음의 움직임과 삶의 기율에 대한 성찰이 없이 어떻게 사물의 혼에 이를 수가 있겠는가. (2014)

# 묵시의 풍경들

초판 1쇄 인쇄 2017년 11월 28일
초판 1쇄 발행 2017년 12월 15일

지은이 신문수

펴낸곳 지오북(**GEO**BOOK)
펴낸이 황영심
편집 문윤정, 전슬기
디자인 김정현

주소 서울특별시 종로구 사직로8길 34, 오피스텔 1018호
(내수동 경희궁의아침 3단지)
Tel_02-732-0337 Fax_02-732-9337
eMail_book@geobook.co.kr
www.geobook.co.kr
cafe.naver.com/geobookpub

출판등록번호 제300-2003-211
출판등록일 2003년 11월 27일



ISBN 978-89-94242-51-4 03810



이 도서의 국립중앙도서관 출판예정도서목록(CIP)은 서지정보유통지원시스템 홈페이지(http://seoji.nl.go.kr)와 국가자료공동목록시스템(http://www.nl.go.kr/kolisnet)에서 이용하실 수 있습니다.(CIP제어번호: CIP2017011219)